SOCIÉTÉ DES ARTISTES INDÉPENDANTS

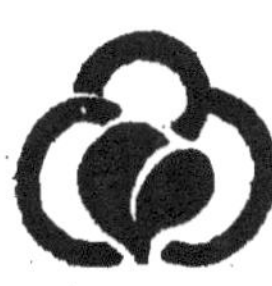

CATALOGUE
DE LA
34ᵐᵉ EXPOSITION

1923

SOCIÉTÉ

des

"ARTISTES INDÉPENDANTS"

Fondée en 1884

"NI JURY NI RÉCOMPENSES"

CATALOGUE

DE LA

34ᵉ EXPOSITION

AU

GRAND PALAIS DES CHAMPS-ÉLYSÉES

du *10 Février* au *11 Mars*

Désignation et Prix des ouvrages exposés

(Voir table des matières, page 260)

• 1923 •

LE PRINTEMPS

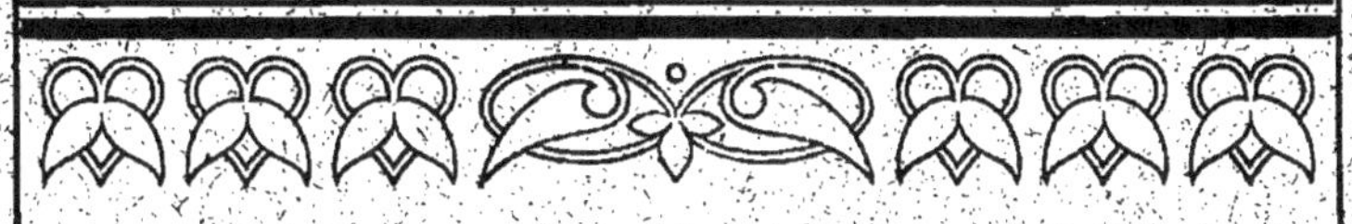

MEUBLE, INSTALLE,
DÉCORE
EN TOUS STYLES

Sa Collection de TAPIS d'ORIENT

est la PLUS COMPLÈTE
et la PLUS BELLE

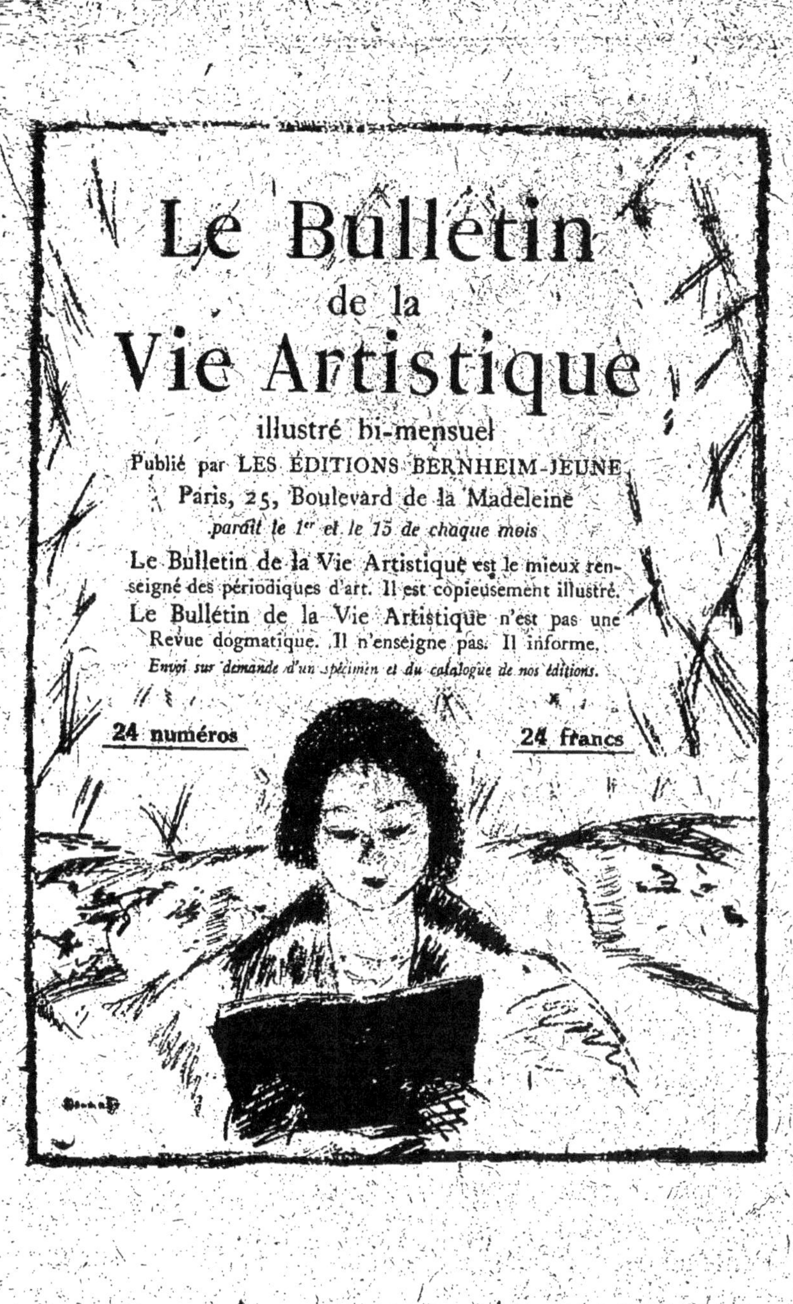
Le Bulletin
de la
Vie Artistique
illustré bi-mensuel
Publié par LES ÉDITIONS BERNHEIM-JEUNE
Paris, 25, Boulevard de la Madeleine
paraît le 1er et le 15 de chaque mois
Le Bulletin de la Vie Artistique est le mieux ren-
seigné des périodiques d'art. Il est copieusement illustré.
Le Bulletin de la Vie Artistique n'est pas une
Revue dogmatique. Il n'enseigne pas. Il informe.
Envoi sur demande d'un spécimen et du catalogue de nos éditions.
24 numéros
24 francs

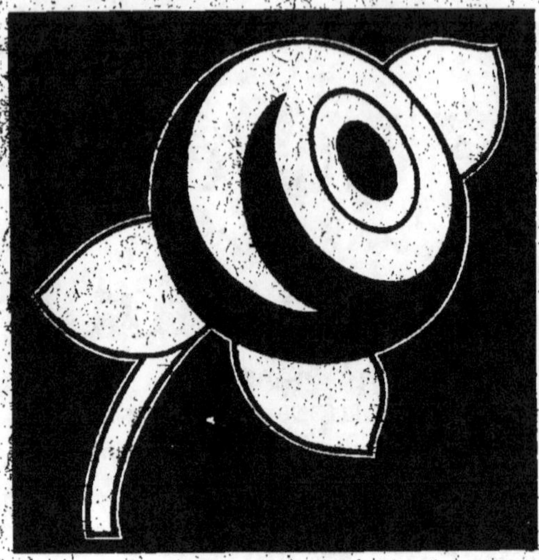
MARQUE DÉPOSÉE

SOCIÉTÉ

DES

ARTISTES INDÉPENDANTS "

MEMBRES D'HONNEUR :

BÉRARD (Léon).

BONNIER (Louis).

CHÉRIOUX (Adolphe).

ESCUDIER (Paul).

GEFFROY (Gustave).

GIGUET (Honoré).

LÉON (Paul).

MELLERIO (André).

MERCEREAU (Alexandre).

POIRY (E.-J.).

SAINSÈRE (Olivier).

SARRAUT (Albert).

MEMBRES FONDATEURS en Juin 1884 :

ANGRAND (Charles).

JAUDIN (Henri).

SÉGUIN (Arsène).

SIGNAC (Paul).

Trésorier Honoraire :

PÉRINET (Louis).

Secrétaire Honoraire :

SÉGUIN (Arsène).

NÉCROLOGIE

Marcel SEMBAT *(Décédé le 5 Septembre 1922)*
Georgette AGUTTE *(Décédée le 6 Septembre 1922)*

Un grand ami des « Indépendants » vient de mourir. M. Marcel Sembat, ancien ministre des Travaux publics (1914), député de Paris (18e arrondissement : Grandes-Carrières), depuis 1893, avait été élu Membre d'honneur de la Société des Artistes Indépendants en 1910.

Il n'avait d'ailleurs pas attendu cette date pour rendre effective la sympathie qu'il a toujours témoignée aux « Indépendants » : il fut un des trop rares parlementaires qui eurent le courage, à la Chambre, de prendre la défense de l'Art et des Artistes Indépendants.

C'est à son intervention unie aux efforts de M. Léon Bérard et de M. Paul Léon que nous devons la concession du Grand Palais qui nous fut accordée, après la guerre, pour la reprise de nos manifestations annuelles.

Né le 19 octobre 1862, avocat d'origine, mais journaliste par inclination, M. Marcel Sembat joignait à son talent d'orateur une belle culture intellectuelle qui le ramenait sans cesse de la politique aux Lettres et aux Arts.

Parti à Chamonix pour se reposer des fatigues de la vie parisienne, une hémorragie cérébrale le terrassa en quelques heures ; il mourut le mardi 5 septembre, à midi et demi.

Madame Sembat, artiste peintre-sculpteur (Mme Georgette Agutte), qui était membre de la Société des Artistes Indépendants depuis février 1904, ne voulant pas survivre à son mari, se suicida douze heures après.

Que la famille ainsi que les nombreuses amitiés que le dévouement de nos deux amis avait su faire naître trouvent dans ces quelques lignes l'hommage ému de nos respectueuses condoléances ainsi que le témoignage du meilleur des souvenirs.

COMITÉ

BUREAU :

Président :

Paul SIGNAC, 14, rue La Fontaine (16e).

Vice-Présidents :

Maximilien LUCE, 102, rue Boileau (16e).
Luc-Albert MOREAU, 15, rue du Cherche-Midi (6e).

Trésorier :

André LÉVEILLÉ, 18, boulevard Magenta (10e).

Trésorier Adjoint :

Georges SCHREIBER, 3, rue Jules-César (12e).

Secrétaire rapporteur :

Charles JACQUEMOT, 10, rue Seveste (18e).

Membres :

ALIX (Yves), 4, rue Belloni (15e).

BOMPARD (Pierre), 6, rue de Varize (16e).

DUNOYER de SEGONZAC, 66, rue de Rennes (6e).

DUPONT (Victor), 2, passage Dantzig (15e).

JANSSAUD (Mathurin), 15, impasse du Mont-Tonnerre (15e).

LADUREAU (Pierre), 12, rue de l'Armorique (15e).

LÉGER (Fernand), 86, rue Notre-Dame-des-Champs (6e).

LHOTE (André), 38 *bis*, rue Boulard (14e).

MARCHAND (Jean), 73, rue Caulaincourt (18e).

PARENT (Léon), 9, rue des Apennins (17e).

REYMOND (Carlos), 7, rue Daru (8e).

TURIN (André), 12, rue des Pyramides (1er).

URBAIN (Alexandre), 21, quai Bourbon (4e).

ADMINISTRATION :

Secrétaire général :

Charles IGOUNET de VILLERS, 77, rue Dareau (14e).

Secrétariat et Archives :

Émile VIGIER, 19, rue des Trois-Bornes (11e).

Comptabilité :

Julien LAGOUTTE, 41, rue de l'Échiquier (10e).

Conseil juridique :

Officiers ministériels :
Me Georges BATY, huissier, près les tribunaux, 20, place d'Italie (13e).
Me Eugène CAHON, avoué de 1re instance, 25, rue Gay-Lussac (5e).

Me Gustave FORTIER, avocat à la Cour d'appel, 22, rue Gay-Lussac (5e).
M. le docteur PAUL-MANCEAU, avocat, 12, rue de Bellechasse (7e).

SIÈGE SOCIAL :

18, Rue Mazarine, PARIS (VIe)

Permanence tous les samedis de 2 h. 1/2 à 5 heures, sauf pendant l'Exposition et les mois de juillet, août et septembre.

Pendant l'Exposition, adresser toute la correspondance au Grand Palais.

34ᵉ EXPOSITION

COMMISSION DE PLACEMENT

Président : DESLIGNÈRES (André), peintre.

Vice-Président : GUÉNOT (Auguste), sculpteur.

Secrétaires { BARBEY (Mlle Jeanne-Marie), peintre.
PAULEMILE-PISSARRO, peintre.

MEMBRES TITULAIRES

PEINTRES

1º LES MEMBRES DU COMITÉ (de droit).

2º

BARAT-LEVRAUX (Georges).	GROMAIRE (Marcel).
LE PETIT (A.-M.).	PESKÉ (Jean).
BALANDE (Gaston).	DOLLIAN (Guy).
LEPREUX (Albert).	LEJEUNE (Henri).
LEFORT (Jean).	MARCOUSSIS (Louis).
QUELVÉE (Albert).	
BERGEVIN (Albert).	VILLARD (Antoine).

(Élus par l'Assemblée générale du 10 Novembre 1922.)

SCULPTEURS

DILIGENT (Raphaël), HERNANDEZ (Matéo)

DE JERMON (Maurice).

Le " Curriculum Vitæ "

de la

Société des Artistes Indépendants

Un tiers de siècle d'expositions

			Exposants
1re	1884 (décembre)	Pavillon de la Ville de Paris, aux Champs-Elysées.	103
2e	1886 (21 août-21 sept.)	Rue des Tuileries, Bâtit B, près du Pavil. de Flore.	94
3e	1887 (26 mars-3 mai)	Pavillon de la Ville de Paris aux Champs-Elysées.	105
4e	1888 (22 mars-3 mai)	Même lieu.	144
5e	1889 (3 sept.-4 oct.)	Salle de la Société d'Horticulture, 84, rue de Grenelle-Saint-Germain ...	120
6e (1)	1890 (20 mars-27 avril)	Pavillon de la Ville de Paris, aux Champs-Elysées.	170
7e	1891 (20 mars-27 avril)	Même lieu.	229
8e	1892 (19 mars-27 avril)	Même lieu.	260
9e	1893 (18 mars-27 avril)	Même lieu.	312
10e	1894 (7 avril-27 mai)	Palais des Arts-Libéraux, au Champ de Mars	223
11e	1895 (9 avril-26 mai)	Même lieu.	289
12e	1896 (1er avril-31 mai)	Même lieu.	198
13e	1897 (3 avril-31 mai)	Même lieu.	223
14e	1898 (19 avril-12 juin)	Palais de Glace, aux Ch.-Elysées	194
15e	1899 (21 oct.-26 nov.)	Garde-Meuble du Colisée, 5, rue du Colisée, aux Champs-Elysées	87
16e	1900 (5 au 25 déc.)	Même lieu.	55

---

(1) La Société Nationale des Beaux-Arts a été fondée en 1890.

17e	1901 (20 avril-21 mai)	Grande Serre de l'Alma, au Cours la Reine	162
18e	1902 (29 mars-5 mai)	Même lieu.	276
19e (1)	1903 (20 mars-25 avril)	Même lieu.	394
20e	1904 (21 fév.-24 mars)	Même lieu.	466
21e	1905 (24 mars-30 avril)	Grandes Serres de l'Alma et des Invalid., au Cours la Reine	667
22e	1906 (20 mars-30 avril)	Même lieu.	842
23e	1907 (20 mars-30 avril)	Même lieu.	1039
24e	1908 (20 mars-2 mai).	Même lieu.	1320
25e	1909 (25 mars-2 mai)	Grande Serre de l'Orangerie au Jardin des Tuileries	837
26e	1910 (18 mars-1er mai)	Baraquements du Cours la Reine, au Pont des Invalides	1182
27e	1911 (21 avril-13 juin)	Baraquements du quai d'Orsay au pont de l'Alma.	1388
28e	1912 (20 mars-16 mai)	Même lieu.	1264
29e	1913 (19 mars-18 mai)	Même lieu.	1015
30e	1914 (1er mars-30 avril)	Baraquements du Champ-de-Mars, av. de La-Bourdonnais, près l'Ecole Mil.	1320

Il n'y eut pas d'Exposition au cours de la guerre

31e	1920 (28 janv.-28 fév.)	Grand Palais des Champs-Elysées, av. V.-Em.-III.	1141
32e	1921 (23 janv.-28 fév.)	Même lieu.	1047
33e	1922 (28 janv.-28 fév.)	Même lieu.	1330
34e	1923 (10 fév.-11 mars)	Même lieu.	1607

(1) La Société du Salon d'Automne a été fondée en 1903.

1923 - CATALOGUE - 1923

SERVICE DES VENTES

A L'EXPOSITION

Tous les ouvrages mentionnés au présent catalogue sont offerts au public aux prix désignés par les artistes **sans interposition d'aucun intermédiaire.**

Ces prix ne subissent aucune majoration. Les acquisitions sont **exemptes de tous droits, taxes ou impôts.**

MM. les visiteurs trouveront au Secrétariat de l'Exposition tous renseignements concernant la vente des œuvres exposées.

L'Administration de la Société se charge d'aviser les artistes des ventes effectuées ainsi que de la transmission des offres qui pourraient être faites en vue de la réalisation de commandes ou de l'acquisition des ouvrages exposés.

Les bureaux du Secrétariat de l'Exposition se trouvent au rez-de-chaussée, au fond de la Galerie Victor-Emmanuel (côté Champs-Elysées)

EXPOSITION POSTHUME

Georgette AGUTTE (Mme Sembat), née à Bonnières (S.-et-O.).

Sociétaire 1904-1922

24 *a*) Huit panneaux peints sur fibro-ciment destinés à la décoration de la mairie de Chamonix.

b) Portrait de Mme Sala.

c) Douleur (Sculpture bronze).

d) M. Sembat (intimité).

(Appartiennent à Mme Hervieu, 37, boulevard Bourdon, Paris, 4e.)

SOCIÉTAIRES DÉCÉDÉS EN 1922-1923

AGUTTE (Mme Georgette).
CORMIER (Mme Alice).
JUSSY (Georges).
MOREAU-LEFEBVRE (Mme).
PATERNE-BERRICHON.
TERRUS (Étienne).
TESSON (Louis).

DÉSIGNATION

DES

OUVRAGES EXPOSÉS

ABADIE-LANDEL (Pierre), né à Paris. — 17, rue Campagne-Première, 14e.

    1 L'homme à la cigarette. — 750 fr.
    2 Chanteur des rues. — 1.800 fr.
    3 Nature morte. — 600 fr.
    4 Le clown vert. — 300 fr.

ABRAMOFSKY, né à Tolède (Ohio). — Américain. — 1, rue Monsieur-le-Prince, 6e.

    5 Portrait de jeune fille. — Vendu.
    6 Etude au fusain. — 200 fr.
    7 Le petit palais. — 300 fr.

ADNIN (Ernest-Louis), né au Pré-Saint-Gervais (Seine). — 12, cité Riverin, 10e.

    8 Une vitrine : bijoux et objets d'art.

ADOUR (Mlle Pauline), née à Paris. — 19, rue Le Verrier, 6e.

    10 Dans le parc (nu). — 2.000 fr.
    11 Automne, Versailles. — 800 fr.
    12 Hiver, Versailles. — 800 fr.

ADRIAN-NILSSON (Gôsta), né à Lund (Suède). — Suédois. — 86, rue N.-D.-des-Champs.

    13 Peinture. — 3.000 fr.
    14 Joueur de cartes. — 3.000 fr.
    15 Maternité. — 1.000 fr.

ADUCCI (François), né à Riminin. — Italien. — 53, boulevard de la Seine, Versailles.

16 Poissons — 600 fr.
17 Légumes. — 600 fr.
18 Portrait.
19 Diogène (composition). — 3.000 fr.

AGUET (William-Edouard-Jean), né à Paris. — Suisse. — 52, rue de Courcelles, 8ᵉ.

20 Pyrénées espagnoles. — 600 fr.
21 Provence. — 500 fr.
22 Pays basque. — 350 fr.
23 Pays basque. — 350 fr.

AGUTTE (Mᵐᵉ SEMBAT), sociétaire décédée.

24 (Voir exposition posthume, page 23).

AILLET (Edgard-Adrien-Jean), né à Bauze (Gers). — 2, passage de Dantzig, 15ᵉ.

25 Paysage. — 1.200 fr.
26 Paysage. — 1.500 fr.
27 Portrait. — 1.500 fr.

AILLET (Maxime-Pierre-Henri), né à Bordeaux. — 40, rue Bonaparte, 6ᵉ.

28 Pays basque (paysage). — 150 fr.
29 Pays basque (paysage). — 200 fr.
30 Bayonne. — 200 fr.
31 St-Nectaire (Auvergne) (paysage). — 200 fr.

ALATERRE (Louis-Georges), né à Châteaudun. — 9, rue Falguière, 15ᵉ.

32 Fin de souper. — 800 fr.
33 Marché en Auvergne. — 500 fr.
34 La Dent-du-Marais (Auvergne). — 400 fr.
35 Vieille maison en Auvergne. — 300 fr.

ALBERT (Adolphe), né à Paris. — « Le Tilleul », les Andelys (Eure).

36 Brumes de novembre. — 500 fr.
37 Petit-Andely (Eure). — 500 fr.
38 La côte du Thuit. — 500 fr.

ALBERT (Maurice-Léon), né à Paris. — 13, rue Pierre-Levée, 11e.

    39 Matin d'octobre. — 1.200 fr.
    40 Vétheuil. — 500 fr.
    41 Vieil escalier. — 300 fr.
    42 Le Tallus. — 200 fr.

ALCORTA (Rodolfo), né à Buenos-Aires. — Argentin. — 157, rue de Rome, 17e.

    43 Philomène.
    44 Marie-Louise à la toilette.

ALDER (Emile), né à Zurich. — Suisse. — 35, boulevard Rochechouart, 9e.

    45 Andromède. — 3.000 fr.

ALDIGHIERI (Dominique), né à Vérone. — Italien. — 21, rue Henri-Monnier, 9e.

    46 L'heure douce (panneau de fresque).

ALEXANDRE (Edme), né à Nevers (Nièvre). — 28, rue Montholon, 9e.

    47 Pivoines. — 500 fr.
    48 Fleur. — 100 fr.
    49 Fraises. — 100 fr.

ALEXANDRE (Eva), née à Limoges (Haute-Vienne). — 9, place d'Aine, Limoges.

    50 Roses blanches. — 350 fr.
    51 Jubé de la Cathédrale de Limoges (pastel). — 300 fr.
    52 Tombeau de la Cathédrale de Limoges (pastel). — 300 fr.
    53 Eglise de Solignac (Hte-Vienne) (pastel). — 250 fr.

ALEXANDROWICZ (Nina), née en Pologne. — Polonaise. — 15, rue Boissonade, 14e.

    54 Nature morte. — 900 fr.
    55 Mendiants. — 600 fr.
    56 Enfant. — 500 fr.

ALIX (Yves), né à Fontainebleau. — 4, rue Belloni, 15°.

57 Le balcon. — Voir prix au bureau.
58 Peinture. — Voir prix au bureau.

ALKAN-LÉVY (Fernand), né à Amiens. — 10, rue Simon-Dereure, 18°.

59 Pont Marie, Paris. — 1.200 fr.
60 Marché à Honfleur. — 800 fr.
61 La Madeleine, Paris. — 900 fr.
62 La maison de Berlioz, Montmartre. — 500 fr.

ALPHONSE (Andrée), née à Ribérac (Dordogne), 23, rue Le Verrier.

63 Profil de jeune fille. — 500 fr.
64 Nature morte. — 400 fr.
65 Nature morte. — 400 fr.

ALYANAK (Henri), né à Constantinople. — Arménien. — 7, rue Constance, 18°.

66 Portrait de Mlle S. C. (appart. à M. R. Barthier).
67 Les collines de Montjolibois au crépuscule (Seine-Inférieure) — 1.200 fr.
68 Sous la lampe (appartient à l'auteur).
69 Etude (appartient à l'auteur).

AMBROSINI (Vincent), né à Constantine (Algérie). — Français. — 19, rue de Chartres, à Neuilly-sur-Seine.

70 Fontainebleau (parc). — 800 fr.
71 Clair de lune (marine). — 1.200 fr.
72 Clair de lune (paysage). — 500 fr.
73 Crépuscule. — 600 fr.

AMORE (Mamy), née à New-York. — Belge par mariage. — 242, boulevard Raspail, 14°.

74 Intérieur. — 400 fr.
75 Nature morte (paysage). — 400 fr.
76 Nature morte (paysage). — 300 fr.
77 Nature morte (paysage) — 350 fr.

ANCELET (Emile), né à Charleville (Ardennes). — Santes, près Lille (Nord).

78 Matin de printemps (Santes). — 3.000 fr.
79 Portrait.

ANDERSSON (Mats), né à Eskilstuna. — Suédois. — 7, rue Belloni, 15ᵉ.

> **80** Portrait de Mˡˡᵉ S. M.
> **81** Composition.
> **82** Portrait.

ANDRAUD (Mˡˡᵉ Germaine), née à Issoire (Puy-de-Dôme. — 13, boulevard de la Manlière, Issoire (P.-de-D.)

> **83** Jardin en fleurs. — 800 fr.
> **84** Effet de gris en automne. — 800 fr.
> **85** Rosée blanche. — 400 fr.
> **86** Les canaris irisés. — 800 fr.

ANDRÉ (Emile), né à Paris. — 22, rue Greuze, 16ᵉ.

> **87** Léda. — 2.000 fr.
> **88** Crevettes (nature morte), appartient à Mˡˡᵉ G. Bonaventure.

ANDRÉ (Gaston), né à Angers. — 15, rue Cauchois, 18ᵉ.

> **89** Dauphiné. — 800 fr.
> **90** Dauphiné. — 800 fr.
> **91** Fleurs. — 800 fr.
> **92** Dauphiné. — 800 fr.

ANDREY-PRÉVOST (André-Fernand), né à Paris. — 17, place du Tertre.

> **93** Le moulin (étude). — 900 fr.
> **94** La place du Tertre (étude). — 900 fr.
> **95** La maison Rose, Montmartre. — 800 fr.

ANDRIEUX (Alfred-Louis), né à Paris. — 42, rue Scheffer, 16ᵉ.

> **96** Paysage méridional. — 900 fr.
> **97** Canards garrot et milouins. — 600 fr.
> **98** Lièvre gîté. — 500 fr. —

ANGE (Paul), né à Pétrograd (Russie). — Russe. — 59, rue des Vignoles, 20ᵉ.

> **99** Spartacus. — 10.000 fr.
> **100** Trois sages. — 2.000 fr.
> **101** Torrent. — 1.000 fr.

ANGIBOULT (François), né à Venise. — Russe. — 229, boulevard Raspail, 14ᵉ.

102 Paysage. — 10.000 fr.
103 Portrait. — 2.000 fr.

ANGRAND (Charles). — Français. — 33, quai de Paris, Rouen.

104 Le repas. — 1.200 fr.
105 Le triomphe des moissonneurs. — 1.200 fr.
106 Au jardin. — 1.200 fr.

ANNIC, né à Paris. — 15, rue Nicolas-Charlet, 15ᵉ.

107 Place du Tertre, Paris. — 300 fr.
108 Roses. — 500 fr.
109 Nature morte. — 500 fr.
110 Peinture. — 300 fr.

ANTOINE (Gaston-André), né à Paris. — 52 *bis*, boulevard de la République, à la Garenne-Colombes (Seine).

111 Ruines d'aqueduc romain près d'Ars-sur-Moselle. — 1.500 fr.

ANTRAL (Louis-Robert), né à Châlons-sur-Marne. — 14, rue Thiboumery, 15ᵉ.

112 La famille. — 800 fr.
113 Nu. — 800 fr.
114 Peinture. — 4.000 fr.

APARTIS (Athanase), né à Smyrne (Asie-Mineure). — Hellène. — 129, rue de l'Université.

115 Homme.
116 Femme.
117 Étude d'homme.

APOL (Armand-Adrien), né à Bruxelles. — Belge. — 98, avenue de la Couronne.

118 Nature morte. — 3.000 fr.
119 Canal. — 2.000 fr.

APPAY (Marius-Marcel), né à Pantin. — 20, rue Paul-Hébert, 18ᵉ.

120 L'automne (appartient à M. E. Scaret).
121 Effet de neige. — 100 fr.
122 L'étang. — 200 fr.
123 Les fruits. — 500 fr.

ARNAUD (Moïse), né à Valence (Drôme). Montfermeil (Seine-et-Oise), 6, rue de Livry.

124 Soir de fin d'hiver, Montfermeil. — 3.000 fr.
125 Moulin de Montfermeil, hiver. — 900 fr.
126 Étang à Montfermeil, été. — 900 fr.
127 Village de Courtry (Seine-et-Marne). — 350 fr.

ARNAVIELLE (Jean), né à Paris. — 2, passage Dantzig, 15ᵉ, et 8, quai de Paris, Rouen.

128 La Seine à Amfreville près Rouen. — 1.000 fr.
129 La Vienne à Chinon. — 800 fr.
130 Bords de Loire. — 1.800 fr.

ARNOLDS (Gustave), né à Stockholm. — Suédois. — Hôtel de Saint-Malo, 2, rue d'Odessa, 14ᵉ.

131 Paysage.
132 Paysage.

ARRAS (Jean-Georges), né à Paris. — 34, rue Danton, à Levallois-Perret (Seine).

133 Après le bain, la réaction (scène antique). — 2.000 fr.
134 Bain matinal des petites bergères (scène antique). — 1.700 fr.
135 La douche imprévue. — 1.500 fr.
136 Le bain des châtelaines (moyen âge). — 1.500 fr.

ARRIVETZ (Mˡˡᵉ Odette), née à Paris. — 10, rue Marbeuf, 8ᵉ.

137 Lac de Côme, villa Balbianello. — 300 fr.
138 Venise, un rio. — 300 fr.
139 Lac des Quatre-Cantons. — 250 fr.
140 Le Bargello à Florence. — 250 fr.

ARTIGUE (André), né à Paris. — Argentin. — 10, rue de la
Banque, Chambéry (Savoie).

141 Lantosque. — 800 fr.
142 Verel. — 800 fr.
143 Lantosque. — 200 fr.
144 Lantosque Termignon. — 200 fr.

ASPRIOTI (Cléoniki), né à Constantinople. — Grec. — 119, rue
du Faubourg-Saint-Martin.

145 La musique. — 4.000 fr.
146 Repos après labeur. — 6.000 fr.
147 Des roses. — 2.000 fr.
148 Portrait (appartient à M. X.).

ASTE (Jean-Louis), né à Toulouse. — 12, boulevard Ledru-Rollin,
Montpellier.

149 Le fils prodigue voyant passer sa jeunesse. —
800 fr.
150 Rédemption. — 700 fr.
151 L'enlèvement d'Eusope. — 1.000 fr.
152 Panneau décoratif. — 500 fr.

ASTIE (Hector), né à Paris. — 70, rue Henri-Litolff, à Colombes
(Seine).

152 *bis* *a)* Pomme d'api (pierre rose). — 5.500 fr.
    b) Femme endormie (pierre). — 2.000 fr.
    c) Paradis (bas-relief bois avec pierres fines).
    — 3.500 fr.

AUBRY (Georges), né à Gentilly (Seine). — 10, boulevard de
Clichy, 18e.

153 Peinture. — 800 fr. (sans cadre).
154 Peinture. — 800 fr. (sans cadre).
155 Peinture. — 600 fr. (sans cadre).

AUBRY (Henry-C.-C.), né à Paris. — 21, Grande-Rue, Montrouge
(Seine).

156 Rivière normande. — 500 fr.
157 Coin d'eau. — 300 fr.
158 La Sarthe à St-Cénery. — 150 fr.

AUCLAIR (André), né à Paris. — 38, boulevard Raspail.

159 Elégante. — 2.000 fr.
160 La fête à Ferrières. — 1.200 fr.
161 Porteuses à Capri. — 1.000 fr.

AUPART (Lucien-Jean-Baptiste), né à Saint-Plantaire (Indre), 8 *bis*, rue Barthelemy, 15°.

162 L'enfant malade (intérieur rustique).
163 Déjeuner de volaille à la ferme (appartient à M. Dupetit.)
164 Double calvaire.

AURISSE (Cam), né à Paris. — 94, rue de Lagny, Montreuil-sous-Bois (Seine).

165 I La vie. — 120 fr. II Les fous. — 50 fr. III Remords. — 30 fr. IV Accablement. — 300 fr. V Vieille coquette. — 30 fr. VI La tentation. — 50 fr. (Bois gravés).
166 Portraits de Mme et M... (appartiennent à l'auteur).

AYERS (C.-H.-Austin), né à New-York. — Américain. — 15, rue Beudant, 17°.

167 Après le bal. — 5.000 fr.
168 Prince Chow. — 4.000 fr.
169 Cygnes. — 2.000 fr.

AZADIGIAN (Manuel), né à Malatia (Arménie). — Américain. — 1 *bis*, rue du Maine.

170 Bleu et or.
171 Nu au vase bleu.
172 Nature morte.
173 Portrait.

BABY-MEGE (Emma-Félicia), née à Chabet el Amour (Algérie). — 13, rue Guénégaud, 6°.

174 Yusuf (appartient à l'auteur).
175 Fatma. — 300 fr.
176 Ebauche de portrait (buste plâtre) (appartient à Mlle M. Henry).

BACH (Marcel), né à Bordeaux (Gironde). — 7, rue Alain-Chartier, 15°.

    177 Les vendanges. — 600 fr.
    178 Eglise St-Cirq-la-Popie (Lot). — 1.000 fr.

BACHELIN (André), né à Paris. — 5, rue Guillaume-Tell, 17°.

    179 Soir. — 700 fr.
    180 Temps gris. — 600 fr.
    181 Brume. — 600 fr.
    182 Neige. — 500 fr.

BACHMANN (Adolphe), né à Lausanne. — Suisse. — 12, rue Tour-d'Auvergne.

    183 Fête vénitienne (dessus de piano). — 3.000 fr.
    184 Les forains. — 1.500 fr.
    185 Paysage. — 800 fr.
    186 Paysage. — 800 fr.

BAGARRY (Adrien-Pierre), né à Marseille. — Entraygues-sur-Truyères (Aveyron).

    187 Intérieur (appartient à l'auteur).
    188 Intérieur. — 1.500 fr.
    189 Nature morte (appartient à l'auteur).
    190 Nature morte. — 1.000 fr.

BAILLET (Charles), né à Paris. — 25, rue du Parc-Montsouris, 14°.

    191 Les saules. — 500 fr. (sans le cadre).
    192 Coin d'Asquins (Bourgogne). — 500 fr. (sans le cadre).
    193 Entrée de pré. — 500 fr. (sans le cadre).

BAILLIEZ (André-Maurice), né à Lille (Nord). — 5, rue Guénégaud, 6°.

    194 Femme à l'enfant. — 800 fr.
    195 Loup de mer (Nord). — 800 fr.
    196 Bords de Seine. — 500 fr.

BAILLOT-JOURDAN (Cécile), née à Troyes. — 13, rue du Cloître-Saint-Etienne, à Troyes (Aube).

    197 Nature morte. — 250 fr.
    198 Nature morte. — 300 fr.
    199 Fleurs. — 350 fr.

BAILLY (Emile-Jean), né à Toulouse. — 92, avenue des Ternes, 17e.

200 Vierge à l'offrande (sculpture). — 1.000 fr. (réplique plâtre : 150 fr.).

201 Buste de M. P. B. (sculpture). — Appartient à M. P. B.

202 Buste de M. F. T. (sculpture). — Appartient à M. F. T.

203 Dessin rehaussé (aquarelle). — 150 fr.

BALANDE (Gaston), né à Saujon (Charente-Inférieure). — 65, boulevard Arago.

204 Les Eyzies. — 5.000 fr.
205 Collioures. — 3.000 fr.

BALLET (André-Victor), né à Paris. — 108, boulevard du Montparnasse, 14e.

206 Les rochers du Castel-ar-Roch (Bretagne). — 3.000 fr.
207 Enfant au travail. — 1.200 fr.
208 Boules de neige. — 800 fr.

BALMIGÈRE (Paul-Marcel), né à Candiès (Pyrénées-Orientales). — 22, rue Tourlaque, 18e.

209 Pêchers en fleurs (vallée de Vernet-les-Bains, Pyrénées-Orientales). — 1.200 fr.
210 Nu. — 800 fr.
211 Le goûter. — 800 fr.

BALSSA (Jules-Léon), né à Valderies (Tarn). — 109, rue Saint-Charles, 15e.

212 Nature morte. — 1.000 fr.
213 Nature morte. — 1.000 fr.
214 La passerelle. — 2.000 fr.
215 Porte normande. — 2.000 fr.

BANDO (Poshio), né à Pokushima. — Japonais. — 20 bis, rue Boissonade, 14e.

216 La femme (peinture). — 1.500 fr.
217 Nature morte (peinture). — 1.500 fr.

BAR (Marie-Louise), né à Thiais (Seine). — 13, rue des Saint-Pères, 6e.

218 Porc-épic (sculpture à exécuter en bois et ivoire). — 8.000 fr.

BARADUC (Jeanne), née à Riom (Puy-de-Dôme). — 3, rue Blaise-Desgoffe, 6e.

219 Nature morte. — 800 fr.
220 Nature morte. — 800 fr.
221 Nature morte. — 500 fr.

BARAT (Edouard-Jean), né à Lille. — 41, rue Saint-Georges, 9e.

222 Attributs de musique. — 5.000 fr.

BARAT-LEVRAUX (Georges), né à Blois. — 2, rue Aumont-Thiéville, 17e.

223 Farniente. — 3.000 fr.
224 Peinture. — 1.250 fr.
225 Peinture. — 1.000 fr.

BARAUDE (Henri), né à Châlon-sur-Saône. — 4, rue Eugène-Labiche, 16e.

226 Damas (Syrie), le faubourg d'El Meidan. — 300 fr.
227 Alep (Syrie), une mosquée. — 300 fr.
228 Hama (Syrie), une noria sur l'Oronte. — 300 fr.

BARBA (Marie), née à Marseille. — 86, rue Cardinet, Paris, 17e.

229 Les punis. — 140 fr.
230 Les chaussons. — 140 fr.
231 Vive la joie. — 150 fr.

BARBEY (Mlle Jeanne-Marie), née à Paris. — 40, rue de Paris, Bagnolet (Seine).

232 Dans le verger. — 1.200 fr.
233 La procession de chevaux à Saint-Hervé. — Appartient à l'auteur.
234 Marché à Gourin. — 600 fr.
235 Marché à Gourin. — 600 fr.

BARBEY (Lucienne), née à Paris. — 1, rue des Saints-Pères, 6e.

236 Nature morte. — 1.000 fr.
237 Femmes. — 500 fr.
238 La douairière. — 500 fr.

BARBEY (Valdo-Louis), né à Valleyres. — 1, rue des Saints-Pères, 6e.

239 Nu. — 2.000 fr.
240 Nature morte. — 2.000 fr.

BARBIER (Ernest-Jules-Louis), né à Nottonville (Eure-et-Loir). — 174, rue de Fontenay, à Vincennes (Seine).

241 Portrait de André B... — Appartient à Mme B...
242 Le soir à Saint-Maur-sur-le-Loir. — 800 fr.
243 Le trèfle incarnat. — 700 fr.
243 *bis* Nature morte. — 600 fr.

Mme BARDEY (Jeanne), née à Lyon. — 48, rue de Vanves, 14e.

244 Pierre sculptée. — 6.000 fr.

BARDINET (Charles), né à Paris. — 4, rue Vercingétorix, 14e.

245 Dans les fleurs (nu) (pastel). — 2.000 fr.

BARDOU (Fulbert), né à Aurillac. — 44, rue de Crosne, Magny-en-Vexin (Seine-et-Oise).

246 Le fumeur. — 500 fr.
247 Intérieur. — 500 fr.
248 L'église de Cléry-en-Vexin (Seine-et-Oise). — 400 fr.
249 Fleurs. — 400 fr.

DE BARJANSKY (Vladimir), né à Pétrograd. — Russe. — 9, rue du Bois-de-Boulogne, 16e.

250 Aquarelle. — 300 fr.
251 Aquarelle. — 300 fr.
252 Aquarelle. — 300 fr.

BARJOU (Henri-Jules-Edouard-Raymond), né à Lesneven (Finistère). — 5, rue Victorien-Sardou, 16e.

253 La Seine à Suresnes. — 250 fr.
254 Trianon (Versailles). — 250 fr.
255 Echenon (Haute-Saône). — 150 fr.

BARLOW-BREWSTER (Achsah), né à New-Haven, Connecticut.
— Américain. — American art C°, 125, boulev. Montparnasse, 6°.

256 Jeune fille de Gubbio. — 2.000 fr.
257 En Ceylan. — 2.000 fr.
258 Saint-Antonio. — 2.000 fr.

BARON (Marcel-Julien), né à Paris. — 60, rue des Tournelles, 3°.

259 Chemin en forêt. — 800 fr.
260 Rochers en forêt. — 800 fr.
261 Coteau de bruyères. — 800 fr.

BARREY (Fernande), née à Paris. — 5, rue Delambre, 14°.

262 Danseuse de corde (peinture). — 1.000 fr.

BARTH (Amadi), né à Zurich. — Suisse. — 30, rue Vergniaud, 13°.

263 Nature morte. — 1.000 fr.
264 Paysage. — 800 fr.
265 Nature morte. — 400 fr.

BARTHÉLEMY (Marguerite), née à Bollène (Vaucluse). — 22, rue Clauzel, 9°.

266 Jeune fille (peinture). — 1.250 fr.
267 Maquette de tapis (art décoratif). — 600 fr.
268 Maquette de tapis (art décoratif). — 600 fr.

BASSET (Louis-Charles), né à Paris. — 11, rue de la République, à Mouy (Oise).

269 Le confident. — 1.500 fr.
276 Portrait. — Appartient à Mlle Lucie Denis.
271 Poil de Carotte. — Appartient à l'auteur.
272 Fuyant l'orage. — 1.000 fr.

BATAULT (Hélène), née à Genève. — Française. — 80, avenue du Bois de Boulogne, 16°.

273 Portrait. — Appartient à M. R. P.
274 Etude. — 600 fr.
275 Etude. — 600 fr.

BAUCHE (Léon-Charles), né à Paris. — 2, passage Dantzig, 15°.

276 Le faune (esquisse). — 500 fr.
277 La promenade. — 450 fr.
278 L'averse. — 1.000 fr.
279 Peinture. — 900 fr.

BAUDE-COUILLAUD (G.), né à Bordeaux. — 208, boulevard Jean-Jaurès, Boulogne-sur-Seine.

280 Paysage de Cerdagne (Espagne). — 500 fr.
281 Alcantara (Tolède). — Appartient à M. C...
282 Etude.

BAUDON (Louis-Alexandre), né à Paris. — 59, boulevard Jean-Jaurès, Boulogne-sur-Seine.

283 Portrait. — 1.000 fr.
284 Paysage (Parc de Saint-Cloud). — 800 fr.
285 Paysage (Parc de Saint-Cloud). — 500 fr.
286 Portrait. — 500 fr.

BAUDOT (Mlle Jeanne), née à Paris. — Louveciennes (Seine-et-Oise).

287 Antonia. — 700 fr.
288 Le jardin. — 550 fr.
289 Fleurs. — 600 fr.
290 Le repos. — 700 fr.

BAUDOT (René), né à Paris. — 7, rue de Médicis.

291 Portrait de l'auteur (triangulisme). — 1.000 fr.
292 Porte Maillot. — 800 fr.
293 14 juillet. — 900 fr.

BEAUPUY (Louis-Jean), né à Elbeuf (Seine-Inférieure). — 19, quai Saint-Michel, 5e.

297 Marché à Castres. — 2.500 fr.
298 Un village de la Charente. — 1.200 fr.
299 Paysage. — 800 fr.

BECAN (Bernard). — Français. — 10, rue Laferrière, 9e.

300 Portrait de Henri Béraud. — Appartient à M. H. Béraud.
291 Etude au café. — 500 fr.
302 Etude au bord de la mer. — Appartient à Mme C. P...
303 Dessin. — 300 fr.

BÉCHET (Maurice), né à Paris. — 235, faubourg Saint-Honoré, 8e.

304 Ustensiles de cuisine. — 800 fr.
305 Etude au corbeau. — 800 fr.
306 Etude aux fleurs bleues. — 400 fr.

BECKER (Georges), né à Tours (Indre-et-Loire). — 142, rue Clignancourt.

307 Cour de ferme (Normandie). — 700 fr.
308 Chateau Gaillard. — 600 fr.
309 Les Andelys, rue Richard-Cœur-de-Lion. — 500 fr.
310 Les Andelys, lavoir. — 400 fr.

BEDOC (Fred), né à Salon (Bouches-du-Rhône). — 69, boulevard
Saint-Michel, Paris, 5e.

311 Cap d'Antibes. — 1.200 fr.
312 Le Mas. — 1.000 fr.
313 La crête de rochers. — 800 fr.
314 Elégie. — Appartient à l'auteur.

BÉGUIN (Gaston), né au Locle. — Suisse. — 184, rue du Faubourg-Saint-Denis, 10e.

315 Portrait de Mme L. B... (terre cuite). — Appartient à Mme B...
316 Jeune fille (bronze). — 800 fr.
317 Amies (terre cuite). — 750 fr.

BELENGEZ (Gustave), né à Amiens. — 49, rue du Midi, Taverny
(Seine-et-Oise).

318 Paysage martigaix. — 400 fr.
319 Paysage martigaix. — 400 fr.
320 Portrait de Jack Dempsey. — 1.000 fr.
321 Portrait de Georges Carpentier. — 1.000 fr.

BELLIET (Benjamin-Julien), né à Villers-en-Arthies (Seine-et-Oise).
— 10, rue Chénier, 2e.

322 Montargis, rue sur l'eau, la pêcherie. — 500 fr.
323 Montargis, vieille rue sur l'eau. — 500 fr.
324 Le calvaire de la Chapelle Pol (Finistère). —
200 fr.
325 Fleurs et fruits. — 600 fr.

BELOFF (Angéline), née à Pétrograd. — 6, rue Desaix, 15e.

326 Portrait de Mme R... — Appartient à Mme R...
327 Portrait de l'auteur. — 300 fr.
328 Deux gravures sur bois : La Danse, le Marchand
de marrons, dans le même cadre. — 35 fr.
chaque épreuve non encadrée.

BENARDEAU (Etienne), né à Orléans. — 4, rue de Buci, 6°

329 Portrait.
330 Nature morte. — 250 fr.
331 Nature morte. — 300 fr.
332 Etude. — 300 fr.

BÉNÉZIT (Emmanuel-Charles), né à Paris. — 11, rue Daniel-
Stern, 15°, et Galerie Visconti, 26, rue de Seine, 6°.

333 Soleil du matin, amandier fleuri. — Appartient
à M. P...
334 L'amandier blanc à Bormes. — Appartient à
M. P...
335 Le rosier fleuri. — Appartient à M. P...

BENNETEAU (Félix), né à Paris. — 5, rue de Bagneux, 6°.

336 Buste de M. Han Ryner.
337 Buste de Mme Jeanne Ronsay.
338 Etude (groupe plâtre).

BENOIT-BARNET (Louis), né à Saint-Claude (Jura). — 45, rue
Lhomond, 5°.

339 Peinture. — 1.500 fr.
340 Peinture. — 600 fr.
341 Peinture. — 600 fr.
342 Peinture. — 500 fr.

BENTERUD (Margot), née à Trondhyem (Norvège). — Norvégienne. — 23, rue de Villejust, 16°.

343 Une vitrine : bijoux et objets d'art:
1. Bracelet serpent, argent sculpté. — 180 fr.
2. Bracelet argent sculpté, topaze. — 200 fr.
3. Bague argent, topaze. — 40 fr.
4. Boucles d'oreilles argent doré. — 70 fr.
5. Cadre bois sculpté. — Appartient à M. F...
6. Fermoir sac galalithe sculpté. — 40 fr.

BERGEVIN (Albert), né à Avranches. — 1, rue de la Mission-
Marchand, 16°.

344 Dompteuse. — 1.200 fr.
345 Peinture. — 800 fr.
346 Peinture. — 800 fr.

BERGON (François-Marius), né à Narbonne (Aude). — 11, rue Simon-Dereure, 18e.

347 Paysage. — 400 fr.
348 Paysage. — 300 fr.
349 Figure. — 300 fr.
350 Nature morte. — 300 fr.

BERINGS (Louis-Gérard), né à Anvers. — Belge. — Anciennement : 4, Faubourg-Montmartre, actuellement : 3, rue Choron, 9e.

351 Etude.
352 Etude.
353 Etude.
354 Devant l'échafaud.

BERJOLE (Pierre), né à Saumur (Maine-et-Loire). — 16, rue du Saint-Gothard, 14e.

355 Nu. — 1.000 fr.
356 La fenêtre provinciale. — 1.500 fr.
357 Portrait. — Appartient à Mme B...

BERJONNEAU (Jehan), né à Montmorillon (Vienne). — 38, avenue de la Motte-Picquet, 7e.

358 Portrait de M. M. Bobet.
359 Vieux pont, Montmorillon (Vienne). — 3.000 fr.
360 Nature morte. — 1.500 fr.

BERLANDINA (Jane-Clara), née à Nice. — 18, rue Boissonade, 14e.

361 Portrait de Mme A. B... — Appartient à Mme Baquis.
362 Portrait de Mlle N. R... — Appartient à l'auteur.
363 Etude. — 300 fr.

BERLIOZ (Charles), né à Rouen. — 55, rue de Dantzig, 15e.

364 Le canal du Jaur à Saint-Pons (Hérault). — 600 fr.
365 Paysage en Languedoc. — 600 fr.
366 Paysage en Languedoc. — 1.000 fr.
367 Paysage en Languedoc. — 1.000 fr.

BERMAN (Eugène), né à Saint-Pétersbourg. — Russe. — 46, avenue Malakoff, 16ᵉ.

368 Peinture. — 1.200 fr.

BERMAN (Léonide), né à Saint-Pétersbourg. — Russe. — 46, avenue Malakoff, 16ᵉ.

369 Baigneuses (peinture). — 500 fr.

BERNARD (Louis-Michel), né à Marseille. — Le Plan-Le Costellet (Var).

370 Etude dans le jardin. — 1.000 fr.
371 Jardin d'Alger. — 800 fr.
372 Paysage du Sahel d'Alger. — 800 fr.

BERONNEAU (André), né à Bordeaux. — 4, Faubourg du Temple, 11ᵉ.

373 Le Croisic. — 300 fr.
374 Le Croisic. — 300 fr.
375 Le Croisic. — 300 fr.
376 Le Croisic. — 300 fr.

BERTHÉLEMY (Henri), né à Paris. — 6, rue Gambetta, Champigny.

377 L'arrivée des blessés. — 2.500 fr.
378 Route de Gratin, environs de St-Dié (Vosges). 1.000 fr.

BERTHELIN (Robert), né à Paris. — Sarcelles (Seine-et-Oise).

379 Le poste de secours (Snegovo). — 300 fr.
380 Les pêcheurs d'oranges. — 300 fr.
381 Les barbares. — 200 fr.
382 La sirène. — 200 fr.

BERTHET (François-Marius), né à Lyon. — Campagne l'Enclos, le Merlan, Marseille.

383 Saint-Paul-du-Var. — 1.000 fr.
384 Le Planastel à Cagnes. — 1.000 fr.
385 Marseille. — 1.000 fr.

BERTHOLD-MAHN, né à Paris. — 27, rue de Seine, 6ᵉ.

386 Portrait. — 2.500 fr.
387 Paysage. — 1.000 fr.
388 Paysage. — 800 fr.

BERTRAM (Abel), né à Saint-Omer. — 240, rue Croix-Nivert, 15°.

389 Enfant aux pommes. — 2.500 fr.
390 Le trio. — 2.800 fr.

BERTRAND (P.-André), né à Mulhouse (Alsace). — 31 *bis*, rue Campagne-Première, 14°.

391 Peinture. — 1.200 fr.
392 Peinture. — Appartient à M. Y...

BERTRAND (Claire), née à Sèvres. — 8, rue de Tournon, 6°.

393 Jardin.

BERTRAND (Elysée), né à Nancy (M.-et-M.). — 13, rue Paul-Albert, 18°.

394 Peinture. — 350 fr.
395 Peinture. — 350 fr.
396 Peinture. — 300 fr.
397 Peinture. — 350 fr.

BERTRAND (Jean), né à Versailles. — 48, avenue Villeneuve-l'Etang, Versailles.

398 Impression à Trianon.
399 Impression.
400 Impression.

BESSE (Raymond), né à Niort (Deux-Sèvres). — 43, rue de la Chapelle, Saint-Ouen-sur-Seine.

401 Frayeur d'enfant. — 500 fr.
402 Type de vieil Arabe. — 200 fr.
403 Vacances à Issoudun (Indre). — 150 fr.
404 Bas quartier, Issoudun (Indre). — 100 fr.

BESSERVE (René), né à Montbéliard (Doubs). — 79, boulevard Beaumarchais, 3°.

405 M. Maurice Besserve, de l'Opéra, frère de l'artiste, dans le rôle de Valentin (Faust). — Appartient à M. M. B...
406 La gare (impression de retour).
407 Souvenir des Andelys (paysage composé).

BÉZARDIN (Lucien), né à Lagny. — 15, rue de Plélo, 15ᵉ.

408 Les baigneuses. — 1.000 fr.
409 Fleurs. — 500 fr.
410 Bateaux (à Concarneau). — 400 fr.

BICANDI (Jose), né à Oudarroa. — Espagnol. — 99, rue Notre-Dame-des-Champs, 6ᵉ.

411 Enfants de la côte (Baska). — 10.000 fr.
412 Paysage de la côte (Baska). — 5.000 fr.
413 Paysage de la côte (Baska). — 5.000 fr.
414 Nature morte. — 1.500 fr.

BILT (Jean-François-Vander), né à Amsterdam. — Hollandais. — 7, rue du Mail, 2ᵉ.

415 Port de Livourno (Italie). — 800 fr.
416 Port de Naples. — 500 fr.
417 Venise. — 500 fr.

BIRGAN LEBEDEFF (Isa), né à Moscou. — Russe. — 14, boulevard Edgar-Quinet, 14ᵉ.

418 Dessin (fusain). — 250 fr.
419 Paysage (aquarelle). — 400 fr.
420 Paysage (aquarelle). — 200 fr.

BLANCHARD (Maria), née à Santander. — Espagnole. — 29, rue Boulard, 14ᵉ.

421 Portrait.
422 Portrait.
423 Femme assise.
424 Le buveur.

BLANCHE (Emmanuel), né à Paris. — 108, avenue de la République, 11ᵉ.

425 Brûleurs de goëmons, Audierne. — 800 fr.
426 La rue Double à Audierne (aquarelle). — 250 fr.
427 La chapelle de St-Tugen (aquarelle). — 250 fr.
428 Etude de vague en Bretagne (aquarelle). — 180 fr.

BLANDIN (Mimi), née à Langres (Haute-Marne). — 44, rue Galilée, 16ᵉ.

429 Villefranche-sur-Mer. — 300 fr.
430 Nature morte. — 200 fr.

BLANZAT (Louis), né à Paris. — 42, rue Saint-Bernard, 11e.

431 Intérieur de cour (Bretagne). — 1.000 fr.
432 Rue de la Madeleine (Brie-Comte-Robert). — 400 fr.
433 Porte close (église Brie-Comte-Robert). — 400 fr.

BLOCH (Marcel), né à Paris. — 4, Faubourg du Temple, 11e.

434 Le bouquet. — 700 fr.
435 Silhouette espagnole. — 500 fr.
436 Vénitienne. — 500 fr.

BLOCH (Marcel), né à Paris. — 32, rue de Vaugirard, 6e.

437 La côte sauvage à Quiberon. — 1.000 fr.
porte. — 1.800 fr.
438 La fête de Fontaine-les-Cornus (dessus de porte). — 1.800 fr.
439 Vitrine de sculptures, figurines en bronze :
4. Portrait.
3. Pudique.
2. Rêverie.
1. Douleur.
1.200 fr. l'original.
Les nos 1, 2 et 3 seront reproduits à 50 exemplaires et vendus 150 fr. l'exemplaire.
440 Pont-Aven, l'Aven à marée haute. — 400 fr.

BIB (Georges), né à Paris. — 8, rue La Bruyère, 9e.

441 M. de Féraudy dans le *Médecin malgré lui*. — 600 fr.
442 Filles place Clichy. — 750 fr.
443 Fille à Toulon. — 600 fr.
444 Peinture. — 600 fr.

BIBAL (Ignace-François), né à Saint-Jean-de-Luz. — 33, rue du Dragon, 6e.

445 Ciboure.
446 Procession à Ciboure.
447 Fleurs.

BICHARD (Anne-Marie), née à Clermont-Ferrand (Puy-de-Dôme). — Saint-Gérand-le-Puy (Allier).

448 Bord d'étang (peinture à l'huile). — 1.200 fr.
449 Bords de rivière (peinture à l'huile). — 1.000 fr.

BIDEAULT (Louis), né à Lyon. — Chez M. Kassapian, 5, square de Maubeuge, 9°.

450 Le lapin blessé. — 3.500 fr.
451 Sculpteur sur bois. — 3.500 fr.
352 Nature morte (fruits). — 600 fr.
453 Nature morte (homard. — 300 fr.

BIEGAS (Boleslas). — Polonais. — 3 bis, rue de Bagneux, 6°.

454 Tableau sphérique « Sphinx ». — 5.000 fr.
455 Tableau sphérique « La ligne de la vie ». — 5.000 fr.
456 Curiosité.

BILEK (Alois), né à Skoupy. — Tchécoslovaque. — 9, rue Falguière, 15°.

457 Les vendanges. — 5.000 fr.
458 Diane. — 4.500 fr.

BILITE (Jacob), né à Odessa. — Russe. — 4, rue Royer-Collard, 5°.

459 Portrait. — 700 fr.
460 A l'Ile d'Yeu. — 500 fr.
461 Etude. — 300 fr.

BILLET DE FOMBELLE (Suzanne), née à Paris. — 10, boulevard Bonne-Nouvelle, 10°.

462 Les pommes. — 2.000 fr.
463 L'androgyne. — 1.900 fr.
464 Nature morte. — 625 fr.
465 Portrait de M. J.-H. A. (appartient à M. J.-H. A.)

BILLETTE (Aimé-Emile-Raymond), né à Paris. — 61, quai de la Tournelle, 5°.

466 Nature morte. — 200 fr.
467 Nature morte. — 200 fr.
468 Figure. — 200 fr.
469 50 fr.

BILLIARD (Louis-Victor), né à Caen (Calvados). — 108, rue Truffaut, 17°.

470 Matin à l'Etang-la-Ville. — 500 fr.
471 Porte de Jaffa à Jérusalem. — 500 fr.
472 Cloche d'argent de la prison St-Lazare. — 500 fr.
473 La couturière. — 150 fr.

BING (Mme Olga), née à Paris. — 9, avenue de Fontenay, Fontenay-sous-Bois.

474 Zinnias et marguerites. — 1.250 fr.
475 Pommes. — 1.250 fr.
476 Cerises. — 1.100 fr.
477 Physalis. — 1.100 fr.

BISSIÈRE (Roger), né à Villéval. — 10, villa d'Alésia, Paris, et chez Paul Rosenberg, 21, rue La Boëtie.

478 Peinture.
479 Peinture.
480 Peinture.

BLANC (Charles), né à Limoges. — 48, rue de Vanves, 14°.

481 Mendiant à l'ombre d'un arbre. — 1.000 fr.
482 La Briance (paysage limousin). — 2.000 fr.
483 L'ermite du Mont Gargan (paysage limousin). — 800 fr.
484 Portrait de E.-M. Bénech (appart. à E.-M. Bénech)

BOCH (Eugène-Guillaume), né à La Louvière (Belgique). — Belge. — à Monthyon (Seine-et-Marne).

485 Sur la route de Touggourt. — 1.500 fr.
486 Dans l'oasis (Biskra). — 1.000 fr.
487 L'oued (Biskra). — 800 fr.
488 Le bourriquot a soif (Biskra). — 500 fr.

BOISSIÈRE (Michèle), née à Maribo. — Danoise. — 28, rue de l'Aube, Bois-Colombes (Seine).

489 L'Annonciation. — 1.000 fr.
490 L'âme du glacier. — 500 fr.
491 Iseut la Blonde. — 500 fr.

BOISTEL (Gustave), né à Paris. — 8 *bis*, rue Jouffroy.

492 Paysage automne. — 175 fr.
493 Rue des Pêcheurs à Rives. — 200 fr.
494 Rue à Montricoux. — 125 fr.
495 Rue à St-Gaultier. — 125 fr.

BOLLIGER (Rodolphe). — Suisse. — 10, rue d'Orchampt, 18°.

496 Cavaliers.
497 Chevaux.
498 Paysage.

BOMPARD (Pierre), né à Verdun (Meuse). — 15, rue Edouard-Jacques, 14°.

499 Phare de Doëlan. — 1.300 fr.
500 Phare de Port-Manech. — 1.300 fr.
501 Port de Doëlan. — 2.300 fr.
502 Port de Merrien. — 1.500 fr.

BONAMY (Armand), né à Nantes. — 7, rue Belloni, 15°.

503 A la Gaîté-Montparnasse. — 3.000 fr.
504 Nu. — 1.200 fr.
505 Peinture. — 1.000 fr.

BONANOMI (Césare), né à Plaisance. — Italien. — 12, rue Froidevaux, 14°.

506 Soleil d'août en Italie. — 4.000 fr.
507 Paysanne du Cadore (Alpes Dolomites). — 500 fr.
508 Après l'orage. — 600 fr.
509 Parmi les hautes cimes (Tyrol). — 600 fr.

BONHOTAL (Paul-Emile), né à Montpont (Saône-et-Loire). — 11, rue Klock, Clichy (Seine).

510 Sur les falaises (Petites-Dalles). — 1.500 fr.
511 Roches, le matin, à Petites-Dalles. — 300 fr.
512 Brume matinale. — 350 fr.
513 Chaumières normandes (aquarelle). — 200 fr.

BONNARD (Pierre), né à Paris. — 56, rue Molitor, 16°.

513 bis a) Nature morte.
    b) Nature morte.
    c) Nature morte.

BONNEFOY (Eugénie), née à Puiseaux (Loiret). — 91, avenue de Versailles, à Thiais (Seine).

514 Dans le jardin. — 800 fr.
515 Les pigeons. — 600 fr.
516 Sur l'escalier. — 600 fr.

BONNESSEUR (Charles-Eugène-Louis), né à Paris. — 7, boulevard de la République, Fontenay-aux-Roses.

517 Coin d'atelier (appartient à l'auteur).
518 Pensées. — 350 fr.
519 Paysage, avant l'orage. — 450 fr.
520 Paysage. — 450 fr.

BONTEMPS (Marie), née à Angoulême (Charente). — Chez Mme David, 4, rue des Fossés-Saint-Marcel, 5e.

521 En vitrine :
Vase poterie application cuivre. — 175 fr.
Vase cristal application étain. — 80 fr.
Couverture de livre bois travaillé, avec application cuivre et étain. — 100 fr.
Couverture de livre bois travaillé et émaux. — 120 fr.
Dessus de coussin pastel sur velours. — 200 fr.
Ramasse-miettes et brosse argent travaillé. Bijou argent travaillé (propriété de l'auteur).
522 Panneau soie peinte. — 500 fr.

BORGEY (Léon), né à Bregnier-Cordon (Ain). — 22, rue Delambre, 14e.

523 Figure. — 2.700 fr.
524 Figure. — 2.800 fr.
525 Guitare (bas-relief). — 1.100 fr.
526 Bas-relief (appartient à l'auteur).

BORNET (Paul), né à Ranchot (Jura). — 179, avenue du Maine, 14e.

527 La sieste (étude) (appartient à M. Olivier Sainsère).
528 Portrait de Mme P. B. (appart. à M. Paul Bornet).
529 Léon pose (appartient à M. Roger Oberkampf).
530 Portrait de Mme G. D. (appartient à M. Gaston Dunyach).

BOSCHERON (Geneviève), née à Bordeaux (Gironde). — 19 *bis*, boulevard du Port-Royal, 13e.

531 Portrait (appartient à l'auteur).
532 Soir sur la Marne (appartient à l'auteur).
533 Etang en forêt. — 100 fr.
534 Etude. — 50 fr.

BOSSHARD (Rodolphe-Théophile), né à Morges. — Suisse. —
8, boulevard Edgar-Quinet, 14e.

535 Baigneuse endormie. — 1.000 fr.
536 Jeune fille couchée. — 800 fr.
537 Paysage. — 700 fr.

BOTTEMA (Tjerck), né à Bovenknype Fr. (Pays-Bas). — Néer-
landais. — 14, rue de l'Armorique, 15e.

538 Paysan amenant des vaches. — 1.600 fr.
539 Mimosa. — 400 fr.
540 Portrait du Viking Fryde (appartient à M. X.).

BOTTON (Isy de), né à Salonique. — Français. — 35, boulevard
Haussmann, 9e.

541 Paysage. — 800 fr.
542 Portrait. — 2.500 fr.
543 Le hamac. — 1.000 fr.

BOUCHE (George), né à Lyon. — 10, rue du Bac, Ablon-sur-Seine
(S.-et-O.).

544 Campagne. — 5.000 fr.
545 Femme. — 5.000 fr.

BOUCHEZ (Maurice), né à Paris. — 55, boulevard Voltaire, 11e.

546 Curieuse. — 800 fr.
547 Moulin sur la Bresle. — 700 fr.
548 Soleil d'hiver (paysage). — 450 fr.

BOUDIER (Raoul), né à Paris. — 52, rue Durantin, 18e.

549 La ferme de Tanqueux. — 300 fr.
550 Terca (appartient au Dr Maïs). — Le pareil :
400 fr.
551 Chemin des Marais. — 300 fr.

BOUDUQUET (Oscar), né à Paris. — 31, quai Bourbon, 4e.

552 Sur une poésie d'Henri Ballot (appart. à M. H. B.)
553 Réveil. — 800 fr.
554 Soleil couchant. — 250 fr.

BOULAGE (Henri), né à Draveil (S.-et-O.). — 3, rue du Crochet, Deuil (S.-et-O.).

555 Un ensemble de bois gravés (portraits de la Révolution). — 30 fr. chaque gravure.
556 Bois gravé (portrait de la Révolution). — 30 fr.
557 Bois gravé (scène de la Révolution). — 30 fr.

BOULANGER (Cam), né à Paris. — 48, rue des Marais, 10e.

558 A la manière de... Voronof. — 500 fr.
559 Une fameuse idée. — 250 fr.
560 La voilà. — 250 fr.
561 Chats. — 250 fr.

BOULARD DE VILLENEUVE (Maxime), né à Paris. — 54, boulevard de Montboron, Nice.

562 Les bohémiennes.
563 Au soleil.

BOULIER (Lucien), né à Verdun (Meuse). — 13, rue Ravignan, 18e.

564 Etude. — 1.200 fr.
565 Etude. — 1.200 fr.
566 Vision extatique. — 10.000 fr.
567 Dessin à l'huile. — 800 fr.

BOULLAND (Gabriel), né à Paris. — 134, boulevard Péreire, Asnières (Seine).

568 Maison et jardin dominant la mer. — 1.000 fr.
569 Lavoir au bord de la mer. — 1.000 fr.
570 Le village à contre jour. — 1.000 fr.

BOUNEAU (Emile), né à Avignon. — 11, rue de Sèvres, 6e.

571 Casseur de pierres. — 3.000 fr.
572 Casseur de pierres. — 3.000 fr.

BOURAINE (Marcel-André), né à Pontoise (S.-et-O.). — 8, Villa des Camélias, 14e.

573 Buste de Harry Pilcer (bronze et marbre) (appartient à M. Harry Pilcer.)
574 Chevaux de bois (bois). — 1.800 fr.
575 Figure (taille directe) (pierre). — 3.000 fr.

BOURG (Jules-Emile), né à Metz (Moselle). — 17, rue de Dravell, à Juvisy (S.-et-O.).

576 La petite route à Etréchy (S.-et-O.). — 200 fr.
577 Les dindons de la mère Martin. — 200 fr.
578 La grosse roche à la Ferté-Alais. — 200 fr.
579 Les deux vieux saules à Perray-Vaucluse. — 200 fr.

BOURGAT (Mlle Alice), née à Narbonne (Aude). — 42, avenue Montaigne, 8e.

580 Enfant à la poupée. — 500 fr.
581 Danseuse. — 500 fr.
582 Nature morte. — 500 fr.
583 Paysage. — 500 fr.

BOURGEOIS (Alfred-Lucien), né à Paris. — Chemin des Fourches, à Pierrefitte (Seine).

584 Paysage. — 1.200 fr.
585 Paysage. — 1.200 fr.
586 Paysage. — 1.200 fr.

BOURLY (Henri), né à Paris. — 9, rue Duperré, 9e.

587 Peinture.
588 Peinture.
589 Peinture.
590 Peinture.

BOUSFIELD Miss Clara-Evelyn-Mary), née à Londres. — Anglaise. — 326, Tulham Rd, à Londres.

591 The Dancer (plâtre bronzé). — 700 fr.
592 It Dream of Pleasure (plâtre bronzé) (appartient à l'auteur).
593 Atalanta (bronze) (appartient à l'auteur).

BOUSSINGAULT (Jean-Louis), né à Paris. — 34, rue des Vignes, 16e.

594 Les Sablaises.

POUVIER (Mlle Gabrielle), née à Marseille. — 22, boulevard de
la Liberté, à Marseille.

    595 Le Vieux Marseille : place des Augustines et rue
        Caisserie (aquarelle) (appartient à l'auteur).
    596 Le Vieux Marseille. montée des Accoules et rue
        des Moulins (aquarelle) (appartient à l'auteur).
    597 Le Vieux Marseille : rue Négrel (aquarelle) (ap-
        partient à l'auteur).

DE BOUVILLE (Octave-Louis-Ernest), né à Neuvizy (Ardennes). —
16, rue Raspail, à Vanves (Seine).

    598 Hameau ardennais. — 400 fr.
    599 Vieux Montmartre. — 500 fr.

BOYD (Mlle Elizabeth-Frances), née à Skelmorlie (Ecosse). —
Ecossaise. — 38, Harrington-Gardens, Londres S. W. 7.

    600 Rio della Croce. — 800 fr.
    601 San Michele. — 800 fr.
    602 La Gondola colla Tenda. — 800 fr.

BRABO (Albert), né à, Alais (Gard). — Chez M. Blanc, à Cassis
(Bouches-du-Rhône).

    603 Paysage à Aubagne. — 1.200 fr.
    604 Paysage à Aubagne. — 1.200 fr.
    605 Nature morte. — 1.200 fr.

BRAQUE-HAIS (Georges-Auguste), né à Paris. — 110, avenue Phi-
lippe-Auguste, 11e.

    606 Nature morte. — 150 fr.
    607 Nature morte. — 150 fr.
    608 Les amis (appartient à l'auteur).
    609 Auvers-sur-Oise. — 200 fr.

BRAUN (Georges-Charles), né à Paris. — 110, avenue d'Orléans, 14e.

    610 Tableau. — 600 fr.
    611 Bois gravés (livres illustrés).
    612 Bois gravés (livres illustrés).

BRAY-LEF (Mme Henriette), née à Paris. — 69, rue Lemercier, 17e.

    613 Portrait (appartient à M. B.).
    614 La rue du village. — 100 fr.
    615 La terrasse. — 300 fr.
    616 Paysage. — 200 fr.

BRECQ (Fernand), né à Loudun (Vienne). — 124, Grande-Rue, à Garches.

    617 Etude de fleurs. — 600 fr.
    618 Paysage, Villeneuve-l'Etang. — 350 fr.
    619 Effet de brume, Villeneuve-l'Etang. — 350 fr.
    620 Nature morte. — 200 fr.

BRÉMOND (Jean-Louis), né à Paris. — 5, Grande-Rue, à Bellevue (S.-et-O.).

    621 Les ormes, plaine de Beauce. — 50 fr.
    622 Le berger et la mer. — 50 fr.
    623 Sous-bois le soir. — 50 fr.
    624 La terrasse de Meudon. — 50 fr.
        (Eaux-fortes originales, dessinées, gravées, tirées
          à petit nombre d'exemplaires par l'artiste.)

BRÉMOND (Jean-Nicolas), né à Maussanne (B.-du-R.). — Maussanne (B.-du-R.).

    625 Le Mas du Pelé. — 600 fr.
    626 Le jardin. — 200 fr.
    627 Le Mas du Diable. — 800 fr.
    628 Le vieux plateau. — 200 fr.

BRÉMOND (Mme Marie-Jeanne), née à Paris. — 5, Grande-Rue, à Bellevue (S.-et-O.).

    629 Le Calvaire. — 500 fr.
    630 Vieux pot de Nevers. — 250 fr.
    631 Téléphonie sans fil (portrait de M. B., ingénieur).

BREWSTER (E.-H.), né à Chagrin Falls (Ohio). — Américain U. S. — Paris-American Art Co, 125, boulevard Montparnasse, Paris.

    632 Le Bouddha. — 2.000 fr.
    633 Crucifixion. — 2.000 fr.
    634 La Madone. — 2.000 fr.

BRIARD (Maurice), né à Paris. — 24, rue Mayet, 6e.

    635 Farniente. — 300 fr.
    636 Repos. — 200 fr.
    637 Derniers rayons. — 200 fr.
    638 Devant la glace. — 300 fr.

BRIAUDEAU (Paul-Charles), né à Nantes (Loire-Inférieure). — 37, rue Denfert-Rochereau, 5e.

639 Jeune femme accoudée à une chaise. — 1.500 fr.
640 Vieille rue à Pornic. — 1.500 fr.
641 Nature morte. — 2.000 fr,

BRICARD (Mlle Gertrude), née à Angers (M.-et-L.). — 9, rue Bochart-de-Saron, 9e.

642 Le petit chinois-pivoines. — 700 fr.
643 Coin de table. — 700 fr.
644 Les paons (paravent). — 1.500 fr.

BRICARD (Xavier), né à Angers (M.-et-L.). — Villa des Arts, 15, rue Hégésippe-Moreau, 18e.

645 La balançoire. — 1.500 fr.
646 Intimité. — 1.200 fr.
647 Etude. — 1.800 fr.

BRIGGS (Nicol), né à Paris. — 31, rue Jeanne, 15e.

648 Figure. — 1.500 fr.
649 Table de cuisine (nature morte). — 900 fr.
650 Le pot blanc (nature morte). — 450 fr.

BROCHET (Henri), né à Paris. — 25, rue du Montparnasse, 14e.

651 Le frêne jaune. — 800 fr.
652 Mon portrait. — 600 fr.
653 La maison abandonnée. — 500 fr.

BRON (Achille), né à Crazannes (Charente-Inférieure). — Taillebourg (Charente-Inférieure).

654 Le nuage. — 600 fr.
655 L'hiver. — 600 fr.
656 Bords de rivière. — 600 fr.

BRONCOURT (René), né à Fays-Billot. — 68, rue d'Alésia, 14e.

657 Peinture. — 400 fr.
658 Peinture. — 400 fr.
659 Peinture. — 500 fr.

BROOKS (Mme Romaine), née à Rome. — Américaine. — 39, avenue Victor-Hugo.

660 Boréale.

BROWNE (Mme Alice). — Anglaise. — 10, rue Vavin, 6e.

661 Nature morte. — 300 fr.
662 Nature morte. — 250 fr.
663 Nature morte. — 250 fr.
664 Portrait.

BROWN (Mme Anna-Wood), née à New-York U. S. A. — Américaine. — Monneville (Oise).

665 Un coin de bois. — 500 fr.
666 Les pins. — 500 fr.
667 Le port. — 300 fr.

BRUCE (P.-H.), né aux Etats-Unis. — Américain. — 6, rue de Furstenberg, 6e.

668 Nature morte.
669 Nature morte.
670 Nature morte.

BRULLER (Jean-Marcel-Adolphe), né à Paris. — 19, rue Servandoni, 6e.

671 4 illustrations à l'Ile des Pingouins, gravées sur bois de fil. — 50 fr.
672 4 illustrations à Vert-Vert, gravées sur bois de bout. — 50 fr.
673 Le Dieu (dessin gravé sur bois). — 60 fr.
674 La forêt profanée (dessin gravé sur bois). — 60 fr.
(Chaque gravure (tirage limité à 10 exemplaires, numérotés de 1 à 10, sur japon) au prix ci-dessus.)

BRUNI (Mme Laure), née à Liège. — Française. — 70, rue Rodier, 9e.

675 Paysage. — 1.500 fr.
676 Paysage. — 1.500 fr.
677 Paysage. — 1.500 fr.

BRUN-THURNEYSSEN (Mme Hélène), née à Paris. — Rue De-
mours, 17e.

    678 Pommier. — 1.000 fr.
    679 Le Tertre, côte Dinardaise. — 500 fr.
    680 Les pins (aquarelle). — 800 fr.
    681 A vol d'oiseau, temps gris. — 500 fr.

BUCAS (Julien), né à Paris. — 367, rue des Pyrénées, 20e.

    682 Vision psychique : Les Apôtres et les Génies gui-
        dant l'humanité vers la lumière, la justice et
        l'amour. — 30.000 fr.
    683 Vision psychique : La lumière intérieure formée
        par la pureté de ta conscience est la meilleure
        protection contre le mal. — 50.000 fr.
    684 Vision psychique : Le Vice vu dans l'Astral. —
        20.000 fr.

BUCKANAN (Mme Minda), née au Canada. — Française. — 1, rue
de la Grande-Chaumière, 6e.

    685 Advertisements. — 1.800 fr.
    686 Peinture. — 1.000 fr.

BUCHET (Gustave-Louis), né à Etoy (Vaud). — Suisse. — 74, rue
de Sèvres, 7e.

    687 Composition. — 10.000 fr.
    688 Portrait de Mlle R. (appartient à Mlle Robert).
    689 Composition. — 5.000 fr.

BUHOT (Jean), né à Paris. — 4 bis, rue Gustave-Zédé, 16e.

    690 Intérieur. — 500 fr.
    691 Dinard. — 500 fr.
    692 Sapins. — 500 fr.

BUISSON (Mme Catherine), née à Paris. — 47, rue de Passy.

    693 Beg-Meil. — 700 fr.
    694 Portrait de Mlle J. B. (appartient à l'auteur).
    695 Portrait (appartient à Mme X.).

BULLIO (Eugène), né à Marseille (B.-du-R.). — 10, rue de Tur-
bigo, 1er.

    696 Etude (aquarelle). — 200 fr.
    697 Etude (aquarelle). — 125 fr.
    698 Bords de l'Yonne. — 500 fr.
    699 Paysage d'automne. — 600 fr.

BUNOUST (Mlle Madeleine), née à Paris. — 139, boulevard Malesherbes, 17°.

700 Peinture.
701 Peinture.
702 Peinture.

BURGIN (Mme Ella), née à Bâle. — Suisse. — 69, rue Froidevaux, 14°.

703 La vie.
704 Une expression.
705 L'église.
706 L'oiseau noir.

BURGUN (Georges-Marcel), né à Paris. — 42, route de Clamart, à Issy-Les-Moulineaux (Seine).

707 Paysage. — 500 fr.
708 Fleurs. — 500 fr.
709 Figure (appartient à M. F. B.).

BURKHALTER (Jean), né à Auxerre (Yonne). — 9, rue Campagne-Première, 14°.

710 Vendéenne. — 500 fr.
711 Pêcheuse à Berck-Plage. — 500 fr.
712 Le Mollin (Vendée). — 200 fr.

BURLIN (Paul), né à New-York City. — Américain. — 41, boulevard Haussmann.

713 Femmes. — 10.000 fr.
714 Nègre. — 5.000 fr.

BURNSIDE (Cameron), né à Londres. — Américain. — 86, rue Notre-Dame-des-Champs, 6°.

715 Commencement d'été. — 1.600 fr.
716 Paysage à Vernounet. — 1.600 fr.
717 Derniers rayons. — 1.200 fr.

BUSSET (Maurice), né à Clermont-Ferrand. — 3, rue Racine, 6°, et 14, avenue du Puy-de-Dôme, Clermont-Ferrand.

718 La bourrée d'Auvergne sur le champ de foire. — 5.000 fr.
719 Repas de paysans en plein air (panneau décoratif). — 300 fr.
720 Un cadre de gravures sur bois (le vieux pays d'Auvergne). — 25 fr. chaque estampe.

BUSSIÈRE (Lucien-Jean-Alexandre), né à Paris. — 22, avenue des Canadiens, à Saint-Maurice (Seine).

721 Paysage. — 150 fr.
722 Paysage. — 150 fr.
723 Paysage. — 150 fr.
724 Raisin. — 150 fr.

BUTLER (James), né à Giverny (Eure). — Américain. — Giverny, par Vernon (Eure).

725 Paysage. — 1.000 fr.
726 Paysage. — 500 fr.
727 Canoe. — 500 fr.

BUTLER (Théodore-Earl), né aux Etats-Unis. — Américain. —

728 Intérieur. — 3.000 fr.
729 Paysage. — 15.000 fr.

CABRÉ (Manuel), né à Caracas. — Vénézuelien. — 127, boulevard Saint-Michel, 6e.

730 Nature morte. — 500 fr.
731 Paysage de la Haute-Savoie. — 500 fr.
732 Paysage de la Haute-Savoie. — 500 fr.

CAGNET (Maurice-André), né à Paris. — 14, rue de Chabrol, 10e, et Saint-Vaast-lès-Mello (Oise).

733 Sa poupée. — 2.000 fr.
734 Intérieur de l'église de Saint-Vaast-lès-Mello. — 1.500 fr.
735 Le vieux port de Honfleur. — 1.200 fr.
736 Buste d'enfant (marbre) (appart. à Mme M.-B. C.).

CAHOURS (Henry-Maurice), né à Paris. — 21, rue Berthe, 18e.

737 Bretagne. — 1.000 fr.
738 Bretagne. — 600 fr.
739 Bretagne. — 200 fr.

CAHOUT (Mme Alice-France), née à Vanves (Seine). — 5, rue François-Guibert, 15e.

740 Nature morte. — 300 fr.
741 Nature morte (appartient à M. Keroub).
742 Nature morte. — 250 fr.
743 Nature morte. — 250 fr.

CALLAME (Mme Madeleine), née à Bourges.— 20, rue du Regard, 6e.

    744 Parc de Versailles. — 200 fr.
    745 Grande-Rue à Saint-Malo. — 200 fr.
    746 Port de Saint-Malo. — 150 fr.

CALOENESCO (Mme Aurélia), née à Bucarest (Roumanie). — Roumaine. — 3, square Théodore-Judlin (rue du Laos), 15e.

    747 Peinture.
    748 Peinture. — 350 fr.
    749 Peinture. — 350 fr.

CALVELLI (Félix-André), né à Ajaccio. — Français. — 77, route de Coutances, à Granville.

    750 Les ajoncs. — 1.200 fr.
    751 La lande. — 600 fr.
    752 Chemin. — 500 fr.
    753 Cesembre. — 400 fr.

CALVINDROS-CALMON (Camille-Vincent-Léandre), né à Collioure (P.-O.). — 68, rue Didot, 14e.

    754 Barques dans le port, Collioure. — 150 fr.
    755 Le clocher et la jetée, Collioure. — 150 fr.
    756 Le Miradou, Collioure. — 150 fr.
    757 La prison militaire, Collioure. — 150 fr.

CAMAX ZŒGGER (Mme Marie-Anne), née à Paris. — 18, rue Erlanger, 16e.

    758 Fillette et fleurs. — 2.000 fr.
    759 Enfants dans leur lit. — 1.800 fr.

CAMBIER (Mme Juliette), née à Saint-Gilles Bruxelles. — Belge. — « La Rose », à Cagnes (Alpes-Maritimes).

    760 Fleurs. — 900 fr.
    761 Fleurs. — 800 fr.
    762 Fleurs. — 900 fr.
    763 Fleurs. — 900 fr.

CAMBIER (Louis-Gustave), né à Bruxelles. — Belge. — « La Rose », à Cagnes (Alpes-Maritimes).

    764 Jeune fille en rose. — 1.500 fr.
    765 Saint-Paul-du-Var. — 1.200 fr.

DE CANTO (Ernesto), né aux Açores. — Portugais. — 2bis, rue du Pavillon, à Boulogne-sur-Seine.

766 Eve (en pierre de Savoie). — 14.000 fr.
767 Statuette céramique. — 100 fr.
768 Statuette céramique. — 100 fr.

CANTON (Emile), né à Beaujeu (Rhône). — 2, rue de l'Egalité, à Vincennes.

769 Paysage (étude). — 1.200 fr.
770 Paysage (étude). — 1.200 fr.
771 Paysage (étude). — 800 fr.
772 La bonne marée (gravure). — 100 fr.

CANU (Alexandre-Paul), né à Paris. — 45, rue Vandamme, 14e.

773 Paysage. — 2.000 fr.
774 Portrait. — 1.200 fr.
775 Portrait. — 1.200 fr.

CAPON (Georges-Emile), né à Paris. — 4, rue Camille-Tahan, 18e.

776 Peinture.
777 Peinture.
778 Peinture.

CAPTY (Mme Germaine-Marie), née à Orange (Vaucluse). — Unic Hôtel, 151 bis, rue de Rennes, 6e.

779 Nature morte. — 500 fr.
780 Nature morte. — 500 fr.
781 Paysage (bord de mer). — 500 fr.

CARADEK (Mme Lucie), née à Brest. — 6 bis, rue Saint-James, à Neuilly (Seine).

782 Etude. — 350 fr.
783 Etude. — 350 fr.
784 La chemise rose. — 800 fr.

CAREBUL (Mme Béatrice), née à Paris. — 80, rue de l'Université, 7e.

785 Le quai d'Orléans, île Saint-Louis (Paris) (appartient à M. W. B.).
786 Saint-Cloud (appartient à M. W. B.).
787 Bellagio, lac de Côme. — 1.000 fr.

CARETTE (Georges), né à Paris. — 6, rue Edouard-Detaille, 17e.

788 La péniche. — 600 fr.
789 Coin de jardin. — 600 fr.

CARIOT (Gustave), né à Paris. — 34, rue de Brie, à Mandres (S.-et-O.).

790 Paysage de montagne. — 3.500 fr.
791 Effet d'automne. — 3.000 fr.
792 Paysage de champs. — 1.500 fr.

CARLONI (Alexandre-Gabriel), né à Paris. — 111, rue d'Alésia, 14e.

793 La Saâne à Longueil (Seine-Inf.). — 1.000 fr.
794 Etude. — 500 fr.
795 Canal (Ardennes). — 650 fr.

CARON (Marcel), né à Enghien-les-Bains. — Belge. — 18, rue Nainette, à Liège (Belgique).

796 Paysage d'Ardennes. — 1.500 fr.
797 La Collégiale. — 1250 fr.
798 Le village. — 1250 fr.
799 La rue en pente. — 1250 fr.

CARPENTIER (Marguerite-Jeanne), née à Paris. — 4, rue de la Source, 16e.

800 Nu. — 700 fr.
801 Torse de femme. — 900 fr.
802 Tête d'enfant (sculpture plâtre). — 250 fr.
(Ces prix pour chaque exemplaire réalisé en terre cuite.)

CARPIO (Mme Elena), née à New-York. — Américaine du Nord. — 47, boulevard Saint-Marcel, 13e.

803 Eglise Saint-Julien-le-Pauvre. — 500 fr.
804 Grand'père Liou. — 500 fr.
805 Portrait du ministre du Paraguay en France (appartient au Dr José Montero).
806 Portrait du sculpteur Mateo Hernandez (appartient à B. del Carpio).

CARRÉ (Raoul), né à Montmorillon. — 39, rue Victor-Massé, 9°.

807 Sospel (paysage). — 2.500 fr.
808 Nature morte. — 600 fr.
809 La leçon de couture. — 500 fr.

CASSALETTE (Félix), né à Aix-la-Chapelle. — 93, rue de Long-champ, 16°.

810 La nuit vaincue. — 4.500 fr.
811 Salomé. — 1.800 fr.

CASSIN-SAINT-LOUIS (Charles), né à l'Ile Nou (Nouvelle-Calédonie). — Français. — 61, rue de Lévis, 17°.

812 Panneau décoratif. — 325 fr.
813 A l'heure du dancing. — 380 fr.

CASTELLANOS (Roberto), né à Montevideo (Uruguay). — Uruguayen. — 68, rue Asselin, à Cherbourg.

814 La Fragata President Sarmiento al Ecuador. — 3.000 fr.
815 Las Palmas Canarias. — 2.000 fr.
816 La rade de Cherbourg. — 1.600 fr.
817 Le port l'Epis. — 600 fr.

CASTELLI (Clément), né à Varzo (Italie). — Italien. — 4, Faubourg du Temple, 11°.

818 Fleuve Diveria (Italie). — 225 fr.
819 Fleuve Diveria (Italie). — 225 fr.
820 Le printemps, jardin du Palais-Royal, Paris. — 225 fr.

CASTELUCHO (Claudio), né à Barcelone. — Espagnol. — 84, rue d'Assas, 6°.

821 Au café. — 500 fr.
822 Jeune fille. — 600 fr.
823 1914. — 800 fr.

CATH (Mlle), née à Cahors. — 5, rue des Filles-St-Thomas, 2°.

824 2 coffrets en cuivre. — 100 fr. chacun.
Une Vitrine contenant :
825 1 coupe verre.
826 1 sac cuir.

CATINAT (Maurice), né à Quiers (Loiret). — 5, avenue d'Aligre,
à Chatou (S.-et-O.).

827 Vieux pont. — 1.000 fr.
828 La maison du garde. — 1.000 fr.
829 Chrysanthèmes. — 800 fr.

CAUDRELIER (Gérard), né à Lille (Nord). — 2, rue Aumont-
Thiéville, 17e.

830 Chrysanthèmes. — 2.000 fr.
831 La prairie, automne. — 1.000 fr.
832 La place de Tarascon-sur-Ariège. — 1.000 fr.

CAUDRON CHATRY DE LA FOSSE (Mlle Jeanne-Alice), née à
Paris. — 64, rue de Passy, 16e.

833 Portrait de M. F. Caudron (appartient à l'auteur).
834 Fruit capiteux (pastel). — 300 fr.
835 Couple vu ! (humoristique). — 50 fr.
836 Nature morte. — 150 fr.

CAZELLES (Léon-Paul), né à Toulouse (Haute-Garonne). — 50,
avenue de la Patte-d'Oie.

837 La Paix « Les mères et les veuves ne pleurent
plus » (général Galliéni). — 1.800 fr.
838 Soleil couchant. — 500 fr.
839 Clair de lune. — 500 fr.
840 La bougie du Poilu. — 500 fr.

CÉNAC (Raoul), né à Londres. — Français. — 7, rue Nouvelle, 9e.

841 Officier de lanciers anglais (règne de George III).
— 500 fr.

CERA (René-Sylvie), né à Nice. — 26 bis, rue Nansouty, 14e.

842 Eglise. — 600 fr.
843 Nu couché (appartient à M. René Meyer).
844 Deux figures. — 1.000 fr.

CERF-LAMBERT (Yvonne), née à Paris. — 26, rue Vauque-
lin, 5e.

845 Le Croisic, rue du Pont-de-Chat. — 760 fr.
846 Le Pouliguen, matin gris sur le port. — 450 fr.
847 Nature morte. — 400 fr.
848 Pont Saint-Michel (pochade). — 150 fr.

CERNY (Charles), né à Prague. — 59, rue de Rennes, 6e.

    849 La vallée du Tessin. — 700 fr.
    850 Bords de l'Orvanne. — 800 fr.
    851 Automne. — 1.000 fr.

CHABANE (Raoul-Martial-Léon), né à Bordeaux. — 59, rue des Peupliers, à Billancourt (Seine).

    852 La Loire à Saint-Dyé. — 500 fr.
    853 La Loire à Muides. — 500 fr.

CHABAS-CHIGNY (Marcel), né à Brest. — 11, impasse Ronsin, 15e.

    854 Vates. — 2.000 fr.
    855 Jardin des oliviers. — 2.000 fr.

CHABAUD (Auguste), né à Nîmes (Gard). — Graveson (B.-du-R.).

    856 Paysage dans la Montagnette (1). — 1.500 fr.
    857 Paysage dans la Montagnette (2). — 1.500 fr.
    858 Paysage dans la Montagnette (3). — 1.500 fr.

CHAINE (Jeanne), née à Nuremberg. — Française. — 27, rue Cambacérès, 8e.

    859 Portrait de Mme F. C. (appartient à Mme F. C.).
    860 Nature morte. — 300 fr.
    861 Nature morte. — 300 fr.

CHALFRAIX (Henri), né à Aiquebelec (Savoie). — Chez M. Ducros, à Avernes, par Moulins (Allier).

    862 Les ruines de Crozant (collection N...).
    863 La cure d'Ar... — 400 fr.
    864 Parc en automne. — 400 fr.
    865 Moulin de César à Néris, effet de neige. — 500 fr.

CHAMBERLAIN (Judith), née à Portland Oregon (Etats-Unis). — Américaine. — 41, boulevard Haussmann.

    866 Le Lavandou.
    867 Tableau.
    868 Portrait.

CHAMERON (Mlle Andrée), née à Saint-Maur (Seine). — 53, avenue de la République, à Saint-Maur (Seine).

    869 Dahlias. — 1.000 fr.
    870 A la fontaine. — 1.800 fr.
    871 Chrysanthèmes. — 900 fr.

CHAMPENOIS-SCHARFF (Gustave-Charles), né à Chatou (S.-et-O.). — 31, rue de Saint-Germain, Chatou (S.-et-O.).

872 Pommiers du Japon. — 100 fr.
873 Les deux ponts de Chatou. — 100 fr.
874 La timbale d'argent. — 100 fr.
875 La maison blanche. — 100 fr.

CHANTEROU (Raphaël), né à Liège. — Belge. — 22, rue Desnouettes, 15e.

876 Fête au village. — 5.000 fr.
877 Printemps. — 1.500 fr.
878 Étude. — 1.500 fr.

CHAPIN (Jean-Louis-Félix), né à Paris. — 6, rue de Steinkerque, 18e.

879 Le Marché à Paimpol. — 5.500 fr.
880 Portrait (appartient à Mme X.).
881 Paysage, Viry-Châtillon (S.-et-O.). — 1.500 fr.

CHAPNAUD (Marie), née à Paris. — 82, rue Lauriston, 16e.

882 Portrait de M. Henri D. (appartient à l'auteur).
883 Château d'Auxon (appartient à l'auteur).
884 Un coin du parc. — 200 fr.
885 Souvenir côte d'Azur. — 500 fr.

CHAPUY (André), né à Paris. — 22, rue Boissonade, 14e.

886 Soir d'hiver (Haut Morvan). — 4.500 fr.

CHARASSON (Eugène), né à Aigurande (Indre). — Aigurande (Indre).

887 La Creuse à Châteaubrun (paysage). — 950 fr.
888 La Creuse à Auzème. — 950 fr.
889 Châtaigner en fleurs (Creuse) (paysage). — 950 fr.

CHARBONNIER (Pierre), né à Vienne (Isère). — 169, boulevard Malesherbes, 17e.

890 Intérieur. — 1.200 fr.

CHARLET (Albert). — 7, rue du Dôme, 16e.

891 Danseuse. — 1.500 fr.
892 Paysage décoratif. — 800 fr.
893 Cygne noir et cygne blanc. — 800 fr.

CHARLET (Jane), née à Ostende. — Belge. — 195, avenue Molière, à Bruxelles.

894 Nature morte au chapeau. — 500 fr.
895 Paysage marine. — 500 fr.
896 Nu. — 600 fr.
897 Nature morte. — 400 fr.

CHARLIER (Charles-Henri), né à Paris. — Cheny (Yonne).

898 Figure faisant partie d'un calvaire (pierre taille directe).
899 Monument aux morts de l'église des Aubiers (taille directe), bas-relief.

CHARON (Luc), né à Paris. — 33, rue Jacob, 6e.

900 Intérieur (appartient à Mlle C.).
901 Nature morte. — 600 fr.
902 Paysages. — 400 fr.

CHARPAUX (Marcel-Louis), né à Paris. — 8, rue Pruvot, à Vanves.

903 Vieille rue, automne. — 800 fr.
904 Rue de Chevreuse, Issy. — 500 fr.
905 Coin de banlieue. — 600 fr.

CHARRIER (Daniel), né à Monségur (Gironde). — 47, rue du Département, 18e.

906 Portrait de Maurice L.
907 Les inconscients (étude sociale). — 150 fr.

D. DE LA CHASSAGNE-GROSSE (L.), né à Henrichemont. — 6, rue de Siam, 16e.

908 Choux-fleur, citron, pot de miel (pastel). — 800 fr.
909 Nature morte (pastel). — 600 fr.
910 Dahlias (pastel). — 1.000 fr.

CHAUVEL (Georges), né à Elbeuf. — 54, rue Lhomond, 5e.

911 Messaouda (nu, plâtre). — 5.000 fr. (en bronze).
912 Danseuse (buste plâtre). — 4.500 fr. (en granit).
913 La danseuse aux raisins (plâtre). — 10.000 fr. (en bronze).

CHAUVET (Florentin), né à Béziers (Hérault). — 8 *bis*, rue François-Guibert, 15°.

    914 Nu. — 1.500 fr.
    915 Le foulage. — 1.500 fr.
    916 La sieste. — 800 fr.

CHAUVET (Odette), née à Nantes. — 4, square Desnouettes, 15°.

    917 La fenêtre. — 1.200 fr.
    918 L'enfant au bateau. — 500 fr.

CHAUVIN, né à Rochefort-sur-Mer. — 9, rue du Chalet, à Malakoff (Seine).

    919 Sculpture.

CHAVENON (Roland), né à Paris. — 33, rue du Champ-de-Mars, 7°.

    920 Brodeuse. — 1.200 fr.
    921 Nature morte. — 700 fr.
    922 Paysage. — 800 fr.

CHAZALVIEL (Albert-Edouard), né à Paris. — 344, rue Saint-Jacques, 5°.

    923 Nature morte (appartient à l'auteur).
    924 Paysage (appartient à l'auteur).
    925 La Charrière noire (paysage) (appart. à l'auteur).

CHEMINADE (Narcisse), né à Orléans. — 21, rue Thibaut, à Marly-le-Roi (S.-et-O.).

    926 Ali. — 500 fr.
    927 Mado. — 500 fr.
    928 Brume et soleil. — 350 fr.
    929 Un paravent décoré. — 2.500 fr.

CHEPPY (Henri-Julien), né à Paris. — 46, rue de la Bidassoa, 20°.

    930 Chrysanthèmes et roses. — 850 fr.
    931 Roses et giroflées. — 550 fr.
    932 Roses (aquarelle). — 550 fr.

CHÉREAU (Claude), né à Paris. — 3, boulevard Suchet, 16°.

    933 Portrait de Mme X. (appartient à Mme X.).
    934 Paysage basque (appartient à l'auteur).
    935 L'église de Bidart, Pays basque (appart. à l'auteur).

CHÉRIANE (Mme), née à Paris. — 20, rue Ernest-Cresson, 14°.

936 Peinture. — 800 fr.
937 Peinture. — 600 fr.
938 Portrait.

CHERVIN (Louis), né à Paris. — 42, rue de La Jonquière, 17°.

939 Eglise Saint-Pierre-de-Montmartre. — 350 fr.
940 Place du Tertre. — 350 fr.
941 Le cabaret du Lapin-Agile. — 250 fr.
942 La maison de Mimi Pinson. — 300 fr.

CHESNEAU (Georgette-Marthe), née à Nantes. — 9, rue Campagne-Première, 14°.

943 Femme au perroquet. — 3.000 fr.
944 Portrait. — 2.000 fr.
945 Nature morte. — 800 fr.
946 Paysage. — 500 fr.

CHÉURET (Albert), né à Paris. — 11, avenue Franco-Russe, 7°.

947 Objets d'art et bronzes d'éclairage.

CHICHESTER (Henrietta), née à Londres. — Anglaise. — The Grange, Claines, Worcester (Angleterre).

948 Les bœufs de la Melleran (1922). — 50 livres.
949 Salwarpe Church Droitwich (1922). — 40 livres.
950 Norman Font et Rançon, St-Wandrille (1900). — 40 livres.
951 La Sieste Gisors (1921). — 50 livres.

CHICHMANIAN (Raphaël), né à Lidjk (Eguine). — Arménien. — 2, passage Dantzig, 15°.

952 Portrait (appartient à M. A. C.).
953 Portrait (appartient à Mme S. C.).
954 Nature morte. — 500 fr.
955 La Moselle à Liverdun. — 500 fr.

CHOLLET (Marcel), né à Genève. — Suisse. — 17, rue Victor-Massé, 9°.

956 Roses et cerises. — 700 fr.
957 Fruits. — 600 fr.
958 Croquis de voyages.

CHOTIN (Marcel), né à Paris. — 119, avenue de Neuilly, à Neuilly (Seine).

959 Nature morte. — 1.000 fr.
960 Nature morte. — 1.000 fr.
961 Nature morte. — 1.000 fr.

CHOUKHAIEFF (Vassili), né à Moscou. — Russe. — 7, rue Alfred-Stevens, 9e.

962 La femme de Putiphar. — 15.000 fr.

CHOUMANOVITCH (Saval), né à Vinkovce. — Serbe. — 50, rue Gundulic, à Zagreb (Yougoslavie). — Chez M. Carrau, 48, rue Vavin, 6e.

963 Batelier. — 2.000 fr.
964 Paysage. — 1.000 fr.

CHRÉTIEN (Paul), né à Paris. — 7, rue des Saules, 18e.

965 Rues des Saules et de l'Abreuvoir, vieux Montmartre; neige. — 2.000 fr.
966 A la mer (Côtes-du-Nord). — 1.500 fr.
967 Château de Chaumont-sur-Loire (Loir-et-Cher); neige, le soir. — 1.500 fr.
968 Le cabaret du Lapin-Agile, la nuit; vieux Montmartre. — 1.500 fr. (appartient à la Galerie Eug. Lambert, Grand-Hôtel, 12, boulevard des Capucines, Paris.

CHRISTOPHE (Pierre). — 16 bis, rue du Saint-Gothard, 14e.

969 Chèvre (plâtre). — Exécution en bronze : 8.000 fr.
970 Etude (buste plâtre). — Exécution en pierre : 1.800 fr.
971 Projet de fontaine (plâtre).

CIERPLIKOWSKI (Antoine), né à Sieradz. — Polonais. — 5, rue Cambon, 1er.

972 Portrait de Mlle Sorel. — 2.000 fr.
973 Christ. — 5.000 fr.
974 Tête d'homme. — 1.000 fr.
975 Paysanne polonaise. — 1.000 fr.

CINGRIA (Alexandre), né à Genève. — Suisse. — Minalto Tessin (Suisse italienne).

976 La résurrection de la fille du prince de la synagogue. — 600 fr.
977 La guérison du paralytique. — 500 fr.
978 La crucifixion de Saint-Pierre. — 500 fr.
979 La tentation du Christ. — 400 fr.

CIOLKOWSKI, né à Paris. — « Domek », à Bellevue (S.-et-O.).

980 La Chinoise nue (noir et or). — 1.500 fr.
981 Esther (noir et or). — 1.200 fr.

CLATRET (M.-M. Félix), né à Merinchal (Creuse). — 11, rue Montessuy, 7e.

982 Vieux coin; antique abbaye Saint-Séverin, à Château-Landon (S.-et-M.). — 2.500 fr.
983 Iles tranquilles (crépuscule). — 2.000 fr.
984 Rive tranquille (après la pluie). — 750 fr.

CLAIRIN (Pierre-Eugène), né à Cambrai (Nord). — 7, rue Dutot, 15e.

985 Portrait. — Appartient à l'auteur.

CLARIL (Mme Suzanne), née à Paris. — 16, rue Perceval, 14e.

986 Panneau musique. — 1.500 fr.
987 Nature morte. — 500 fr.
988 Peinture. — 500 fr.

MÉRAT (Claude), né à Paris. — 3, rue Charles-Dickens, 16e.

989 Rochers à Trégastel (Finistère). — 3.000 fr.
990 Dans les gorges du Tarn. — 2.000 fr.
991 Le lac supérieur (Bois de Boulogne). — 800 fr.
992 Le grand lac (Bois de Boulogne). — 500 fr.

CLAUDOT (André), né à Dijon. — 2, passage Dantzig, 15e.

993 La femme au chat noir. — 600 fr.
994 Paysage bourguignon. — 500 fr.
995 La porte de Versailles. — 300 fr.

CLAUZEL (Gabrielle), née à Bergerac. — 9, rue Falguière, 15°.

996 Fleurs et fruits. — 500 fr.
997 Fleurs. — 500 fr.
998 En Provence. — 700 fr.
999 En Provence. — 700 fr.

CLAVET (Jean), né à Périgueux (Dordogne). — 92, rue de Montreuil, 11°.

1000 Étude. — 3.000 fr.
1001 Étude. — 3.000 fr.

DE CLAYBROOKE (Edouard), né à Paris. — 26, avenue de Neuilly, à Neuilly (Seine).

1002 Paysage en Picardie. — 500 fr.
1003 Paysage en Picardie. — 400 fr.
1004 Paysage en Picardie. — 600 fr.

CLÉMENCE-MAGNIN (Marie-Louise), née à Pantin (Seine). — 6, rue de la Maison-Neuve, à Maisons-Laffitte (Seine-et-Oise).

1005 Portrait de M. J. V... (pastel). — Appartient à l'auteur.
1006 Printemps (pastel). — 800 fr.
1007 Bacchante (pastel). — 600 fr.
1008 Le voile noir (pastel). — 500 fr.

CLÉMENT-RENÉ (Paul-Henri), né à Paris. — 14 *bis*, hameau Boileau, 38, rue Boileau, 16°.

1009 Le fâcheux voisinage. — 800 fr.
1010 Le monstre. — 550 fr.
1011 L'arbitre. — 450 fr.

CLERGÉ (Auguste), né à Troyes. — 3, rue Vercingétorix, 14°.

1012 Nu. — 800 fr.
1013 Peinture. — 1.000 fr.
1014 Fête bretonne. — 4.000 fr.

CLUZEAU (Jean-Arthur), né à Coulaures (Dordogne). — Avenue de l'Hippodrome, à Champigny (Seine).

1015 Le sentier. — 950 fr.
1016 La forêt. — 950 fr.
1017 Nature morte. — 450 fr.

CLUZEAU (Pierre-Antoine), né à Saint-Mandé (Seine). — 21, avenue de l'Etoile, Le Parc-Saint-Maur (Seine).

1018 Nocturne (peinture décorative). — 1.000 fr.
1019 Le matin (peinture décorative). — 600 fr.
1020 Le soir (peinture décorative). — 600 fr.

COCHET (Gérard-Paul), né à Avranches. — 13, rue d'Arcole, 4°.

1021 Le bain. — 10.000 fr.
1022 Portrait. — Appartient à l'auteur.
1023 Nature morte. — 2.500 fr.

COCKBURN-MERCER (Marie), née en Ecosse. — Anglaise. — 235, faubourg Saint-Honoré, 3°.

1024 Décoration. — 800 fr.
1025 Scène de Tanger. — 800 fr.
1026 Nature morte. — 350 fr.

CODONI (Gaston), né à Paris. — 54, boulevard Voltaire.

1027 Nature morte. — Appartient à l'auteur.
1028 Pont à Quimperlé. — Appartient à l'auteur.
1029 Eglise à Savignies (Oise) (intérieur). — Appartient à l'auteur.
1030 Place de l'Eglise à Savignies (Oise). — Appartient à l'auteur.

CŒURET (Alfred-Léon), né à Paris. — 72, rue de Clamart, à Châtillon-sous-Bagneux.

1031 Jeune Parisienne. — 600 fr.
1032 Eglise de Sartrouville. — 600 fr.
1033 Maisons dans la campagne. — 600 fr.
1034 Pastorale. — 800 fr.

COFFIN (Fernand), né à Paris. — 23, rue de la Roquette, 11°.

1035 Buste de Mme Coffin (sculpture, bronze). — Appartient à l'auteur.
1036 Groupe *La Défense du Drapeau* (sculpture, plâtre). — 1.500 fr.

COLANGE (Gustave), né à Paris. — Garnetot, par Montpinçon (Calvados).

> **1037** Vieille église (S.-et-O.). — 800 fr.
> **1038** Printemps normand. — 800 fr.
> **1039** La neige en Normandie. — 400 fr.
> **1040** La grève (Bretagne). — 300 fr.

COLIN (Fernand), né à Rouvray (Côte-d'Or). — 22, rue de l'Echaudé, 6e.

> **1041** Jeune fille au sourire. — 2.000 fr.
> **1042** Château Essertot (Mâconnais). — 500 fr.
> **1043** Vert Galant. — 500 fr.
> **1044** Notre-Dame. — 600 fr.

COLIN (Paul-Emile), né à Lunéville (M.-et-M.). — 24, rue Candelot, à Bourg-la-Reine (Seine).

> **1045** Fontaine de Palerme. — 2.000 fr.

COLIN (Roberto-Augusto), né à Saint-Louis de Marantrao. — Brésilien. — 70, rue Damrémont, 18e.

> **1046** Boulevard Montparnasse la nuit. — 1.000 fr.
> **1047** Sortie de la ville (San Luis de Marantras). — 1.000 fr.

COLLEU (Aimé-Marie-Joseph), né à Saint-Jacut-du-Mené (Côtes-du-Nord). — 26, boulevard Poissonnière, 9e.

> **1048** Montmartre, le soir, vu de ma fenêtre. — Appartient à l'auteur.
> **1049** Hortensias bleus. — Appartient à l'auteur.
> **1050** Hortensias rouges. — Appartient à l'auteur.
> **1051** La vallée de la Rance à Saint-Jacut. — Appartient à l'auteur.

COLLOT (Charles-Georges), né à Nancy (M.-et-M.). — 31, avenue d'Eylau, 16e.

> **1052** Rêverie. — 950 fr.
> **1053** Retour de fête. — 950 fr.
> **1054** Une bonne pipe (dessin). — 350 fr.
> **1055** Les émigrés (dessin). — 350 fr.

COMMAUCHE (Jean), né à Paris. — 35, boulev. Bonne-Nouvelle, 2°.

1056 Alger, le frais vallon. 200 fr.
1057 Coin de marché à Paimpol. — 200 fr.
1058 Anse de Kérity-Paimpol. — 400 fr.
1059 Une rue du port à Paimpol. — 150 fr.

COMMELIN (Maurice-Hyacinthe), né à Paris. — 10, rue Herran, 16°.

1060 Matin de mai. — 500 fr.
1061 Après-midi d'octobre. — 100 fr.
1062 Etude. — Appartient à l'auteur.

DE CONINCK (Robert), né à Bolbec (Seine-Inférieure). — 40, rue de Mimont, à Cannes (Alpes-Maritimes).

1063 Une longue sonate. — 200 fr.
1064 Le maître. — 200 fr.
1065 Loge princière. — 200 fr.
1066 Joueurs. — 200 fr.

CONRAD-KICKERT. — « L'Enclos de Talou », par Chevreuse (Seine-et-Oise).

1067 Peinture.
1068 Peinture.
1069 Peinture.

CONVERSE (Lilly), née à Pétrograd. — Américaine. — 10, rue Desbordes-Valmore, 12°.

1070 Le châle rouge. — Pas à vendre.
1071 Tivoli. — 1.000 fr.
1072 Forêt du Nouveau Mexique. — 1.000 fr.
1073 Impression de la marquise C...ti.

COPIN (Fernand), né à Paris. — 3, square Pétrelle, 9°.

1074 Un coin de la falaise à Mers (Somme). — 300 fr.
1075 Isola Pescatori, Lac Majeur (Italie). — 350 fr.
1076 Nature morte. — 200 fr.
1077 Fleurs. — 300 fr.

COQUARD (Louis), né à Ambrault (Indre). — 17, avenue de Paris, Auxerre (Yonne).

1078 Labour. — 900 fr.
1079 Vallée de la Cure, Asquins. — 900 fr.
1080 Le pont, Asquins. — 500 fr.

COQUILLET (Marcelle-Andrée), née à Épernay (Marne). — 155, rue
Montmartre, 2ᵉ.

1081 Portrait de mon frère. — Appartient à M. R. C...
1082 Les mimosas (art décoratif : tapis point noué à la
main). — 450 fr.
1083 Chimère (art décoratif : tapis point noué à la
main). — 550 fr.
1084 Roses trémières (art décoratif : tapis point noué
à la main. — 650 fr.

CORIN (Edwin-Philip), né à Londres. — Anglais. — 21, rue
Washington, 8ᵉ.

1085 Abbaye de Westminster (Londres), tombeau de
Chancer. — 600 fr.
1086 Abbaye de Westminster (Londres), la nef. —
500 fr.
1087 Abbaye de Westminster (Londres), entrée des tom-
beaux royaux. — 500 fr.
1088 Abbaye de Westminster (Londres), l'aile Nord. —
600 fr.

CORNET (Joseph-Louis), né à Lons-le-Saunier (Jura). — 3, place
de l'Abbaye, à Saint-Claude (Jura).

1089 Lac de l'abbaye (étude). — Appartient à l'auteur.
1090 Matin d'automne à Saint-Claude (étude). — Appartient à l'auteur.
1091 Dans le Haut-Jura (étude). — Appartient à l'auteur.

CORNILLEAU (Raymond), né à Paris. — 1, rue Vercingétorix, 14ᵉ.

1093 Figure. — 800 fr.
1094 Nature morte. — 450 fr.

CORNILLON-BARNAVE (Charles-Marie-Joseph), né à Marseille. —
16, rue Clayel, 19ᵉ.

1095 La force des chastes (illustration pour un roman
d'Émile Solari, Librairie Universelle). — Non
à vendre.
1096 Café du Parnasse. — Non à vendre.

CORPET (Etienne), né à Paris. — 158, rue de Charonne, 11e.

1097 Panier de fruits (nature morte). — 350 fr.
1098 Le vase japonais (nature morte). — 400 fr.
1099 Le grenades (nature morte). — 450 fr.

CORTÈS (Edouard), né à Lagny (Seine-et-Marne). — 22, rue Mache-
ret, Lagny (Seine-et-Marne).

1100 Sous la lampe. — 1.200 fr.
1101 Le soir (Bretagne). — 800 fr.
1102 Coin de Paris, le soir. — 450 fr.
1103 Coin de Paris, crépuscule. — 450 fr.

COSYNS (François-Antoine), né à Malines. — 2, rue Monsieur-
le-Prince, 6e.

1104 Tête de femme. — 2.500 fr.
1105 Nature morte. — 2.000 fr.
1106 Nature morte. — 3.500 fr.

COTTARD (André), né à Paris. — 38, avenue des Ternes, 17.

1107 Paysage. 1.000 fr.
1108 Atelier d'artiste. — 1.200 fr.
1109 Tombeau d'Héloïse. — 1.500 fr.
1110 Portrait. — Appartient à M. J. F. L.

COUBERTIN (Marie-Marcelle de). — 9, r. Campagne-Première, 14e.

1111 Maternité. — 500 fr.
1112 Le lavoir. — 800 fr.
1113 Nature morte. — 500 fr.

COUDERC (Georges), né à Paris. — 39, bd. Saint-Jacques, 14e.

1114 Le cimetière de Sidi-Ali. — 900 fr.
1115 Le jardin d'essais (Alger). — 900 fr.
1116 La Casbah. — 600 fr.

COUDERCHON (Lucien), né à Paris. — 3, rue Léon-Delhomme, 15e.

1117 Au fil de l'eau. — 500 fr.
1118 Cambyse et Nitétis. — 800 fr.

COUDRAY, né à Paris. — Château de Meslay, par Vendôme.

1119 Prairie. — 1.200 fr.
1120 Mme de B.. — Appartient à l'auteur.

COUEZ (Jules), né à Valenciennes (Nord). — 80, r. Quincampoix, 3e.

1121 Couture. — 1.300 fr.
1122 La mansarde. — 800 fr.
1123 Peinture.

COULET (Léon-Gabriel-Louis), né à Montpellier (Hérault). — 12, rue de l'Echiquier, 10e.

1124 Un futur maître (pastel). — 2.150 fr.
1125 Paysage. — 500 fr.

COULON (Henri), né à Paris. — 37, rue de Châteaudun, 9e.

1125 *bis* a) La Creuse au Pin (Indre). — 2.000 fr.
b) La vallée de la Creuse (Indre). — 1.000 fr.
c) Environs d'Eymoutiers (Haute-Vienne). — 1.000 fr.
d) Bords de Creuse au Pin (Indre). — 1.000 fr.

COUSSEDIÈRE (Charles-Jean), né à Paris. — Baville, par Saint-Chéron (Seine-et-Oise).

1126 Nature morte. — 350 fr.
1127 Etude. — 500 fr.
1128 Paysage. — 650 fr.
1129 Paysage. — 650 fr.

COUSTURIER (Henriette), née à Dijon (Côte-d'Or). — 11, boulevard de Clichy, 9e.

1130 Heure de repos dans un intérieur. — 450 fr.
1131 Heure de travail. — 350 fr.
1132 Porte ouverte dans ma chambre. — 200 fr.
1133 De ma fenêtre en automne. — 200 fr.

COUTTY (Marcel-Louis), né à Paris. — 69, rue Nollet, 17e.

1134 Matin d'orage à Berneval. — 150 fr.
1135 Coin de parc à Coulombs. — 150 fr.
1136 Grève bretonne. — 80 fr.
1137 Etang de Saint-James (pastel). — 80 fr.

COYTEUX-THIERY (Marie), née à Paris. — 12, rue Berthier, Pantin.

    1138 Galerie d'Apollon. — Appartient à Mme V...
    1139 Etangs, Ville d'Avray. — Appartient à Mme V...
    1140 Moret, vue générale. — Appartient à Mme V...

COZE (Paul-Jean), né à Beyrouth (Syrie). — 7, rue Lalo, 16e.

    1141 Mirage ou réalité ? — 600 fr.
    1142 Mado dormant (panthère de l'Inde) (pastel). — 250 fr.
    1143 Panthère (pastel). — 250 fr.

CRÉACH (Charles-Marie), né à Brest (Finistère). — 63, rue Saint-Dominique, 7e.

    1144 Chevreuse l'hiver. — 3.000 fr.
    1145 Le moulin du Rufa (Finistère). — 500 fr.
    1146 Marine : Quélern, rocs à marée basse. — 300 fr.
    1147 Printemps à Tancarville (aquarelle). — 200 fr.

CREEFT (José-Mariano de), né à Guadalajara (Espagnol). — 17, rue Lauriston, 16e.

    1148 Bois des îles, taille directe. — 10.000 fr.
    1149 Bois des îles, taille directe. — 7.000 fr.

CRÉPU (Louis-Hubert), né à Nîmes (Gard). — 49, rue Etienne-Marcel, 2e.

    1149 *bis* a) Aigues-Mortes. — 1.200 fr.
           b) Berneval près Dieppe. — 500 fr.

CRISSAY (Marguerite), née à Mirecourt (Vosges). — 7, rue Belloni, 15e.

    1150 Adam et Eve. — 3.000 fr.
    1151 Peinture. 1.000 fr.

CROCHET(Suzanne), née à Genouilly. — 7, avenue de Villars.

    1152 Portrait (étude). — 600 fr.
    1153 Nature morte. — 600 fr.
    1154 Paysage. — 500 fr.

CROMMELYNCK (Robert-Hubert), né à Liège (Belgique). — Belge.
— 70, quai de la Boverie, Liège.

1155 Christ. — 1.200 fr.
1156 Le chant. — 1.200 fr.
1157 Pieta. — 1.200 fr.

CROTTI (Jean), né à Bulle. — Suisse. — 5, rue Parmentier, Neuilly-sur-Seine.

1158 Mystère Tabu. — 1.000 fr.
1159 Sorriente. — 600 fr.
1160 Phyriessine. — 1.200 fr.

CROZET (Maurice), né à Paris. — 44, rue des Pyrénées, 20e.

1161 Otto (portrait). — 600 fr.
1162 La potiche. — 1.000 fr.
1163 La cheminée. — 2.000 fr.
1164 La lampe allumée. — 600 fr.

CRUPPI (Alice), née à Paris. — 10, rue de Bellechasse, 7e.

1165 Portrait. — 1.200 fr.
1166 Soir sur la Garonne (paysage). — 1.500 fr.
1167 Paravent turc moderne. — 10.000 fr.

CRUVEILHIER (Jenny), née à Paris. — 7, rue de la Pompe, 16e.

1168 Route du mont Gargan (Haute-Vienne). — 300 fr.
1169 Route en Limousin. — 300 fr.
1170 La halle au lin (Dieppe). — 300 fr.
1171 Rue des Ursins (quai aux fleurs). — 300 fr.

CSAKY (Joseph-A.), né en Hongrie. — Français. — 35, rue Boulard, 14e.

1171 *bis* Projet d'ensemble pour un hall (sculpture), en collaboration avec Fernand Léger, peintre.

CUGUEN (Victor-Louis), né à Pontorson (Manche). — 2, rue Peiresc, à Toulon (Var).

1172 Fleuristes. — 400 fr.

CUINAT (Edith), née à Fraisses (Loire). — 57, rue Manin, 19e.

1173 Etude. — 500 fr.
1174 Etude. — 250 fr.
1175 Etude. — 250 fr.

CURIE (Militza), née en Bessarabie. — Roumaine. — 4, rue Belloni, 15e.

1176 Tête de jeune fille (bronze). — 2.000 fr.
1177 Masque. — 1.500 fr.

CYR (Georges-Albert), né à Montgeron. — 1, rue Alsace-Lorraine, Rouen.

1178 Nu. — 800 fr.
1179 La petite ville (Caudebec-en-Caux). — 600 fr.
1180 Régates en basse-Seine. — 400 fr.

CZYZEWSKI (Fytus), né à Berdychow-Limanowa (Pologne). — Polonais. — 17, rue de Rennes, 6e.

1181 Madone polonaise. — 2.000 fr.
1182 Un révolutionnaire russe (bolchevik). — 2.000 fr.
1183 Le crucifié. — 2.000 fr.
1184 Paysage vu d'un aéroplane. — 2.000 fr.

DACTY (Jeanne), née à Londres. — Française. — 7, boulevard de Clichy, 9e.

1185 Effet de neige. — 400 fr.
1186 Marine. — 400 fr.
1187 Marine. — 300 fr.
1188 Pins de la Villa Médicis (broderie sous verre). — 300 fr.

DANCRE (Emile-Emmanuel), né à Paris. — 28, rue de l'Aude, 14e.

1189 Les terrassiers. — 1.000 fr.

DANENBERG (Alice), née à Riga. — Balte. — 84, rue d'Assas, 6e.

1190 Les œillets. — 500 fr.
1191 Nature morte. — 500 fr.
1192 Paysage. — 500 fr.

DANIS (Georges-Jean-Baptiste), né à Bapaume (Pas-de-Calais). — 28, rue de Neuilly, à Rosny-sous-Bois (Seine).

1193 Au crépuscule. — 1.800 fr.
1194 Junon. — 1.500 fr.
1195 La Guye à Sassangy (Saône-et-Loire). — 900 fr.
1196 L'aurore. — 1.000 fr.

DANNET (Henry), né à Gassicourt (Seine-et-Oise). — Route **de** Lisieux-Saint-Germain, Pont-Audemer.

1197 Bords de Risle (Manneville). — 250 fr.
1198 Bords de Risle (Les Baquets). — 300 fr.
1199 Eglise de Glos. — 300 fr.

DAPOIGNY (Albert), né à Montesson (Seine-et-Oise). — 33, rue Singer, 16e.

1200 La bayadère à la rose. — 500 fr.
1201 Femme au bain. — 400 fr.
1202 Couchant d'automne. — 250 fr.
1203 Léda. — 300 fr.

DARCHE (Thérèse), née à Bussières-les-Belmont (Haute-Marne). — 60, rue Saint-Placide, 6e.

1204 Coin de parc à la Rochelle (sépia). — 200 fr.
1205 Portrait (étude au pastel). — 800 fr.
1206 Fleurs (pastel). — 600 fr.

DARDEL (Nils de), né à Stockholm. — Suédois. — 108, r. Lepic. 18e.

1207 Le père.

DARRASSE (Raymond-Etienne-Jules), né à Paris. — 35, rue Spontini, 16e.

1208 Portrait de Mme D... — 300 fr.
1209 Paysage. — 200 fr.
1210 Paysage. — 200 fr.
1211 Paysage. — 200 fr.

DAVENTURE (Henri), né à Libourne. — 40, rue François-de-Lourdis, Bordeaux.

1212 Peinture. — 2.000 fr.
1213 Peinture. — Appartient à l'auteur.

DAVID (Charlotte), née à Saint-Aubin-sur-Mer (Calvados). —
52, avenue Wagram, 17e.

1214 Five o'clock. — 150 fr.
1215 Chinoise. — 100 fr.
1216 La rose. — 300 fr.
1217 Princesse bleue. — Appartient à Mme David.

DAVID (Jean), né à Saint-Nazaire. — 44, rue des Moines, 17e.

1218 Petite nature morte (pommes). — 150 fr.
1219 Petit paysage de neige. — 150 fr.
1220 Petit paysage d'automne. — 150 fr.
1221 Les deux amies (aquarelle sous verre). — 200 fr.

DAYNES (Victor), né à Colmar (Haut-Rhin). — 115, r. Bolivar, 19e.

1222 Portrait de Mme Daynès-Grassot (dans *la Belle
Aventure*).
1223 La neige (Bassin de la Villette). — 1.500 fr.
1224 Balayeuses babilleuses (dégel). — 1.800 fr.

DAYNES-GRASSOT-SOLIN (Suzanne), née à Paris. — 17, chemin
des Longues-Raies, Nanterre.

1225 Devant la glace (nu). — 1.200 fr.
1226 Misère. — Appartient à l'auteur.

DAYOT (Magdeleine), née à Paris. — 8, boulevard Flandrin, 16e.

1227 Vierge espagnole. — 550 fr.
1228 Les agaves (Carquéranne). — 400 fr.
1229 Zinnias. — 300 fr.

DEBOURG (Edouard), né à Versailles. — Gargilesse (Indre).

1230 Le château. — 1.200 fr.
1231 Rochemaure (aquarelle). — 400 fr.
1232 Paysage (aquarelle). — 400 fr.

DEBRAINE (Henry), né à Chatou (St-et-O.). — 33, r. Dauphine, 6e.

1233 Ferme à Leffond (Haute-Savoie). — Appartient à
Mme et Mlle Amiot.
1234 Gerbes. — Appartient à Mme et Mlle Amiot.
1235 Point de vue du plateau de Langres. — Appartient
à Mme et Mlle Amiot.
1236 Rue à Leffond (Haute-Savoie). — Appartient à
Mme et Mlle Amiot.

DEDINA (Vaclar-Venceslas), né en Tchéco-Slovaquie. — Français. — 15, rue Payenne, 3e.

1237 Printemps (pommiers en fleurs). — 3.000 fr.
1238 Baigneuses (nu). — 1.500 fr.
1239 Toilette (nu). — 1.200 fr.
1240 A la montagne (Haute-Savoie). — 1.000 fr.

DEGLESNE (Émilie), née à Paris. — 11, rue d'Orchamps, 18e.

1241 Paris vu de l'atelier (Montmartre). — 500 fr.
1242 Ilot sur le Cher (Vierzon). — 800 fr.
1243 La Chimère. — 300 fr.
1244 Le Dragon. — 300 fr.

DEGRUELLE (Gabriel-Hermann), né à Messas (Loiret). — 48, rue d'Orsel, 18e.

1245 Nature morte. — 800 fr.
1246 Saint-Denis- lès-Rebais. — 800 fr.
1247 Les Pleux. — 700 fr.
1248 Le Vinot. — 700 fr.

DEGUÉRET (Yvonne), née à Paris. — 125, rue Legendre, 17e.

1249 La course au génie. — 1.500 fr.
1250 Douleur (sépia rehaussée). — 500 fr.
1251 L'humoriste. — 1.000 fr.
1252 Scène de la vie artistique. — 1.000 fr.

DE KAT (Anne), né à Delft. — 4, rue Kerckse, Ixelles-Bruxelles.

1253 Jeune femme en rouge. — 5.000 fr.
1254 Le parc. — 1.200 fr.
1255 Nu sur drap blanc. — 800 fr.

DELABARRE-HENRY (Henriette), née à Paris. — 148, rue de Grenelle, 7e.

1256 Coin de jardin. — 700 fr.
1257 Deux bons amis. — 500 fr.
1258 Jeune fille de la Réunion. — 300 fr.
1259 Portrait de Mme R. M... — Appartient à Mme R. M...

DELACROIX (Paul), né à Paris. — 38, rue Fessart, 19e.

1260 Coin de jardin, la porte verte — 500 fr.
1261 Coin de jardin. — 500 fr.
1262 La fin du jardin. — 500 fr.
1263 Le jardin et le petit perron. — 500 fr.

DELATOUSCHE (Germain), né à Châtillon (E.-et-L.). — Besançon.

1264 Cathédrale de Chartres. — 2.000 fr.
1265 Andrésy. — Appartient à M. Montceaux.
1266 Montrouge vu des fortifs. — 800 fr.
1267 Fontenay-aux-Roses. — 950 fr.

DELAUNAY (Robert), né à Paris. — 19, bd Malesherbes, 8e.

1268 Portrait de Sonia-Delaunay-Terk.
1269 Portrait de Tristan Tzara.
1270 Manège électrique.
1271 Portrait de Philippe-Soupault.

DELAUNAY-TERK (Sonia), née en Russie. — Française. — 19, boulevard Malesherbes, 8e.

1272 Tableau.
1273 Tableau.
1274 Tableau.
1275 Tableau.

DELCOUSTAL (Robert), né à Paris. — 14 *bis*, avenue Bosquet, 7e.

1276 Le vieux château. — Appartient à l'auteur.
1277 Le vieux village. — Appartient à l'auteur.

DELCROIX (Reine), née à Pont-de-Reifle (Ain). — 3, rue Henri-Martin, 16e.

1278 Le mimosa en fleurs. — 500 fr.
1279 Paysage méditerranéen. — 400 fr.
1280 Matin sur le lac. — 500 fr.

DELETTRE D'HERVILLY (Alfred-Charles-Jules), né à Pantin (Seine). — 20, rue Claude-Vellefaux, 10e.

1281 Effet de soleil (Finistère). — 900 fr.
1282 La saulaie (Normandie). — 400 fr.
1283 La nuit (Parc de Richmond, environs de Londres). — 700 fr.
1284 Souvenir de Bretagne (Finistère). — 300 fr.

DELEY (Jane), née au Creusot. — 17, rue Saint-Senoch, 17ᵉ.

    1284 *bis* *a)* Portrait de Mᵐᵉ X.
           b) Portrait de l'auteur.

DELHOMME (Albert-Pierre), né à Paris. — 24, avenue Denfert-Rochereau, la Varenne (Seine).

    1285 Entrée de ferme. — 1.200 fr.
    1286 Le pavillon isolé. — 500 fr.
    1287 Marée montante. — 400 fr.
    1288 Entrée de château à Bonneuil. — 150 fr.

DELHORBE (Blanche), née à Paris. — 100, rue d'Assas, 6ᵉ.

    1289 Portrait. — 400 fr.
    1290 Portrait. — Appartient à Mᵐᵉ D...
    1291 Jeune fille. — 400 fr.

DELORME (Maurice), né à Boudes (Puy-de-Dôme). — 214, rue de Tolbiac, 13ᵉ.

    1292 Nature morte. — 400 fr.
    1293 Nature morte. — 400 fr.
    1294 Nature morte. — 450 fr.
    1295 Nature morte. — 450 fr.

DELORME (René), né à Paris. — Rue Joseph-Gaillard, Vincennes.

    1296 Visite inopportune (sculpture). — Appartient à l'auteur.
    1297 Le repos (sculpture). — Appartient à l'auteur.

DELSA (Edmond), né à Liège. — Belge. — Pl. St-Jacques, 2, Liège.

    1298 Paysage industriel. — 600 fr.
    1299 Simplicité. — 500 fr.
    1300 Paysage. — 300 fr.
    1301 Paysage. — 300 fr.

DELTOMBE (Paul), né à Catillon (Nord). — 30, rue Lamartine, Nantes.

    1302 La rencontre.
    1303 Étude.

DELVIGNE (Julien), né à Garches (Seine-et-Oise). — 11 *bis*, boulevard de la Station, Garches.

    1304 Un coin de la roseraie de l'Hay. — 850 fr.
    1305 La grille fleurie. — 750 fr.
    1306 Dessus de porte. — 300 fr.

DEMMER (Georges), né à Saint-Denis (Seine). — 39, rue Gabrielle, 18°.

    1307 Portrait. — Vendu.
    1308 Portrait. — 500 fr.

DEMOTTE (Lucien), né à Paris. — 27, rue de Berri, 8°.

    1309 Femme couchée. — 25.000 fr.
    1310 Saint Jean et la Vierge. — 5.000 fr.
    1311 Portrait. — 2.000 fr.

DENAYER (Félix). — Belge. — 33, rue du Dragon, 6°.

    1312 Paysage dans le Jura. — 1.200 fr.
    1313 Paysage dans le Jura. — 1.800 fr.

DENIER (Jacques), né à Paris. — 117, rue N.-D.-des-Champs, 6°.

    1314 Peinture.
    1315 Peinture.
    1316 Peinture.

DENIS-VALVÉRANE (Louis), né à Manosque, (Basses-Alpes). — 6, impasse la Lauzière, Asnières.

    1317 Danseuses espagnoles. — 800 fr.
    1318 Paysan provençal. — 600 fr.
    1319 Nu. — 500 fr.

DÉON (Georges), né à Montargis. — 4 *bis*, square Desnouettes, 15°.

    1320 Paysage.
    1321 Portrait de Mme D...
    1322 Rendez-vous d'amis.

DESLIGNÈRES (André), né à Nevers. — 6, bd. de Clichy, 18°.

    1323 Nu. — 1.800 fr.
    1324 Le faune. — Appartient à M. J. P.

DESÈVRE (Maurice-Henri-Victor), né à la Bove (Aisne). — 59, avenue Mozart, 16°,

1325 Fresque. — 500 fr.
1326 Printemps. — 3.000 fr.
1327 Fleurs. — 600 fr.

DESHAYES (Frédéric-Léon), né à Paris. — 110 *bis*, r. Marcadet, 18°.

1328 Paysage basque. — 1.000 fr.
1329 Paysage basque. — 900 fr.

DESNOYER (François), né à Montauban. — 11, rue de Sèvres, 6°.

1330 Nu. — 1.500 fr.
1331 Nu (dessin rehaussé). — 800 fr.
1332 Nu (dessin rehaussé). — 600 fr.

DESTREM (Antoinette), née à Paris. — 75 *ter*, avenue Wagram, 17°.

1333 Nature morte (pommes). — 1.200 fr.

DETRAUX (Yvonne-Marcelle), née à Saint-Aubin-sur-Mer. — 83, rue N.-D.-des-Champs, 6°, (atelier, 13, rue Boissonnade, 14°).

1334 Coin d'atelier. — 900 fr.
1335 Etude. — 900 fr.
1336 Nature morte. — 900 fr.

DETTHOW (Eric-Otto), né à Vauersborg. — Suédois. — 14, cité Falguière, 15°.

1337 Composition. — 3.000 fr.
1338 Peinture. — 1.000 fr.
1339 Peinture. — 1.000 fr.

DEVERIN (Roger), né à Paris. — 7, rue Daguerre, 14°.

1340 La maison blanche (Alpes-Maritimes). — 800 fr.
1341 Paysage (Alpes-Maritimes). — 700 fr.
1342 Paysage (Alpes-Maritimes). — 700 fr.

DEVEZE (Fernand), né à Avignon. — 43, rue Four-de-la-Terre.

1343 La rouquine. — 300 fr.
1344 Les deux sœurs. — 150 fr.
1345 La grand' route. — 300 fr.
1346 Roussillon (Vaucluse). — 300 fr.

DEVILLAIRE (Antoinette), née à Montereau. — Rue-Grande.

1347 Nature morte.
1348 L'abreuvoir de Moret.
1349 Pêcheuses sur la côte.
1350 Papotage sur le sable.

DEZAUNAY (Guy), né à Nantes (Bretagne). — 10, rue de la Grande-Chaumière, 6e.

1351 Portrait.
1352 Ile de Noirmoutiers. — 1.000 fr.
1353 Paysage. — 1.000 fr.

DICH (Anton), né à Copenhague. — Danois. — Route de Castellar. Menton (Alpes-Maritimes).

1354 La famille Castellar. — 4.000 fr.
1355 Mme Durand. — 2.000 fr.
1356 Jeune savant. — 2.000 fr.

DIENER (Henry), né à Paris. — Rue Vandamme, 14e.

1357 Nu. — 5.000 fr.
1358 Femme en bleu. — 1.500 fr.
1359 Composition. — 2.000 fr.

DIGNIMONT (André), né à Paris, 70, boulevard Edgar-Quinet, 14e.

1360 Peinture. — 700 fr.
1361 Dessin. — 600 fr.
1362 Dessin. — 600 fr.

DILIGENT (Raphaël-Charles-Louis), né à Flize (Ardennes). — « Le Pressoir », Orgerus (Seine-et-Oise).

1363 Jeune fille.
1364 Jeune fille (bois). — 1.500 fr.

DOBRÉE (Valentine), née à Cannanores (Indes). — Britannique. — Larrau, par Licq (Basses-Pyrénées).

1365 Mère et enfant. — Appartient à l'auteur.
1366 Nu. — Appartient à l'auteur.
1367 Famille. — Appartient à l'auteur.
1368 Portrait. — Appartient à l'auteur.

DODEL-FAURE (Elisabeth), née à Issoire (Puy-de-Dôme). — La Sauvetat (Puy-de-Dôme).

1369 Rayons et ombres. — 800 fr.
1370 Jardinet fleuri. — 800 fr.
1371 Porte ouverte. — 800 fr.

DOILLON-TOULOUSE (Magdeleine), née à Vesoul (Haute-Savoie). 7, rue Beethoven, 16e.

1372 Eye (Alpes-Maritimes). — 1.000 fr.
1373 Une ferme dans les Vosges. — 400 fr.
1374 Saint-Cloud. — 600 fr.

DOLLIAC (Henri), né à Paris. — 83, rue de Bagnolet, 20e.

1375 Buste de paysanne (terre cuite). — 60 fr.
1376 Portrait d'enfant (plâtre). — Appartient à l'auteur.
1377 Portrait de M. F... (buste bronze). — Appartient à l'auteur.
1378 Buste terre cuite (enfant). — Appartient à M. C...

DOLLIAN (Guy-L.), né à Paris. — 29, rue Caulaincourt, 18e.

1379 Le bel été. — 5.000 fr.
1380 Fleurs. — 800 fr.
1381 Le paladin (gravure sur bois). — 200 fr.
1382 La grotte du Mont Blanc (glacier des Bossons) (dessin). — 500 fr.

DOMENJOZ (Raoul), né à Lausanne. — Suisse. — 18, boulevard Jourdan, 14e.

1383 Portrait de Mme F. — 1.000 fr.
1384 Peinture. — 600 fr.
1385 Peinture. — 600 fr.

DOMERGUE (François-Auguste), né à Paris. — 153, rue de Charenton, 12e.

1386 Au petit jour. — 500 fr.
1387 A la rencontre du pêcheur. — 300 fr.
1388 Nature morte. — 200 fr.

DOMERGUE-LAGARDE (Edouard), né à Valence-d'Agen. — 13, rue du Dragon, 6e.

1389 Fleurs. — 2.500 fr.
1390 Fruits (pêches). — 1.500 fr.
1391 Fruits (pêches et raisins). — 2.000 fr.
1392 Fruits (poires, pommes et raisins). — 1.500 fr.

DOMINGO (Francesc), né à Barcelone. — Catalan. — 45, rue Blomet, 15e.

1393 Les joueurs de cartes. — 5.000 fr.

DONAS (Tour), née à Anvers. — Belge. — 5, rue Boucicaut, Fontenay-aux-Roses (Seine).

1394 Le métro. — 500 fr.
1395 Peinture. — 400 fr.
1396 Peinture. — 400 fr.
1397 Peinture. — 400 fr.

DORÉ (Constant), né à Anvers-le-Hamon (Sarthe). — 83, rue de Maubeuge.

1398 Dahlias. — 500 fr.
1399 Géraniums. — 400 fr.
1400 Dahlias. — 600 fr.

DORÉ (Geneviève), née à Paris. — 107, avenue Henri-Martin, 16e.

1401 Le matin. — 500 fr.
1402 Un bouquet de fleurs. — 300 fr.
1403 Le port de Cannes. — 200 fr.
1404 Coin de Normandie. — 200 fr.

DOUARD (Fernand-Léon), né à Caen (Calvados). — Villa Ker Vivianne, le Bourg-de-Batz (Loire-Inférieure).

1405 Entrée de la Loire, effet de nuit. — 250 fr.
1406 Concarneau, sortie du port. — 300 fr.
1407 Concarneau, remparts au crépuscule. — 300 fr.
1408 Douarnenez, lever de lune sur le port. — 500 fr.

DOUROUZE (Daniel), né à Grenoble. — 6, chaus. de la Muette, 16e.

1409 Marseille, vieux port (aquarelle). — 900 fr.
1410 Le Lautaret en Dauphiné (aquarelle). — 900 fr.
1411 Peinture. — 3.000 fr.

DREVETON (Émile-Jean), né à Toulouse (Haute-Garonne). — Villa Mauresque, Promenade des Anglais, Nice.

1412 Nature morte, poires et pommes. — 500 fr.
1413 Fleurs et poupée. — 700 fr.

DREYFUS (Clément), né à Neuf-Brissach (Haut-Rhin). — 46, rue Cardinet, 17°.

1414 Aux petits étangs de Longchamp. — 350 fr.
1415 Les dunes au Touquet. — 350 fr.
1416 La Canche à Paris-Plage. — 350 fr.
1417 Marie-Anne (appartient à l'auteur).

DREYFUS (Léo), né à Fontenay-le-Comte (Vendée). — 45, avenue des Ternes, 17°.

1418 Clemenceau. — 5.000 fr.
1419 La dame en vert. — 2.500 fr.
1420 Vieux Montmartre. — 1.200 fr.

DREYFUS-STERN (Jean), né à Paris. — 22, r. Saint-Ferdinand, 17°.

1421 Vitrage. — 3.000 fr.

DROPPE (Marie), née à Toulouse-du-Jura (Jura), 35, r. de Sèvres, 6°.

1422 Paravent. — 250 fr.
1423 La paix. — 1.200 fr.
1424 Enfants. — 1.000 fr.

DROUART (Raphael-Maurice), né à Choisy-le-Roi (Seine). — 5, rue François-Guibert, 15°.

1425 Les saisons (4 bois camaïeu). — 125 fr.
(Les 4 épreuves encadrées, 150 fr.)
1426 Baigneuses (monotype). — 300 fr.
1427 Scène (monotype). — 300 fr.

DROUET-CORDIER, né à Paris. — 24, r. de la Folie-Méricourt, 11°.

1428 Village en Dordogne. — 800 fr.
1429 Fin d'hiver. — 400 fr.
1430 La petite porte. — 300 fr.

DRUILHET (Marie-Louise), née à Paris. — 18, rue Denfert-Rochereau, 5°.

    1431 Marine.
    1432 Nature morte.
    1433 Paysage.
    1434 Etude.

DUBAUT (Jane), née à Paris. — 75, avenue des Ternes, 17°.

    1435 Les Marmousets, Versailles. — 1.000 fr.
    1436 Parterre d'eau, Versailles. — 1.000 fr.
    1437 Trianon. — 500 fr.

DUBAUT (Pierre), né à Paris. — 75, avenue des Ternes, 17°.

    1438 Dans la neige. — 1.300 fr.
    1439 Cavaliers. — 700 fr.
    1440 Etude (dessin rehaussé). — 400 fr.

DUBOIS-AMIOT (Louis-Paul-Gabriel), né à Paris, 6, avenue de Messine, 8°.

    1441 Intérieur d'atelier. — 500 fr.
    1442 Intérieur d'atelier. — 500 fr.
    1443 Intérieur d'atelier. — 500 fr.
    1444 Nature morte. — 500 fr.

DUBRET (Henri), né à Dijon (Côte-d'Or). — 1, rue d'Hauteville, 10°.

    1445 Après la moisson (Seine-et-Oise). — 500 fr.
    1446 L'orme (paysage de Seine-et-Oise). — 500 fr.
    1447 Arpès-midi d'été (paysage de S.-et-O.) — 350 fr.
    1448 Bijoux en matières précieuses diverses.

DUBREUIL (Ginch), né à Saint-Cloud (Seine-et-Oise). — 2 *bis*, rue Coyseyox, 18°.

    1449 Portrait de Marie Laurencin (passion mal apprivoisée). — 1.000 fr.
    1450 Hyménée. — 300 fr.
    1451 Lassitude. — 300 fr.

DUBREUIL (Pierre), né à Quimper. — 3, villa Brune, 14°.

    1452 Peinture. — 2.000 fr.
    1453 Peinture. — 1.500 fr.
    1454 Peinture. — 1.000 fr.

DUBUISSON (Marguerite-Eugénie-Marie-Rosalie), née à Charleville (Ardennes). — 14, rue Léon Delhomme, 15ᵉ.

> **1455** Environs de Kreuznach (Rhénanie) (3 gravures sur bois).
> **1456** Vieilles maisons de Kreuznach (Rhénanie) (gravure sur bois).
> **1457** Illustration pour un poème de Tennuyson.
> **1458** Illustration pour un conte d'Anderson.

DUC (Marcelle), née à Paris. — 15, rue Jacob, 6ᵉ.

> **1459** Peinture. — 800 fr.
> **1460** Peinture. — 800 fr.
> **1461** Dessin. — 150 fr.
> **1462** Dessin. — 150 fr.

DUCHAMP (Suzanne), née à Blainville (Seine-Inférieure. — 5, rue Parmentier, Neuilly-sur-Seine.

> **1463** Figure. — 800 fr.
> **1464** Paysage. — 500 fr.
> **1465** Paysage. — 500 fr.

DUCHAUFFOUR (Charles), né à Paris. — 20, rue Piat, 20ᵉ.

> **1466** Vieille ferme dans l'Oise.

DUCRET (Marcelle), née à Lausanne. — Suisse. — 115, r. Monge, 6ᵉ.

> **1467** Damman, comtesse Delpech de Frayssinet.
> **1468** Étude. — 600 fr.
> **1469** Étude. — 1.200 fr.
> **1470** Croquis. — 500 fr.

DUCRUET (Pierre), né à Paris. — 35, rue Charlot, 3ᵉ.

> **1471** Pont du Massacre, Chartres (appartient à l'auteur).
> **1472** Tanneries et lavoirs sur l'Eure, Chartres (appartient à l'auteur).
> **1473** Rue du Rosier, Rouen (appartient à l'auteur).
> **1474** Rue du Vieux-Cœuilly (Seine) (appart. à l'auteur).

DUFAUT (Gustave-Charles), né à Paris. — 26, rue de la Mairie, Boulogne-sur-Seine.

> **1475** Fumées. — 200 fr.
> **1476** Le pâtre. — 450 fr.
> **1477** Vallée de Chamonix. — 350 fr.
> **1478** Le Pelvoux. — 450 fr.

DUFOUR (Eugène-François), né à Paris. — 6, rue de la Michodière, 2ᵉ.

  1479 Pont de La Vanderie sur l'Aubetin (Seine-et-Marne). — 350 fr.
  1480 Mon bal on, rue de la Michodière (appartient à l'auteur).
  1481 Faremoutiers, vallée du Grand-Morin (Seine-et-Marne). — 100 fr.
  1482 Bords de l'Aubetin près Faremoutiers (Seine-et-Marne). — 100 fr.

DUFOUR (Jean-Jules), né à Toulouse. — 35, rue Tournefort, 5ᵉ.

  1483 La Bidellerie (Ile de France). — 800 fr.
  1484 Village. — 300 fr.
  1485 Forum romain à Vienne. — 300 fr.

DUFRÈNE (Raymond), né à Périgueux. — 45, rue Vandamme, 14ᵉ.

  1486 Bords de la Beune (Dordogne). — 2.500 fr.
  1487 Bords de la Beune (Dordogne). — 1.800 fr.
  1488 La coiffure. — 1.800 fr.

DUF… (Raoul), né au Havre. — 5, impasse de Guelma, 18ᵉ.

  1489 Baigneurs.

DUHAUPAS (Maurice), né à Paris. — 15, rue Racine, 6ᵉ.

  1490 Novembre. — 300 fr.
  1491 Matin d'octobre. — 250 fr.
  1492 Nature morte. — 150 fr.
  1493 Eglise au soleil. — 200 fr.

DULAC (Guillaume), né à Fumel. — 26, rue Pigalle, 9ᵉ.

  1494 Paysage d'automne. — 1.200 fr.
  1495 Vue de Cahors. — 800 fr.
  1496 Paysage. — 800 fr.

DUMANOIR (Catherine), née à Luxembourg-Ville. — Luxembourgeoise. — 30, rue de Vaugirard, 6ᵉ.

  1497 Portrait de M. le Dʳ F. D. (appartient à M. le Dʳ F. D.).
  1498 Portrait-étude. — 2.600 fr.
  1499 Chat noir. — 700 fr.

DU MARBORE, né à Paris. — 164, rue Saint-Maur, 11e.

1500 Peinture. — 4.000 fr.
1501 Peinture. — 2.000 fr.

DUMAS (Jean-Baptiste), né à Lyon. — 64, rue des Vignes, 16e.

1502 Portrait de M. Alph. L. (appartient à M. A. L.).
1503 Paysage de Saône. — 1.000 fr.
1504 Paysage, Saint-Maxime. — 800 fr.
1505 Paysage. — 800 fr.

DUMONT (Henri-Elie), né à Bordeaux. — 17, rue du Faubourg-Montmartre, 9e.

1506 Paysage. — 800 fr.
1507 Paysage. — 600 fr.
1508 Paysage. — 200 fr.
1509 Paysage. — 200 fr.

DUMOUCHEL (Louis-Georges), né au Havre. — 12, rue François-Guibert, 15e.

1510 Portrait. — 800 fr.
1511 Nature morte. — 300 fr.
1512 Nature morte. — 400 fr.

DUMOULIN (Georges), né à Vitteaux (Côte-d'Or). — 8, r. Alphonse-Daudet, 14e.

1513 Les saules. — 600 fr.
1514 Le moulin. — 500 fr.
1515 Le vieux pont. — 500 fr.

DUNCAN (Raymond), né à San Francisco. — Américain. — 34, rue du Colisée, 8e.

1516 La nativité. — 15.000 fr.

DUNET (Alfred), né à Rouen. — 30, rue Théodore-Lebreton, Rouen.

1517 Nu. — 1.500 fr.
1518 Eglise Saint-Vivien de Rouen. — 700 fr.
1519 Mon portrait.

DUPONT (Charles), né à Paris. — 73, Faubourg Poissonnière.

1520 Orientation de l'art. — 300 fr.
1521 Harmonie. — 500 fr.
1522 Coin de jardin. — 500 fr.
1523 Entrée de jardin. — 500 fr.

DUPONT (Victor), né à Boulogne-sur-Mer. — 2, pass. Dantzig, 15°.

1524 Fillette à la rose. — 1.200 fr.
1525 Paysage du Velay. — 1.500 fr.
1526 Sculpture (buste).

DUPRÉ (Frédéric), né à Paris. — 4, rue Honoré-Chevalier, 6°

1527 Evocation pour une illustration d'un poème de
A. Samain : la tour (appartient à l'auteur).
1528 Evocation pour une illustration d'un poème de
A. Samain : le vase (appartient à l'auteur).

DURAND-ROSÉ (Auguste), né à Marseille. — 17, rue Cherchell, à
Marseille.

1529 Le liseur. — 3.000 fr.

DUREL (Gaston-Jules-Louis), né à Gaillac (Tarn). — 5, rue Paul-
Déroulède, à Neuilly-sur-Seine.

1530 Une féerie à Bagatelle. — 1.500 fr.
1531 Printemps à Fontenay-aux-Roses. — 1.200 fr.
1532 La cathédrale et le marché d'Albi. — 700 fr.

DUTHEIL (Géo), né à Paris. — 12, rue François-Guibert, 15°.
Téléph. : Ségur 89-25.

1533 Une vitrine contenant :
1. Y (bague or massif).
2. Hiérodoule (figure pierre).
3. Sphynges (statuettes terre cuite).
4. Herminie (statuette terre cuite).
5. Nelly (statuette terre cuite).
6. Femme accroupie (statuette terre cuite).
7. Masque (terre cuite).
8. Masque (terre cuite).
9. Masque (terre cuite).
10. Sphyng (tête, terre cuite).
11. Fragment.
12. Fragment.
13. La chevelure (esquisse terre cuite originale).

DUTHEIL (Hélène), née à Paris. — 19, rue de Neuilly, Clichy (Seine).

1534 « Fleurs de l'âme » : Un vase de glaïeul (3 branches). — 420 fr.
Un vase de lys du Japon (3 branches). — 419 fr.
1535 Un géranium (appartient à l'auteur).

EBERL (Zdenek-François), né à Prague.— 4, rue Camille-Tahan, 18°.

1536 Peinture. — 2.000 fr.

ECREMENT (Odon-Louis), né à Paris. — 39 *bis*, rue de Verrières, à Antony (Seine).

1537 Jardin. — 200 fr.
1538 Ours blanc. — 150 fr.
1539 Poule bleue. — 150 fr.

EDEN (Marie), née à Paris. — 8, rue de Douai, 9°.

1539 *bis* *a)* Portrait de Mme Monique Chrysès (appartient à Mme Chrysès).
b) Tête de femme. — 1.000 fr.

EDJÉ (André), né à Paris. — « Les Jardinets», à Poissy (S.-et-O.).

1540 Paysage.
1541 Paysage.
1542 Paysage.

EDY-LEGRAND, né à Bordeaux. — 25, rue Victor-Massé, 9°.

1543 Paysage. — 1.000 fr.
1544 Le bain en Provence. — 3.500 fr.

EGGIMANN (Jules-Pierre), né à Alais (Gard). — 19, rue Mouton-Duvernet, 14°.

1545 Paysage. — 500 fr.
1546 Nature morte. — 300 fr.
1547 Portrait (appartient à l'auteur).
1548 Etude. — 350 fr.

EISENSCHITZ (Willy), né à Vienne. — Autrichien. — 8, rue de Tournon, 6°.

1549 Assisi. — 1.500 fr.
1550 Paysage. — 1.000 fr.

EKEGARDH (Hans), né à Stockolm. — Suédois. — 85, rue Lafontaine, 16°.

1551 Nu. — 2.600 fr.
1552 Paysage. — 2.000 fr.
1553 Etude. — 1.000 fr.

ELLAIVAL (Jean), né à Alais (Gard). — 44, rue de Lévis, 17°.

1554 Nu (appartient à l'auteur).
1555 Nu (appartient à l'auteur).
1556 Le collier d'ambre. — 100 fr.
1557 Portrait (appartient à l'auteur).

ELOFF (Stephanus-Johannès-Paul), né à Prétoria (Transwal). — Boer. — 15, rue Notre-Dame-des-Champs, 14°.

1557 *bis* *a*) Masque (marbre).
        b) Femme pleurant (pierre).

ELPIDINE (Mlle Lélia), né à Genève (Suisse). — Suisse. — Carouge, près Genève (Suisse).

1558 Bouquet de glaïeuls. — 500 fr.
1559 Bouquet d'anémones. — 500 fr.
1560 Une portière (art décoratif). — 300 fr.
1561 Coussins.

ENGEL (Harry), né en Roumanie. — Roumain. — 27, rue Fernand-Forest, à Suresnes.

1561 *bis* *a*) Peintre de peintre (par lui-même). — 1.000 f.
        b) Portrait. — 1.000 fr.

EPSTEIN (Henri), né à Lodz. — Russe. — 2, passage de Dantzig, 15°.

1562 Les baigneuses. — 2.500 fr.
1563 Intérieur. — 800 fr.
1564 Nature morte. — 700 fr.

ERAZME (Auguste), né à Marigné (M.-et-L.). — 41, rue des Martyrs, 9°.

1565 Au bord de la Seine. — 500 fr.
1566 Derrière le moulin. — 600 fr.
1567 La vallée. — 800 fr.
1568 A Saint-Cloud, une allée. — 700 fr.

D'ERCEVILLE (Wenceslas d'), né en Pologne. — Polonais. — 16 bis, boulevard Saint-Jacques, 14°.

1568 bis a) Fleurs.
        b) Nu.

ERITZIANE (Jean), né à Smyrne. — 7, rue Chaptal, 9°.

1569 Coquetterie. — 2.000 fr.
1570 Etude de dos. — 2.000 fr.
1571 Etude. — 1000 fr.
1572 Fleurs. — 1.000 fr.

ERNST (Max), né à Cologne. — Allemand. — 3, rue Ordener, 18°, chez M. Paul Eluard

1573 Célébès. — 2.000 fr.
1574 Œdipus vex (appartient à Mme Gala Eluard).
1575 Au Rendez-vous des Amis. — 10.000 fr.
1576 L'intérieur de la vue. — 2.000 fr.

ESCARRA (Henri-Auguste-Jules), né à Perpignan. — 13, rue du Marché-Neuf, à Perpignan.

1577 Vue de Collioure. — 600 fr.
1578 Paysage à l'olivier, Collioure. — 500 fr.
1579 Marine, Banyuls-sur-Mer. — 500 fr.
1580 Coin de plage à Argelès-sur-Mer (impression d'automne). — 200 fr.

ESTREL (Auguste), né à Paris. — 6, rue Choron, 9°.

1581 Devant le magasin de la modiste. — 1.000 fr.
1582 Vallée normande le soir (appartient à Mme R.).
1583 Toul ar Roc'hou, Plougastel-Daoulas. — 500 fr.

ETÈVE (Raoul-Félix-Forlis), né à Montmorillon (Vienne). — 9, rue Clignancourt, 18°

    1584 Place du Tertre et la rue du Mont-Cenis, Vieux Montmartre. — 350 fr.
    1585 Le Pont-Neuf. — 150 fr.
    1586 La grille du parc. — 300 fr.
    1587 Intérieur de ferme au bord du ruisseau. — 700 fr.

ÉTHORÉ (Jean), né à Paris. — 7, Villa Schutz, à Bois-Colombes (Seine).

    1588 L'Esterel. — 800 fr.
    1589 Côte Sauvage à Quiberon. — 150 fr.
    1590 Kermesse de Bois-Colombes. — 200 fr,
    1591 Fleurs. — 300 fr.

EUSTACHE (André), né à La Coucourde (Drôme). — 159, rue de l'Université, 7°.

    1592 Rochenoire, le soir (Ardèche). — 700 fr.
    1593 Entrée de village (Provence). — 400 fr.
    1594 Une Tartane à pêche (Provence). — 400 fr.

EVERART (Marthe), née à Paris. — 233, faubourg Saint-Honoré, 8°.

    1595 Communication gaie (pastel). — 500 fr.
    1596 Une cure de soleil. — 1.500 fr.
    1597 La cigarette. — 500 fr.

EWALD (Pierre-Albert), né à Paris. — 4, rue Edmond-Valentin, 7°.

    1598 La maison à quatre étages. — 1.200 fr.
    1599 Cimetière du Djellaz (Tunisie) (aquarelle). — 200 fr.
    1600 Mosquée, Tunis (aquarelle). — 200 fr.

EYROLLES (Paul), né à Neuilly-sur-Seine. — 37, rue du Rocher, 8°.

    1601 Nature morte. — 1.500 fr.
    1602 Nature morte. — 600 fr.
    1603 Paravent. — 1.200 fr.

FABIAN (Henri-Adolphe-Paulin), né à Etampes (Seine-et-Oise). — 38, rue de Saintonge, 3°.

    1604 L'abreuvoir. — 400 fr.
    1605 Baigneuse (étude) (appartient à l'auteur).

FABRE (Auguste-Victor), né à Montpellier (Hérault). — 20, rue Mi-
romesnil, 8e.

1606 Saint-Tropez. — 2.000 fr.

FALTER (Marcel), né à Dieuze (Moselle). — 6, rue des Écoles, 5e.

1607 Étalon ardennais (haras de Strasbourg). — 1.600 fr.
1608 Coin d'abattoir (appartient à l'auteur).

FARGUE (Claire), née à Kiew. — Russe. — 7, rue de Médéah, 14e.

1609 Mère et enfants. — 1.200 fr.
1610 Femme et singe. — 300 fr.
1611 Cirque. — 350 fr.

FAROUX (Charles), né à Compiègne.— Saint-Ouen-l'Aumône (Seine-
et-Oise).

1612 L'Oise à Eragny. — 200 fr.
1613 Le chemin de la Pelouse, Pontoise. — 200 fr.
1614 L'île Saint-Martin, Pontoise. — 200 fr.
1615 L'Oise à Eragny. — 200 fr.

FAUCHER (Georges-Henri), né à Paris.— 233, rue Saint-Honoré, 1er.

1616 Tête de vierge (dessin). — 400 fr.
1617 Un ange (dessin aquarelle). — 450 fr.
1618 Le Christ, vision (dessin aquarelle). — 350 fr.
1619 Les yeux clos (dessin aquarelle). — 350 fr.

FAUCHET (Mme Charlotte), née à Paris. — 97, rue Jouffroy, 17e.

1620 Intimité (nu). — 1.000 fr.
1621 Intérieur. — 500 fr.

FAUCHET (Raymond), né à Bruyères-le-Châtel. — 6, rue de l'Ouest.

1622 Portrait. — 900 fr.

FAURE (Alphonsine), née à Buxières (Allier). — 6, boulevard de la
République, à Chatou (Seine-et-Oise).

1623 Roses roses (aquarelle). — 800 fr.
1624 Pêches et raisins (aquarelle). — 600 fr.
1625 Roses rouges (aquarelle). — 500 fr.

FAURE (Gabriel), né à Moulins (Allier). — 58, rue des Dames, 17e.

1626 L'après-midi à Pierrefonds (appartient à M. X.).

FAVAL (Paul-Antoine). — 25, faubourg Montmartre, 9e.

1627 Vieux moulin sur la Marne.
1628 Portrait d'enfant.
1629 Baigneuse.
1630 Portrait d'enfant (appartient à M. S.).

FAVORY (André), né à Paris. — 4, Villa des Camélias, 14e.

1631 Peinture. — 4000 fr.

FEBRARI (Raphaël), né à Venise. — Italien. — 18, impasse du Maine, 15e.

1632 Souvenir.
1633 Portrait de M. X.
1634 Portrait de Mlle S.

FEDER (Adolphe), né à Odessa. — Russe. — 18, rue du Moulin-de-Beurre, 14e.

1635 Peinture. — 3.000 fr.

FÉDIT (Gaston), né à Bordeaux. — 5, rue Guénégaud, 6e.

1636 La Batteuse. — 10.000 fr.
1637 Les Mélèzes. — 1.100 fr.
1638 Jour de marché à Paimpol. — 1.000 fr.

FEDOROVITCH (Sophie), née à Minsk. — Polonaise. — 9, rue des Beaux-Arts, 6e.

1639 La danse bleue. — 1.000 fr.

FEGDAL (Suzanne), née à Paris. — 14, avenue Victoria, 1er arrond.

1640 Pêcheur au carrelet. — 800 fr.
1641 Vieille rue aux Sables-d'Olonne. — 800 fr.
1642 L'escalier fleuri. — 700 fr.

FEITELSON (Isadore), né à New-York. — Américain. — 50, rue
Réaumur, 2°.

    1643 Diane au bain. — 2.500 fr.
    1644 Les amazones. — 2.500 fr.
    1645 Peinture. — 1.500 fr.

FERAT (Serge), né à Moscou. — Russe. — 67 *bis*, boulevard Saint-
Jacques, 14°.

    1646 Tableau 1. — 1.500 fr.
    1647 Tableau 2. — 2.000 fr.
    1647 *bis* Tableau 3. — 3.000 fr.
    1648 Tableau 4. — A débattre.
        (Ces prix sont sans cadres.)

FERNAND-TROCHAIN (Jean), né à Rueil (S.-et-O.). — 4, rue
Camille-Tahan, 18°.

    1649 Neige, Auvergne. — 1.200 fr.
    1650 Les Monts Dore et le lac Chambon. — 1.000 fr.
    1651 Paysage, Auvergne. — 700 fr.

FERNEL (Fernand), né à Bruxelles. — Belge. — 20, avenue du
Chemin-de-Fer, à Rueil (S.-et-O.).

    1652 Nature morte. — 400 fr.
    1653 Bougival. — 400 fr.
    1654 Un tango chez Totor. — 500 fr.

FÉRON (Julien-Hippolyte), né à Saint-Jean-du-Cardonnay. — Rues
de Saveuil et de la Liberté, à Fontaine (Isère).

    1655 Paysage Dauphinois. — 800 fr.
    1656 Paysage Dauphinois. — 800 fr.
    1657 Paysage Dauphinois. — 600 fr.
    1658 Paysage Dauphinois. — 600 fr.

FERRÉ (Maxime), né à Tours (Indre-et-Loire). — 44, rue Servan, 11°.

    1659 Innocence. — 10.000 fr.

FEVRE (Gabriel), né à Paris. — 126, avenue Californie, à Nice
(Alpes-Maritimes).

    1660 Sainte-Cécile, cathédrale d'Albi. — 1.000 fr.
    1661 Vénus de Quinipily, à Baud, Bretagne. — 1.000 fr.
    1662 Vague près de Biarritz. — 1.000 fr.

FIALIN (Georges), né à Moulins (Allier).— 15, rue de Maubeuge, 9e.

1663 Bord du lac Majeur. — 800 fr.
1664 Coin de la Mer de glace. — 1.200 fr.

FIDRIT (Charles-André), né à Paris. — 1, rue Paul Féval, 18e.

1665 Nature morte.
1666 Paysage.

FILASTRE-DUMONT (Gérard), né à Cussac. — 121, rue Saint-Lazare, 8e.

1667 Paysage. — 1.500 fr.
1668 Sortie de village. — 1.200 fr.
1669 Nature morte. — 400 fr.

FILHO (Alfred-Numa), né à Noisy-le-Sec (Seine). — 80, rue Carnot, à Noisy-le-Sec (Seine).

1670 Torrent en Haute-Savoie.
1671 Route en montagne.

FILLA (Émile), né à Chropin (Tchécoslovaquie). — Tchécoslovaque. — Prague-Vinohrady, Kollàrovaul, 12.

1672 Nature morte. — 400 fr.
1673 Nature morte. — 300 fr.
1674 Nature morte. — 500 fr.
1675 Nature morte. — 400 fr.

FISCHER (Adam), né au Danemark. — Danois. — 17, avenue du Docteur-Durand, à Arcueil (Seine).

1676 Sculpture.
1677 Sculpture.
1678 Sculpture.

FISCHER (Ellen). — Danoise. — 17, avenue du Docteur-Durand, à Arcueil (Seine).

1679 Nature morte. — 1.000 fr.
1680 Nature morte. — 800 fr.
1681 Nature morte. — 500 fr.

FLAUBERT (Louis-Eugène-Marie), né à Paris. — 44, rue Daguerre, 14°.

    1682 Etude de jeune homme (plâtre). — 200 fr.
    1683 Le philosophe (plâtre). — 200 fr.
    1684 Projet d'un monument.

FLIGHT (Claude), né à Londres. — Anglais. — 1, Hill Road St-John's Wood, à Londres NW. 8.

    1685 Passants devant étalage de magasin (expression de mouvement basée sur conception géométrique). — 1.500 fr.
    1686 Vetheuil (Seine-et-Oise). — 600 fr.

FLORNOY (Olivier), né à Nantes. — 92, rue Jouffroy, 17°.

    1687 Fête de la grand'mère. — 1.300 fr.
    1688 Marine, Stamboul. — 800 fr.
    1689 Marine. — 500 fr.

FLOROT (Gustave), né à Paris. — 18, rue Chabrol, 10°.

    1690 Panique. — 500 fr.

FLOURENS (Renée), née à Paris. — 49, rue de Passy, 16°.

    1691 La lande. — 500 fr.
    1692 Fleurs. — 500 fr.
    1693 Concarneau, les arbres. — 500 fr.
    1694 Concarneau, le port. — 500 fr.

DE FONSECA (Gaston), né à Rio-de-Janeiro (Brésil). — Français. — 53, rue Beaunier, 14°.

    1695 Portrait de Mme de R. (appartient à Mme de R.).

DE FONSECA (Solange), née à Paris. — 53, rue Beaunier, 14°.

    1696 Portrait de Sandra Milowanoff (dans la Mort du Cygne) (appartient à Mme S. M.).
    1697 Portrait de Mme M. (appartient à Mme M.).

FONTAINAS (Andrée), née à Paris. — 54, avenue de Saxe, 15°.

    1698 Nu. — 600 fr.
    1699 Dessus de porte (nature morte). — 400 fr.
    1700 Paysage. — 400 fr.

FONTAINAS (Marguerite-D.), née à Bruxelles. — Française. — 21, avenue Mozart, 16°.

1701 Sous-bois, Porquerolles (pastel).
1702 Champignons (pastel).
1703 Le fort Saint-Agathe (pastel).
1704 Œillets (pastel).

FONTAINE (Gustave), né à Bruxelles. — Belge. — 143, rue Dewaut, à Laeken-Bruxelles (Belgique), et 2, Grande-Rue, à Chaville (Seine-et-Oise).

1705 Buste du peintre M. M.
1706 Buste de M. Fierens-Gevaert.
1707 Tête de jeune fille.

FONTENEAU (Jean), né à Tours (Indre-et-Loire). — 1, rue Surcouf, 7°.

1708 Portrait (appartient au modèle).
1709 Automne. — 200 fr.
1710 La Seine devant Soisy. — 1.200 fr.
1711 Coucher de soleil. — 1.000 fr.

FONTINELLE (Jean de la), né à Londres (Angleterre). — Français. — 150, avenue du Roule, à Neuilly-sur-Seine.

1712 Bouc, bouquins, bouquet (nature morte, pastel). — 500 fr.
1713 Reflets (nature morte, pastel). — 400 fr.
1714 Etude (pastel). — 400 fr.

FORNEROD (Rodolphe), né à Lausanne (Suisse). — Suisse. — 40, avenue Junot, 18°.

1715 Paysage à Montmartre. — 2.000 fr.
1716 Profil de Gitane — 2.500 fr.
1717 Jeune fille au peignoir blanc. — 2.500 fr.

FOTINSKY (Serge), né à Odessa. — Russe. — 4, rue Huyghens, 14°.

1718 Portrait de Mlle V. G.
1719 Peinture. — 750 fr.
1720 Peinture. — 750 fr.

FOUCAULT (Georges), né à Montereau (Seine-et-Marne). — 22 bis, avenue Carnot, à Villeneuve-Saint-Georges (Seine-et-Oise).

1721 Nature morte.
1722 Nature morte.
1723 Nature morte.

FOUGÈRE (Germaine), née à Paris. — 38, rue Falguière.

1724 Fontaine (marbre). — 8.000 fr.

FOUJITA (Tsugouharu), né à Tokio. — Japonais. — 5, rue Delambre, 14e.

1725 Nu, P. — 6.000 fr.

FOULET (Louis), né à Montluçon (Allier). — 54, rue Lamartine, 9e.

1726 Nature morte. — 1.000 fr.
1727 Clocher d'Herbilly (Loir-et-Cher). — 350 fr.
1728 Paysage rhénan. — 200 fr.
1729 Paysage rhénan. — 200 fr.

FOUQUET (Emile), né à Oran (Algérie). — 20, rue Durantin, 18e.

1730 Bords de la Seine. — 500 fr.
1731 Plein air. — 500 fr.
1732 Adam et Eve. — 600 fr.

FOY (Roger), né à Paris. — 71, avenue de Villiers, 17e.

1733 Une vitrine contenant :
Bijoux : pendants d'oreilles, or, jade, corail, ivoire. Pommeau de canne. Cachets.

FRACNEL (Emile), né à Paris. — 67, boulevard Beauséjour, 16e.

1734 Des roses. — 200 fr.
1735 Une porte à Mekinez. — 500 fr.

FRAGNAUD (Georges-Jean), né à Tonnay (Charente). — 3, rue Vercingétorix, 14e.

1736 Peinture. — 1.000 fr.
1737 Nu. — 500 fr.
1738 Nu. — 500 fr.

FRAISSE (Suzanne), née à Paris. — 10, avenue de la Tourelle, à Saint-Mandé. Atelier : 21, rue Henri-Chevreau, 20e.

1739 Tête de vieillard. — 1.200 fr.
1740 Chrysanthèmes. — 800 fr.
1741 Jeune femme au turban. — 5.000 fr.

FRANC (Pierre), né à Fontenay-aux-Roses (Seine). — 24, rue Fabert, 7e.

1742 Reines-marguerites. — 150 fr.
1743 Dahlias. — 150 fr.
1744 Roses. — 150 fr.
1745 Lilas. — 150 fr.

FRANCILLON (René), né à Lausanne. — Suisse. — 41, boulevard Saint-Jacques, 14e.

1746 Nature morte. — 1.000 fr.
1747 Peinture. — 900 fr.
1748 Peinture. — 1.000 fr.

FRANCISSE (Émile-Guy-Charles), né à Chapelle-lez-Herlaimont. — Belge. — 14, Cité Falguière, 15e.

1749 Paravent, la forêt. — 1.200 fr.
1750 Dessin pour toile imprimée. — 250 fr.
1751 Dessin pour toile imprimée. — 250 fr.

FRANCK (Arthur), né aux Etats-Unis. — Américain. — 50, rue Vercingétorix, 14e.

1752 Le Peignor. — 3.500 fr.

FRANCK (Henri), né à Grenoble (Isère). — Chez M. François Flandrin, 38, rue Lépante, à Nice (Alpes-Maritimes).

1753 Une rue de village. — 600 fr.
1754 Falicon n° 8, le village. — 500 fr.
1755 Acaccias et oliviers, Falicon 1922. — 400 fr.

FRANÇOIS (Georges), né à Saint-Gourgon (Loir-et-Cher). — 4, rue Aumont-Thiéville, 17e.

1756 Les Martigues. — 1.000 fr.
1757 Les Martigues. — 800 fr.
1758 Paysage en Touraine. — 1.000 fr.
1759 Paysage en Touraine. — 1.000 fr.

FRANÇOIS (Léon), né à Lyon (Rhône). — 1, rue St-Eleuthère, 18e.

1760 Salonique (appartient à l'auteur).
1761 Sulin, amandiers en fleurs (appartient à l'auteur).
1762 Village macédonien (appartient à l'auteur).
1763 Lescovec. — 400 fr.

FRASEZ (Gabrielle), née à Roubaix. — 45, rue de l'Industrie, à Roubaix, et galerie Visconti, 26, rue de Seine, 6e.

1764 La Seine à St-Pierre-du-Vauvray. — 450 fr.
1765 Le marché à Nice. — 250 fr.
1766 Le marché aux citrons à Nice. — 250 fr.
1767 La mare. — 300 fr.

FRÉMONT (Pierre), né à Paris. — 79, rue du Temple, 3e.

1768 Château de la Reine-Blanche. — 1.800 fr.
1769 La Reine-Blanche. — 4.000 fr.
1770 Personnage hiératique. — 3.000 fr.

FROMENT (Jeanne), née à Lagny (Seine-et-Marne). — 72, rue Rochechouart, 9e.

1771 Soucis. — 350 fr.
1772 Fleurs. — 350 fr.
1773 Nature morte. — 150 fr.
1774 Fleurs. — 150 fr.

FUSS-AMORE (Elisabeth), née à Paris. — 6, rue de Chevreuse, 6e.

1775 Portrait de Mme Etienne R. (appartient à M. E. R.)
1776 Victorine. — 900 fr.
1777 Nature morte. — 900 fr.

GAI (Stano), née à Pétrograd. — Polonaise. — 15, rue Jacob, 6e.

1778 L'amour sans cerveau. — 30.000 fr.
1779 Femme aux pantins. — 10.000 fr.
1780 Portrait de Mme M. (appartient à Mme M.).
1781 Portrait du comte de G. (appartient à l'auteur).

GAILLIARD (Jean-Jacques), né à Bruxelles. — Belge. — 41, rue Royale, à Bruxelles.

1782 Les Muses. — 3.000 fr.
1783 L'acteur Caméléon. — 2.500 fr.

GALANIS (Démétrius), né à Athènes. — Français. — 12, rue
Cortot, 18e.

1783 *bis* Nature morte. — 4.000 fr.

GALEANI (Jean), né à Montpellier. — 74, rue de Turenne, 3e.

1784 L'œuvre d'un communiste français.
1785 Les inoubliables disparus.
1786 L'habitation moderne.

GALLIBERT (Geneviève), née à Paris. — 4, rue de la Grande-
Chaumière, 6e.

1787 Campagne. — 1.000 fr.
1788 Paris (aquarelle). — 500 fr.
1789 Paris (aquarelle). — 500 fr.

GALLIEN (Antoine-Pierre), né à Grenoble (Isère). — 8, rue Le-
bouis, 14e.

1790 Peinture.
1791 Peinture.
1792 Peinture.
1793 Peinture.

GALLINA (Eugène), né à Paris. — 6, rue de la Sablière, 14e.

1794 Dans le soir (Cantal). — 450 fr.
1795 Bords de Marne, soleil couchant. — 350 fr.
1796 Bords du Serein, noyers. — 500 fr.
1797 Nature morte. — 400 fr.

GALLOY (Émile), né à Ligny-en-Barrois (Meuse). — 73, boulevard Magenta, 10e.

1798 La cabane en chaume. — 500 fr.
1799 Le Pont Royal, effet de matin. — 500 fr.
1800 Effet de neige (Lorraine). — 600 fr.
1801 Vieille ferme à l'automne. — 600 fr.

GARBELL (Georges), né à Saint-Pétersbourg. — Russe. — 6, rue des
Mignottes, 19e.

1802 Vue d'Avallon. — 400 fr.
1803 Vue d'Avallon. — 250 fr.
1804 Avallon. — 400 fr.
1805 Paysage. — 400 fr.

GARCELON (Adrien-Jacques), né à Sèvres (Seine-et-Oise). — 76, rue Vaneau, 7e.

1806 Nature morte. — 500 fr.

GARDINER (Anna), née à Londres. — Anglaise. — 8 *bis*, rue Campagne-Première, 14e.

1807 Intérieur. — 700 fr.
1808 Notre-Dame de Paris. — 350 fr.
1809 St Paul's Cathedral de la Tamise. — 350 fr.

GARETS (Odette des), née à Paris. — 72, rue N.-D.-des-Champs, 6e.

1810 Nature morte (appartient à l'auteur).
1811 Nu (appartient à l'auteur).

GARGALLO (Pablo), né à Maella. — Espagnol. — 45, r. Blomet, 15e.

1812 Portrait de M. de Soto (plomb). — 9.000 fr.
1813 Portrait de M. Raynal (pierre) (app. à M. Raynal).

GARLAND (Ida-Mary), née à Annapolis. — Américaine. — Case Crédit Lyonnais, boulevard des Italiens.

1814 Brugge. — 2.000 fr.
1815 Fleurs d'été. — 1.000 fr.
1816 Maruja. — 3.000 fr.

GARNIER (Maurice), né à Royan. — 18, rue Vineuse, 16e.

1817 Portrait de Mme la princesse Lucien Murat.
1818 En grande Grèce. — 1.000 fr.

GARNIER (Paul-Eugène), né à Beaune (Côte d'Or). — 9, rue du Pot-de-Fer, 5e.

1819 Bacchante (bois). — 4.000 fr.

GARNOT (André-Sainte-Fare), né à Paris. — 71, avenue de Breteuil, 15e.

1820 L'Arc de Triomphe. — 600 fr.
1821 Temple de Jupiter à Athènes. — 300 fr.
1822 Etude. — 300 fr.

GARREAU (Georges-Raoul-Emile), né à Paris. — 143, avenue Félix-Faure, 15e.

1823 Côte bretonne. — 600 fr.
1824 Le hamac (Tempera). — 200 fr.
1825 La chaise longue (Tempera). — 200 fr.

GARET (Edith), née à Vesoul (Haute-Saône). — 47, rue des Tournelles, 3e.

1826 Dans le verger. — 1.000 fr.
1827 Paysage. — 500 fr.
1828 Fleurs. — 400 fr.
1829 Paysage. — 500 fr.

GASPARD-MAILLOL, né à Barcelone. — Français. — 39, rue de Tascher, au Mans.

1830 Baigneuses (maquette pour décoration murale). — 1.500 fr.
1831 La Seine à Port-Marly. — 550 fr.
1832 La Charente à Angoulême. — 700 fr.

GATIER (Pierre), né à Toulon. — 75, r. Maréchal-Foch, à Parmain (Seine-et-Oise).

1833 Chemin descendant. — 300 fr.
1834 L'Oise. — 400 fr.
1835 Coin du Pas-de-Calais. — 200 fr.

GAUDEAUX (Léon), né à Blamont (Meurthe-et-Moselle). — 45, rue Vandamme, 14e.

1836 Les quais. — 800 fr.
1837 Paysage. — 500 fr.
1838 Nu dans un paysage. — 500 fr.

GAUDINOT (Henri), né à Neuilly-sur-Seine. — 59, rue Chardon-Lagache, 16e.

1839 Paysage breton. — 1.500 fr.
1840 Paysage breton. — 1200 fr.
1841 Crépuscule. — 1.200 fr.

GAUDION (Georges), né à Toulouse. — 19, rue de Tour, à Toulouse.

1842 Le Tarn à Rabastens (paysage). — 600 fr.
1843 Une rue à Rabastens (paysage). — 600 fr.
1844 Pommes (nature morte). — 500 fr.

GAULET (Henry), né à Paris. — 84, chaussée de l'Étang, à Saint-Mandé (Seine).

1845 Paysage (Haute-Savoie). — 1.000 fr.
1846 Portrait de M. M. C. (appartient à M. M. C.).
1847 Paysage (Corse). — 1.000 fr.

GAUTHIER (Alfred) né à Bucey-les-Gy (Haute-Saône), 32, boulevard de la Courtille, à Chartres.

1848 Intérieur de la cathédrale de Chartres, autour du chœur. — 800 fr. (sans le cadre).
1849 Intérieur de la cathédrale de Chartres, colonne dorée. — 650 fr. (sans le cadre).
1850 Brûleuse du Goëmon (Finistère). — 600 fr. (sans le cadre).
1851 Chapelle Saint-Julien à Audierne, au soleil couchant. — 1.000 fr. (cadre compris).

GAVET (Gaston-Auguste), né à Laperrière Côte-d'Or. — 100, rue du Théâtre, 15e.

1852 La maison rouge, Annecy. — 1.000 fr.
1853 La laveuse, Annecy. — 1.000 fr.
1854 Le Thiou, Annecy. — 2.000 fr.
1855 Le passage de la Cathédrale, Annecy. — 2.000 fr.

GERBAUD (Abel), né à Paris. — 64, avenue Schneider, à Clamart.

1856 Barques dans un petit port basque. — 3.000 fr.
1857 Socoa (B. P.). — 1.500 fr.
1858 Saré (B. P.). — 1.500 fr.

GERBER (Yvonne), née à Marseille. — 76, rue d'Assas, 6e.

1859 Robe batick. — 500 fr.
1860 Peignoir. — Vendu
1861 Jeté de table. — 150 fr.
1862 Coussin cuir. — 150 fr.

GERIN (Renée), née à Paris. — 5, place Wagram, 17e.

1863 Champ de foire à Vézelay (Yonne). — 300 fr.
1864 Cloître de la Cathédrale, Orléans. — 500 fr.
1865 Citrouilles (Yonne).
1866 Versailles. — 200 fr.

GERSHON (Léon), né à Londres. — Anglais. — 107, rue Haxo, 20e.

1867 Paysage (appartient à Mme H. B.).
1868 Portrait (appartient à M. T. de V.).
1869 Paysage (appartient à l'auteur).
1870 Paysage (appartient à l'auteur).

GEOBELOUET (Lyka), née à Paris. — 1, rue Madame, 6e.

1871 Roses blanches. — 1.000 fr.
1872 Soucis. — 600 fr.
1873 Fleurs. — 1.200 fr.
1874 Nature morte. — 1.500 fr.

GEORGE (Elise), née à Oran (Algérie). — 19, rue de Tournon, 6e.

1875 La robe jaune. — 1.500 fr.

GEORGE (Florian), né à Paris. — 82, bd Saint-Michel, 5e.

1876 Etude.
1877 Portrait.
1878 Etude.
1879 Etude.

GEORGE (Joseph-Auguste), né à Baccarat. — 3, rue Brodelet, à Gagny (Seine-et-Oise).

1880 Portrait de Mme X. (appartient à Mme X.).
1881 Vieux pont sur le Ru de Mas. — 120 fr.

GEORGEVITCH (Bora), né à Belgrade (Serbie). — Serbe. — 10, rue de Vaugirard, 6e.

1882 Le Pont-Neuf (pastel). — 100 fr.
1883 L'Hôtel de Sens (pastel). — 100 fr.
1884 La Seine et le quai des Grands-Augustins en automne. — 100 fr.
1885 Le Pont-Marie. — 100 fr.

GENESTIE (Gratien), né à Paris. — 20, rue Lauriston, 16e.

1886 Etude, Décolleté (appartient à l'auteur).
1887 Portrait d'enfant (appartient à Mme Lautz).
1888 Nu. — 1.000 fr.

GENNARO (Gaétan de), né à Naples (Italie). — 18, av. Rachel, 18e.

1889 La Casa del Sileno, Pompéi. — 3.000 fr.
1890 La Casa del Fauno, Pompéi. — 3.000 fr.
1891 La Casa di Cornelio Rufo, Pompéi. — 3.000 fr.

GENTA (Hyacinthe), né à Turin. — 48, rue Etienne-Marey, 20e.

1892 Portrait de Mlle G. (appartient à l'auteur).
1893 Portrait de Mme N. (appartient à Mme N.).
1894 Roger (portrait). — 4.200 fr.
1895 Notre-Dame. — 2.100 fr.

GENTIL (Alphonse), né à Metz. — 60, boulevard de Clichy, 18e.

1896 Tête de vieillard.
1897 Tête de jeune fille brune.
1898 Tête de jeune fille blonde.
1899 Un paravent sciban.

GENTILS-CAMBY (Edouard), né à Dax (Landes). — 21, boulevard Lannes, 16e.

1900 Danseuse algérienne. — 3.200 fr.
1901 Si seule !... — 4.000 fr.
1902 Portrait (étude). — 3.000 fr.

GERA (André), né à Alexandrie (Egypte). — Grec. — 48 *bis*, rue des Belles-Feuilles, 16e.

1903 Mlle Mistinguett (appartient à l'auteur).
1904 Vase et fleurs. — 200 fr.
1905 Dessin. — 100 fr.
1906 Dessin. — 100 fr.

GÉRAUD (Marguerite), née à Saint-Brieuc (Côtes-du-Nord). — 57, boulevard Beauséjour, 16e.

1907 La lanterne chinoise. — 2.000 fr.
1908 Les hortensias. — 1.000 fr.
1909 Zinnias. — 300 fr.
1910 Soucis. — 300 fr.

GERBER (Pierre), né à Paris. — 2, rue de Ponthieu, 8e.

1911 Versailles. — 1.000 fr.
1912 Nu. — 2.500 fr.

GERHARDT (Victor-Louis-Charles), né à Saumur (Maine-et-Loir).
— 36, rue de l'Arcade, 8e.

1913 Nature morte (cuivre). — 600 fr.
1914 Nature morte (argent). — 600 fr.
1915 Sur le quai. — 600 fr.
1916 Une grue. — 600 fr.

GHAZAR (Dora), né à Constantinople. — 33, rue George Sand, 16e.

1917 Bibelots anciens. — 600 fr.
1918 Nature morte. — 600 fr.
1919 Pont Royal. — 300 fr.
1920 L'allée Cybèle. — 300 fr.

GHY-LEMM, né à Fontenoy-le-Château. — 85, rue Lafontaine, 16e.

1921 Les deux amies. — 2.000 fr.
1922 Paysage. — 1.000 fr.
1923 Paysage. — 1.000 fr.

GHYS (Magdeleine-Gabrielle), née à Paris. — 79, r. des Martyrs, 18e.

1924 Etude de nu. — 500 fr.
1925 Nature morte. — 500 fr.

GILARDONI (Joseph). — Français. — Villevert-Senlis (Oise).

1926 Paysage. — 300 fr.
1927 Portrait.

GILDAS (G.), né à Marseille. — 7 bis, rue Lalo, 16e.

1928 Jardin à Marlotte. — 1.500 fr.
1929 Jardin à Marlotte. — 1.500 fr.
1930 Jardin à Marlotte. — 1.500 fr.

GILE (Gilbert), né à Egletons (Corrèze). — 7, rue Paul-Saunière, 16e.

1930 bis a) L'image dernière (portrait) (appartient à
l'auteur).
b) Claudine. — 300 fr.
c) Fumeuse (tapis de basse lisse).
d) Vitesse (coussin de basse lisse).

GILLES (Yvonne), née à Paris. — 4 bis, avenue J.-B. Clément, Boulogne-sur-Seine.

1931 Portrait de M. Emile Gilles (appartient à l'auteur).
1932 Etude de nu. — 800 fr.
1933 Etude de nu. — 800 fr.

GILLY (Maurice-Camille), né à Mazamet. — Français. — 50, rue Fabert, 7e.

1934 Bassin de Trianon. — 600 fr.
1935 Vue sur la cathédrale d'Albi. — 100 fr.
1936 Vue sur le Pont-Vieux, Albi. — 100 fr.
1937 Albi, plaine de Castelnau de Levis. — 70 fr.

GILOT (Charles-Claude), né à Paris. — 5, av. Baudoin, à Asnières.

1938 Une matinée à Percey-le-Grand (Haute-Saône). — 600 fr.
1939 La brume sur l'Orne. — 500 fr.

GIMEL (Georges), né à Domène (Isère). — 160, avenue de la Reine, Boulogne.

1940 Vitrine de jouets sculptés (art décoratif). — 50 fr. le jouet.
1941 Sculpture bois. — 500 fr.
1942 Gravure,

GIMOND (Marcel), né à Tournon. — 25, rue Turgot, 9e.

1943 Buste du peintre Auguste Renoir (1919) (bronze) (appartient à M. J. Renoir).
1944 Buste de Mme Jacquemot (plâtre) (appartient à M. Jacquemot).
1945 Buste de Mme Aubry (plâtre) (appartient à Mme Aubry).

GIORDANO DI PALMA (Léon-Jean), né à Marseille. — 28, faubourg-Saint-Honoré, 8e.

1946 Rue Bouiba à Rabat (aquarelle). — 1.500 fr.
1947 Mosquée à Casablanca (aquarelle). — 1.200 fr.
1948 Marine à Marseille (aquarelle). — 1.000 fr.

GIOT (Henri), né à Paris. — Carolles (Manche).

1949 Automne. — 300 fr.
1950 Paysage. — 300 fr.
1951 Paysage. — 500 fr.
1952 Pommiers en fleurs. — 200 fr.

GIR (Charles), né à Paris. — 17, rue de La Rochefoucauld, 9e.

1953 Danse classique. — 3.000 fr.
1954 Danseuses.
1955 Portrait.

GIRAN-MAX (Léon), né à Paris. — 6, rue Coustou, 18e.

1956 Course de taureaux à la cocarde, à Beauvoisin
     (Gard). — 5.000 fr.
1957 Montmajor. — 3.000 fr.
1958 Les Alyscamps à Arles. — 2.000 fr.

GIRARD (Pierre), né à Dijon. — 2, rue Antoine-Dubois, 6e.

1959 Vieux lavoir à St-Remy-les-Chevreuse. — 600 fr.
1960 Eglise de St-Remy-les-Chevreuse. — 500 fr.
1961 Matinée près Dijon. — 300 fr.
1962 Le vieux pont à Semur (Côte-d'Or). — 300 fr.

GIRONDE (Gabriel de), né à Rodez. — 46, rue de Tolbiac, 13e.

1963 Clair de lune en Corrèze. — 1.000 fr.
1964 Rochers à Gluges (Lot). — 8.000 fr.
1965 Effet d'automne. — 500 fr.
1966 La tour de Soyris (Lot). — 400 fr.

GIVRY (Jean-Raphaël de), né à Paris. — 180, quai d'Auteuil, 16e.

1967 Auteuil 1922, prix de La Haye-Jousselin. — 900 fr.
1968 Ma chatte Finette. — 200 fr.
1969 Mrs Mae Murray. — 400 fr.

GLASSER (Louis-Eugène), né à Belfort. — 37, bd Henri IV, 4e.

1970 Marine, Marseille. — 900 fr.
1971 L'eau et la roche. — 900 fr.
1972 Temps gris, Marseille. — 1.000 fr.
1973 Marine. — 1.000 fr.

GLEIZES (Albert), né à Paris. — 15, bd Lannes, 16e.

1974 Peinture. — 4.000 fr.
1975 Peinture. — 5.000 fr.
1976 Peinture. — 6.000 fr.

GOERG (Edouard), né à Sydney. — Français. — 5, rue José-Maria-
de-Hérédia, 7e.

1977 Le marchand d'esclaves. — 2.500 fr.
1978 Le vin, l'amour et le tabac. — 1.000 fr.
1979 Le beau gosse. — 1.000 fr.

GOICHOT (Louise), née à Paris. — 30, rue Caulaincourt, 18e.

1980 Dessus de porte. — 400 fr.
1981 Entrée de mon jardin. — 300 fr.

GOLDNER (Edouard), né à Paris. — 7, rue Cardinet, 17e.

1982 Port de St-Valéry-en-Caux. — 400 fr.
1983 Le lavoir, Fontaine-le-Port (S.-et-M.). — 600 fr.
1984 Barques, St-Valéry-en-Caux. — 400 fr.

GONDOUIN (Emmanuel), né à Versailles. — 51, rue de Passy, 16e.

1985 Impression de Marseille. — 1.200 fr.
1986 Chien au cap nègre. — 900 fr.

GONTCHAROVA (Nathalie), née à Moscou. — Russe. — 43, rue
de Seine, 6e.

1987 Baigneuses. — 30.000 fr.

GOOSSENS (Marcel), né à Liège. — Belge. — Tilff (Belgique); 14,
rue Carnot, à Levallois.

1988 Pâques. — 2.500 fr.
1989 Paysage. — 1.000 fr.

GORDON (Cora-J.), née à Buxton. — Anglaise. — 5, rue de
Bagneux, 6e.

1990 Paysage espagnol. — 1.000 fr.
1991 Paysage espagnol. — 700 fr.
1992 Musulmans serbes. — 500 fr.
1993 Paysans serbes. — 500 fr.

GORDON (Jan), né à Reading (Angleterre). — Anglais. — 5, rue
de Bagneux, 6e.

1994 Etude espagnole. — 500 fr.
1995 Etude serbe. — 500 fr.
1996 Chemin de fer dans les montagnes. — 1.000 fr.
1997 Paysage. — 800 fr.

GOSSELIN (Marie-Josèphe), née à Châtillon-Colligny (Loiret). —
23, boulevard Gouvion-Saint-Cyr, 17e.

1998 Le lac Chambon (paysage d'Auvergne). — 300 fr.
1999 Vieilles maisons au bord de la Couze (paysage
d'Auvergne). — 300 fr.
2000 Maison de paysan à Murols (paysage d'Auvergne).
— 300 fr.
2001 Bassin du Roy au Havre. — 300 fr.

GOSSELIN-CIZALETTI (Mme Emilie), née à Paris. — 18, rue Tron-
chet, 8e.

2002 Vitrine de bijoux contenant :
1. Bracelet serpent, argent (grosse turquoise). —
200 fr.
2. Plaque argent (grosse turquoise). — 130 fr.
3. Pendentif argent (fuchsia). — 100 fr.
4. Pendentif argent (rose). — 60 fr.
5. Grosse bague argent (amazonite). — 55 fr.
6. Grosse bague argent (nacre). — 60 fr.
7. Boucles d'oreilles, argent doré (égyptienne).
— 70 fr.
8. Boucles d'oreilles, argent doré (triangles). —
75 fr.
9. Coiffure en fil, cuivre doré. — 70 fr.
10. Couverture de livre, bois sculpté. — 100 fr.
11. Petit collier argent (topaze). — 150 fr.
12. Bague argent (tête). — 60 fr.
Cadre bois sculpté doré. — 250 fr.

GOTKO (Jacques), né à Odessa. — Russe. — 35, rue Boissy-d'An-
glas, 8e.

2003 Baigneuse. — 2.000 fr.
2004 Fillette au chien (appartient à M. R. B.).

GOUDIACHVILI (Lado), né à Tiflis (Géorgie. — Géorgien. —
4, rue Huyghens, 14°.

2005 Bombance sur l'herbe. — 1.800 fr.
2006 La chasse. — 1.500 fr.
2007 Bombance en plein air. — 1.800 fr.

GOUEY (Mme Henriette), née à Paris. — 20, avenue de la Reine,
à Boulogne-sur-Seine.

2008 Roses vase bleu. — 450 fr.
2009 Roses vase blanc. — 350 fr.
2010 Soucis. — 280 fr.

GOUMOIS (William de), né à Bâle. — Suisse. — 35, rue Péters-
graben, à Bâle.

2011 Reflets de soleil. — 1.800 fr.
2012 Ciel d'avril. — 1.700 fr.
2013 Gros temps. — 800 fr.

GOUNAROPOULOS (Georges), né à Athènes. — Hellène. — 117,
boulevard Montparnasse, 6°.

2014 Orphée. — 5.000 fr.
2015 Portrait, deux mademoiselles. — 4.000 fr.
2016 Le réveil. — 4.000 fr.

GOURJOU-BOUIS (Amédée), né à Marseille. — 21, rue Marbeau, 16°.

2017 Etude. — 500 fr.

GOURSAT (Victor), né à Périgueux (Dordogne). — 64, rue Tique-
tonne.

2018 M. Joseph Caillaux. — 600 fr.
2019 M. Poiret. — 500 fr.
2020 M. Marcel Fouquier. — 500 fr.

GOZARÉ (Léon). — Français. — 20, rue de la Gaîté, 14°.

2021 Paysage.
2022 Paysage.
2023 Paysage.

GRAFF (Yvonne), née à Montreuil-sous-Bois. — 86, bd Diderot, 12ᵉ

2024 Nature morte. — 400 fr.
2025 Paysage. — 300 fr.
2026 Nature morte. — 300 fr.

GRAINDORGE (René), né à Herstal. — Belge. — 7, rue Vinave-d'Ile, à Liége.

2027 Nature morte (appartient à M. N. C.).
2028 Tableau (appartient à M. V. S.).

GRALLAN (Henri), né à Rennes (I-et-V.). — 14, rue Edmond-Rostand, à Marseille.

2029 Rochers à La Redonne. — 5.000 fr.

GRANCHET (André), né à Mende (Lozère). — 38, rue Ramey, 18ᵉ

2030 Après le bain. — 800 fr.
2031 Paysage. — 500 fr.
2032 Nu. — 300 fr.
2033 Portrait. — 300 fr.

GRANGER-DONILO (Geneviève), née à Tulle. — 22, rue Denfert-Rochereau, 5ᵉ

2034 Raquel Meller chante Cypriano. — 600 fr.
2035 Danseuse. — 500 fr.
2036 Orientale. — 1.000 fr.

GRANOVSKY (Nachman), né à Odessa. — Russe. — 17, boulevard Garibaldi, 15ᵉ

2037 Haut-relief. — 2.000 fr.
2038 Construction suspendue. — 2.000 fr.
2039 Construction. — 2.000 fr.
2040 Jeux des matériaux. — 2.000 fr.

GRANOVSKY (Sam), né en Russie. — Russe. — 28, rue Cambronne, 15ᵉ

2041 Marché de chevaux en Russie (composition).
2042 Nu (pastel).
2043 Nu (pastel).

GRASSET (Albert), né à Rambouillet (Seine-et-Oise). — 17, rue Desfossez, à Saint-Cloud (Seine-et-Oise).

2044 Jardin du vieux, automne. — 300 fr.
2045 Automne. — 300 fr.
2046 Brume matinale, printemps. — 550 fr.
2047 Fleurs, automne. — 500 fr.

GRASSIN (Alexandre), né à Courcival (Sarthe). — 18, rue des Loges, à Montmorency (Seine-et-Oise).

2048 Environs d'Annecy (Haute-Savoie). — 500 fr.
2049 Village d'Allonzier (Haute-Savoie). — 550 fr.
2050 Château de la Caille (Haute-Savoie). — 500 fr.

GRAY (Félix de), né à Bar. — 57 *bis*, rue de Varenne, 7e.

2051 Portrait de la comtesse de G. (appartient à l'artiste). — 6.000 fr. pour un portrait semblable.
2052 La statue de Colléoni à Venise. — 3.000 fr.

GRAY (Una), née au Canada. — Canadienne. — 16, rue de la Grande-Chaumière, 6e.

2053 Rêve pleurant. — 1.000 fr.
2054 A la gare Saint-Lazare. — 2.000 fr.
2055 Nature morte. — 500 fr.

GREBEL (Alphonse), né à Hirson. — 40, avenue Junot, 18e.

2056 Le Maquis à Montmartre. — 2.000 fr.
2057 L'avenue Junot, Montmartre. — 2.500 fr.
2058 La volupté (nu). — 5.000 fr.

GRÉGOIRE (Jeanne-Aline-Marie), née à Vincennes. — 18, rue de la Fraternité, à Arnouville-les-Gonesse.

2059 Etude, Royan. — 400 fr.
2060 Sous-bois, Royan. — 400 fr.
2061 Parc de Vallières. — 300 fr.
2062 Pochade, route de Suzac. — 120 fr.

GRÉGOIRE (Marthe-Henriette), née à Paris. — 18, r. de Médéah, 14e.

2063 Anémones. — 200 fr.
2064 Roses blanches. — 200 fr.
2065 Cyclamen. — 200 fr.
2066 Fleurs des champs. — 150 fr.

GRELAT (René), né à Saint-Jean-d'Angély. — 35, rue Boulard, 14e.

2067 Bords de la Seine. — 500 fr.
2068 La Seine à Issy. — 500 fr.
2069 Usine au bord de l'eau. — 500 fr.

GRENIER (Albert), né à Neuilly-sur-Seine (Seine). — Montaigu-Villiers-sur-Morin (Seine-et-Marne).

2070 En moisson, la batteuse. — 600 fr.
2071 Aux champs. — 1.000 fr.
2072 P. motif de décoration (appartient à l'auteur).

GRENIER (Henry), né à Chambon (Creuse). — 18, rue d'Orléans, à Neuilly-sur-Seine.

2073 Bruyères (aquarelle). — 400 fr.
2074 La Crau (aquarelle). — 400 fr.
2075 Rochers à Pen-Château (aquarelle). — 300 fr.
2076 Roses de Paris (aquarelle). — 200 fr.

GREUILLET (Marie), née à Paris. — 47, rue Blomet, 15e.

2077 Roses et coquillages. — 350 fr.
2078 La Madeleine. — 300 fr.
2079 Profil de jeune femme. — 250 fr.

GRIBOUVAL (Auguste-Jean), né à Liège (Belgique). — Français. — 106, avenue d'Orléans, 14e.

2080 La roulotte. — 400 fr.
2081 Les haleurs. — 400 fr.
2082 Le soir. — 400 fr.

GRIERSON (Margaret). — Tillingo Craulegh.

2083 La caverne, Tallaud Cornwall. — 500 fr.
2084 Les rochers, Tallaud Cornwall. — 500 fr.
2085 La cascade, The Okement Devon. — 500 fr.

GRILLON (Roger), né à Poitiers (Vienne). — 162, boulevard Voltaire, 11e, et à Prades (P.-O.), route de Catlar.

2086 La carrière. — 1.500 fr.
2087 Baigneuse au chapeau. — 1.500 fr.
2088 Liseuse. — 1.500 fr.

GROGNET (Amédée), né à Wolmcourt (Somme). — 18, rue Ernest-Cresson, 14e.

2089 La berge, nuit d'hiver. — 800 fr.
2090 La rivière, nuit d'hiver. — 500 fr.
2091 La chaumière, nuit d'hiver. — 800 fr.

GROMAIRE (Marcel), né à Noyelles-sur-Sambre (Nord). — 30, rue Delambre, 14e.

2092 Peinture.
2093 Peinture.

GSELL (Albert-Jules-Jacques), né à Paris. — 6, rue des Mortes-Fontaines, à Chaville (Seine-et-Oise).

2094 La victoire (appartient à l'auteur).
2095 Le deuil (appartient à l'auteur).
2096 Le sacrifice (appartient à l'auteur).
2097 La paix (appartient à l'auteur).
      (Projets de verrières pour la basilique de Saint-Denis).

GUALINO (Lin), né à Sosteyno (Italie). — Italien. — 25, rue Dareau, 14e.

2098 En automne (statuette plâtre).
2099 Jésus portant sa croix (buste plâtre).

GUASTALLA (Pierre), né à Saint-Cloud (Seine-et-Oise). — 27, rue Vital, 16e.

2100 Une rue à Ciboure (Basses-Pyrénées). — 1.000 fr.
2101 St-Jean-de-Luz (Basses-Pyrénées), la côte (appartient à l'auteur).
2102 L'église d'Ascain (Basses-Pyrénées). — 800 fr.

GUCHT (Henry Van der), né à Forest-lez-Bruxelles. — Belge. — 15, avenue de Belgique, à Hyères (Var).

2103 La lecture. — 2.000 fr.
2104 Vieille Hyéroise. — 1.500 fr.
2105 Carqueiranne (Var), contre-jour. — 500 fr.
2106 Portrait de l'artiste. — 500 fr.

GUÉGUEN (Suzanne), née à Morlaix (Finistère). — 19, rue Racine, 6e.

2107 Nature morte. — 200 fr.
2108 Fille à Varengeville. — 250 fr.
2109 Vieilles maisons à Vannes. — 150 fr.

GUELDRY (Charles-Albert), né à Amiens. — 10, rue François-Guibert, 15e.

2110 La Vérité aux prises avec la Calomnie.
2111 Portrait.
2112 Portrait.

GUELLIER (Henri), né à Mazangi (Loir-et-Cher). — 63, avenue Mozart, 16e.

2113 Allée dite de l'Infini (Oise). — 300 fr.
2114 Sous-bois, Meudon, Fontaine Ste-Marie. — 300 fr.

GUÉNOT (Auguste), né à Toulouse. — 68, bd Edgar-Quinet, 14e.

2115 Léda (statuette bois citron). — 12.000 fr.
2116 Tête de jeune fille (bronze cire perdue) (10 exemplaires numérotés). — 3.500 fr.
2117 Pélotari (tête bronze). — 3.500 fr.

GUÉRIN LE GUAY (André), née à Paris. — 29, rue Gabrielle, 18e.

2118 Marine. — 1.200 fr.
2119 Marine. — 1.200 fr.
2120 Marine. — 1.200 fr.

GUERRIER (Pierre), né à Clamecy. — 20, rue des Martyrs, 9e.

2121 Pont Romain à Vérone. — 500 fr.
2122 Vieux moulin près Boulogne-sur-Mer. — 250 fr.
2123 Etude de nu, femme couchée. — 500 fr.

GUIBERT (Henry), né à Marseille. — 25, quai du Canal, à Marseille.

2124 Usines du Rio Tinto à l'Estaque. — 3.000 fr.

GUIGNARD (Georges), né à Paris. — 2, rue Aumont-Thiéville, 17e.

2125 L'homme au chapeau vert et au veston de velours (appartient à l'auteur).
2126 Environs de Villers (Calvados). — 500 fr.
2127 Fleurs. — 500 fr.
2128 Moulin de la Béguinière, Vouvray-sur-Huisne (Sarthe). — 800 fr.

GUILLAIN (Marthe), née à Charleroi. — Belge. — 11, villa Saint-Louis, à Fontenay-sous-Bois (Seine).

2129 Peinture. — 2.500 fr.
2130 Peinture. — 1.500 fr.
2131 Peinture. — 1.200 fr.

GUILLAUME (Georges-Charles), né à Paris. — 37, boulevard de la Liberté, au Perreux (Seine).

2132 Marché à St-Jean-de-Monts (Vendée). — 500 fr.
2133 Marine, Croix-de-Vie. — 300 fr.
2134 Marine (Vendée). — 1.500 fr.

GUILLAUMET (Yvonne), née à Paris. — 47, rue de Passy, 16e.

2135 Vue de la Celle-Dunoise. — 800 fr.
2136 Effet gris sur la Seine. — 700 fr.
2137 Nature morte. — 700 fr.

GUILLON (Paul), né à Paris. — 20, bd. du Port-Royal, 5e.

2138 Forains. — 600 fr.
2139 Portrait (appartient à l'auteur).
2140 Filets bleus. — 500 fr.

GUILLOUX (Charles), né à Paris. — 26, r. de la Cour des Noués, 20e.

2141 Vieille route bretonne. — 800 fr.
2142 Coucher de soleil. — 800 fr.
2143 Canal Saint-Denis. — 1.000 fr.
2144 Lever de lune. — 1.000 fr.

GUINHALD (Bernard de), né à Saint-Calais (Sarthe). — Villa Léopold, à la Turbie (Alpes-Maritimes).

2145 Le soir vers Gabas (Basses-Pyrénées). — 800 fr.
2146 La Turbie, le matin (Alpes-Maritimes). — 800 fr.
2147 Bois gravés divers. — 15, 20 et 35 fr. l'épreuve.

GUINNESS (Mary), née à Dublin. — Irlandaise. — Hôtel de la Haute-Loire. — 203, boulevard Raspail, 14e.

2148 Rhododendrons. — 1.000 fr.
2149 Panneau décoratif (musique). — 1.000 fr.
2150 L'agneau orphelin. — 1.000 fr.
2151 Tricoteuse. — 500 fr.

GUIRAUD (Madeleine), née à Paris. — 11, rue de l'Arc-de-Triomphe, 17e.

2152 Portrait d'enfant (appartient à M. H. S. G.)
2153 Etude. — 300 fr.
2154 Hortensias. — 150 fr.
2155 Fusain (étude de nu). — 150 fr.

GUITO (Blanchet), née à Villers-sur-Mer (Calvados). — 2, rue de Poissy, 5e.

2156 Portrait de Vincent Muselli.
2157 Etude.

GUUS VAN DONGEN (Mme), née à Cologne. — Hollandaise. — 30, rue de Montholon, 9e.

2158 Mer du Nord. — 1.000 fr.
2159 Pêcheurs en repos. — 800 fr.
2160 Nature morte, fleurs. — 800 fr.

GUY (Germaine), née à Montgeron. — 16, rue Mazarine, 6e.

2161 Fleurs (aquarelle).
2162 Fleurs (aquarelle).

GUYOT (Georges), née à Stainville (Meuse). — 9, rue Chasseloup-Laubat, 15e.

2163 Rothéneuf, le moulin du Lupin à marée basse. — 150 fr.
2164 Etude de pins. Ile d'Oléron. — 100 fr.
2165 Nature morte. — 100 fr.
2166 La Guimorais. Le rocher Duguesclin. — 150 fr.

GUYOT (Georges-Lucien), né à Paris. — 13, place Emile-Goudeau, 18e.

2167 Nature morte (gibiers). — 1.200 fr.
2168 Taureau de Camargue (sculpture).

GYANINY (Géo), né à Paris. — 119, rue d'Orsel, 18e.

2169 Paysage du Tarn. — 500 fr.
2170 Une rue de Penne-du-Tarn. — 500 fr.
2171 Le barrage. — 400 fr.
2172 Bords de rivière. — 400 fr.

HAARDT (Robert), né à Naples. — Italien. — 38, rue Boileau, 16e.

2173 Grand marché sur la place de Bruges. — 2.000 fr.
2174 Étude. — 1.000 fr.

HAAS (Mlle Lisette), née à Paris. — 12 bis, rue Pergolèse, 16e.

2175 Boules de neige. — 500 fr.
2176 Pivoines. — 300 fr.
2177 Nature morte. — 400 fr.

HAGEDORN (Karl), né en Allemagne. — Anglais. — 2, Fairfield street, à Manchester (Angleterre).

2178 Panneaux décoratifs (composition). — 500 fr.
2179 Paysage. — 500 fr.
2180 Nature morte. — 500 fr.

HAGNAUER (Georges), né à Nogent-sur-Marne. — 67, avenue Malakoff, 16e.

2181 Devant la fenêtre. — 300 fr.
2182 Etude de danseuse. — 300 fr.
2183 Etude de danseuses. — 200 fr.

HALICKA (Mme Alice), née à Cracovie. — Polonaise. — 61, rue Caulaincourt, 18e.

2184 Portrait. — 2.500 fr.

HALLEZ (Paul), né à Lille (Nord). — 24, rue Duhem, à Lille.

2185 Matinée de brouillard à Merle (Corrèze). — 1.200 fr.
2186 Les tours de Merle, effet du matin. — 1.200 fr.
2187 Soleil voilé en Corrèze. — 1.000 fr.

HAMILTON (Mary-Riter). — Canadien. — 3, rue Joseph-Bara.

2188 Remparts, Ypres.
2189 Ruines.
2190 Mont Saint-Eloi.

HANNAIS (André), né à Paris. — 237, rue Saint-Denis, 2°.

2191 Nature morte à la table peinte. — 1.500 fr.
2192 Paysage, Epinal.

HANRIOT (Eugène), né à Montreuil-sous-Bois. — 10, rue Saigne, à Montreuil-sous-Bois.

2193 Le jardin potager.
2194 Sous bois, Fontenay-sous-Bois.
2195 Sous bois, Fontenay-sous-Bois.

HANRIOT (Jules-Armand), né à Arpajon (Seine-et-Oise). — 16, rue Choron, 9°.

2196 Bacchante. — 800 fr.
2197 Erigone. — 4.000 fr.

HANRIOT-COLIN (M¹¹° Yvonne), née à Saint-Mandé. — 18, rue Saint-Antoine, 4°.

2198 Nature morte. — 500 fr.
2199 Paysage. — 150 fr.
2200 Paysage. — 150 fr.

HARBOE (René), né à Bordeaux. — 3, rue Vercingétorix, 14°.

2201 Nu. — 1.500 fr.

HAREL (Georges), né à Nantes. — 151, rue de Belleville, 19°.

2202 L'homme au violon. — 800 fr.
2203 L'Elévation (fragment). — Appartient à l'auteur.

HASEGAWA (Luc), né à Tokio. — Japonais. — 103, rue de Vaugirard, 6°.

2204 Gosse de romanichels. — 500 fr. (sans cadre).

HASSELT (Willem Van), né à Rotterdam. — Hollandais. — 1, rue Gaillard, 9°.

2205 Trois portraits. — Appartient à l'auteur.
2206 Nature morte. — 700 fr.
2207 Paysage. — 500 fr.

HAUPTMANN (Ivo), né à Erkner. — Allemand. — Loschwitz-Dresden Malestrasse, 4, à Dresde (Allemagne).

2208 Le fleuve. — 500 fr.
2209 Fruitiers en fleurs. — 500 fr.

HAVARD (Alfred), né à Mâcon (S.-et-Loire). — 69, rue de Bagneux, à Montrouge.

2210 Le loup noir.

HAY (Eléanov S.), né à Portland-Maine (Etats-Unis). — Américain. — Chez Mme Dodel, à La Sauvetat (Puy-de-Dôme).

2211 La vigne vierge. — 1.500 fr.
2212 Althéa rose. — 150 fr.
2213 La fontaine dans le jardin. — 800 fr.

HAYNON (Paul), né à Paris. — 7, rue des Dames, 17e.

2214 Le vieux château, à Lyons-la-Forêt (Eure). — 225 fr.
2215 Les moulins, à Lyons-la-Forêt (Eure). — 175 fr.
2216 Bois de Gazeran (S.-et-O.) (pastel). — 250 fr.

HÉRAULT (Mme Madeleine), née à Versailles. — 52, rue Royale, à Versailles.

2217 L'automne à Versailles. — 375 fr.
2218 Portrait (pastel). — Appartient à M. H.
2219 Eglise de Fleury (Oise) (pastel). — 150 fr.
2220 Trianon. — 300 fr.

HÉRITAGE (Mme Violette-Maud), née à Bruxelles (Belgique). — Anglaise. — 22, boulevard du Château, à Neuilly-sur-Seine.

2221 Paravent pour chambre d'enfant. — 600 fr.
2222 Paravent (Les roses). — 600 fr.
2223 Paravent (Voici des fleurs, des fruits...). — 600 fr.

HERLY (Georges), né à Viroflay (Seine-et-Oise). — 3, rue Alexis-Fourcault, à Versailles.

2224 Pékinois. — 2.000 fr.
2225 Rhododendrons en fleurs. — Appartient à M. M...
2226 L'âme du parc. — 1.800 fr.

HERNANDEZ (Mateo), né à Bejar (Espagne. — Espagnol. —
11, rue Larrey, 5e.

2227 Marabout en granit noir, taille directe d'après
nature. — Appartient à l'auteur.
2228 Groupe de gazelles, en bois, taille directe d'après
nature. — Appartient à l'auteur.
2229 Hippopotame en granit noir, taille directe d'après
nature. — Appartient à l'auteur.

HERNANDEZ-GIRO (Juan-Emilio), né à Santiago de Cuba. —
Cubain. — 32, rue La Fontaine, 16e.

2230 Portrait de Mlle D. Jackson (aquarelle pure). —
Appartient à Mme J. Bazangeon.
2231 Effet de nuit sur la Seine, Pont au Change (aquarelle pure). — 1.200 fr.
2232 Pardon en Bretagne (aquarelle rendue inaltérable
par la cire. — 1.500 fr.

HEUDEBERT (Mlle Raymonde), née à Paris. — 40, rue Lauriston,
16e.

2233 Nu. — 3.000 fr.
2234 Portrait de Mme François Mauriac.
2235 Etude. — 2.000 fr.

HEWITT (Mlle Helen), née en Angleterre. — Anglaise. — 52, boulevard du Montparnasse, 15e.

2236 Le balcon. — 500 fr.
2237 Etude. — 200 fr.

HÉBUTERNE (André), né à Meaux (S.-et-M.). — 12, r. de Seine, 6e.

2238 Paysage. — 600 fr.
2239 Paysage. — 500 fr.
2240 Paysage. — 500 fr.

HECHT (Joseph), né à Lodz. — Polonais. — 14, Cité Falguière, 15e.

2241 Symphonia Eroïca : Marcia funebre sur la morte
d'une eroe. L. van Beethoven. — 3.000 fr.
2242 Rue Lhomond. — 800 fr.
2243 Boulevard Edgar-Quinet. — 400 fr.

HECKEL (Mme Georgette), née à Boulogne-sur-Seine. — 5, rue de Villejust, 16e.

2244 Cruche et pommes (nature morte). — 500 fr.
2245 L'oratoire de Saint-Guirec, à Ploumanach. — 150 fr.
2246 La lecture intéressante. — 300 fr.
2247 Le vieux calvaire de Ploumanach. — 200 fr.

HÉLIS (Henri), né à Romorantin. — 30, rue Vernier, 17e.

2248 A Bagatelle. — 500 fr.
2249 Fleurs. — 250 fr.
2250 Issy-les-Moulineaux. — 500 fr.
2251 Jardin. — 500 fr.

HELLESEN (Thorwald), né à Christiania (Norvège). — Norvégien. — 8, impasse Ronsin, 15e.

2252 Peinture. — 3.000 fr.
2253 Peinture. — 3.000 fr.

HENG (Auguste), né à La Chaux-de-Fonds. — Suisse. — 14, avenue du Maine, 15e.

2254 Le piano (bois). — Appartient à M. Biétry.
2255 Danseuse (plâtre). — 1.000 fr. (marbre ou bronze : entente avec l'acheteur).
2256 Buste de Mme H... (plâtre).

HÉNON-RISCH (Léon), né à Paris. — 28, rue Montcalm, 18e.

2257 Le pont du Pouliguen. — 350 fr.
2258 Fleurs. — 200 fr.
2259 Etude de barques. — 200 fr.
2260 Etude de barques. — 200 fr.

HENRY-MARTIN (Henri-Gaston), né à Paris. — 107, avenue Henri-Martin, 16e.

2261 Portrait de la princesse de S... — Appartient au prince de S...
2262 Vase d'aubépine. — 500 fr.
2263 Pont de Moret. — 300 fr.

HERVÉ LE LOUP DE SAINVILLE (Emmanuel), né à Saint-Firmain-des-Bois (Loiret). — 56, rue N.-D.-de-Lorette, 9e.

2264 Sainte Magdeleine en oraison.
2265 L'annonciation de l'ange à sainte Marie.
2266 Fleurs (décor).

HILLAIRET (Anatole-Eugène), né à Saint-Chay, canton de Saujon (Charente-Inférieure). — 23, rue Turgot, 9e.

2267 Portrait de l'auteur. — Appartient à l'auteur.
2268 Marine à Cabourg. — 850 fr.
2269 Paysage, route à Saujon (Charente-Inf.). — 1.000 fr.
2270 Marine à Cabourg. — 700 fr.

HIRT (Mme Marthe), née à Liège (Belgique). — Suisse. — 83, boulevard du Montparnasse, 6e.

2271 Nature morte.
2272 Figure et fruits.
2273 Paysage.
2274 Paysage.

HIRZEL (Paul), né à Bâle. — Suisse. — 34, rue du Colisée, 8e.

2275 Jeux. — 600 fr.
2276 Mouvements. — 300 fr.
2277 L'animal et le petit. — 500 fr.

HITT (Mme Lucile), née à Augusta-Georgie (U. S. A.). — Américaine. — 86, rue N.-D.-des-Champs, 6e.

2278 Fleurs. — 750 fr.
2279 Fruits de Tunisie. — 750 fr.
2280 Roses. — 350 fr.

HOFER (André), né à Autun (S.-et-L.). — Suisse. — 12, Cité Riverin, 10e.

2281 Armide et Renaud. — 8.000 fr.
2282 Pomone. — 2.000 fr.
2283 Gravure sur pierre (10 exemplaires). — 100 fr.
2284 Lithographie (10 exemplaires). — 100 fr.

MOGG (Paul), né à Fribourg. — Suisse. — 17, allée Jean-Nicot, à Issy-les-Moulineaux.

2285 Jeune femme slovaque. — 2.000 fr.
2286 Nature morte. — 1.000 fr.
2287 Peinture. — 1.000 fr.

HOLMS (Mlle Elfrida), née à Glascow. — Ecossaise. — 38, Sardinia Terrace, à Glascow (Ecosse), et Galerie Visconti, 26, rue de Seine.

2288 Peinture (figure).
2289 Aquarelle (paysage).

HOLY (Adrien), né à Saint-Imier (Suisse). — Suisse. — 3, rue Nicolo, 16e.

2290 Portrait de ma mère. — Appartient à l'auteur.
2291 Portrait de la princesse X... (Caucase). — Appartient à l'auteur.
2292 La robe rouge. — 1.500 fr.
2293 Au Bois de Boulogne. — 500 fr.

HOMMET (Maud-Léone du), née à Châtillon (Seine). — 32, rue Raspail, à Bois-Colombes.

2294 Aux champs. Souvenir aux morts pour la Patrie. — 2.000 fr.
2295 Fleurs. — 300 fr.
2296 Portrait de bébé. — 300 fr.
2297 Fleurs. — 300 fr.

HOMMET (Théophile-Paul du), né à Cherbourg (Manche). — 14, place Charles-Fillion, 17e.

2298 C'est le printemps, c'est l'éveil. — 5.000 fr.
2299 Coucher de soleil. — 1.000 fr.
2300 Soleil par temps de neige. — 1.000 fr.
2301 Peupliers, automne. — 1.000 fr.

HONE (Evie-Sydney), né à Dublin. — Irlandais. — 12, rue Keppler, 16e.

2302 Peinture. — 300 fr.
2303 Peinture. — 300 fr.
2304 Peinture. — 800 fr.
2305 Peinture. — 500 fr.

HONNORÉ-ALATERRE (Mme Yamina), née à Saint-Jean-de-Braye (Loiret). — 9, rue Falguière, 15e.

2306 Etude. — 300 fr.
2307 Intérieur. — 200 fr.
2308 Chaumières-en-Auvergne. — 250 fr.
2309 Au travail. — 300 fr.

HONTA (Henriette-Renée), née à Pau. — 243, boul. Raspail, 14e.

2310 Fruits. — 300 fr.
2311 Marguerites. — 400 fr.
2312 Roses. — 400 fr.
2313 Dahlias. — 400 fr.

HOREL (Eugène-Albert), né à Aubevoye (Eure). — 58, rue du Montet, à Nancy.

2314 Rouen, la cathédrale avant l'orage. — 2.500 fr.
2315 Vue d'Arnance. — 1.500 fr.
2316 Le plat de fruits. — 1.000 fr.
2317 Les roches rouges, Saint-Raphaël. — 800 fr.

HOUEL (Jean-Baptiste), né à Condé-sur-Noireau (Calvados). — 4, Faubourg du Temple, 11e.

2318 Nu (le modèle lit). — 2.500 fr.
2319 Nu. — 2.000 fr.
2320 Paysage (Novella, Corse). — 1.500 fr.
2321 Paysage. — 1.000 fr.

HOUETTE (Louis), né à Melun (S.-et-M.). — 62, rue Truffaut, 17e.

2322 Le Pont Neuf. — 600 fr.
2323 Paysage breton. — 500 fr.
2324 Fleurs. — 600 fr.

HOURTAL (Henri), né à Carcassonne. — 1, rue de Bourbon-le-Château, 6e.

2325 Jardin public. — 900 fr.
2326 Jardin public. — 900 fr.
2327 Jardin public. — 500 fr.

HOUTEN (Georges Van), né à Anvers. — Belge. — 19, boulevard
Berthier, 17°.

    2328 Femme en vert. — 1.000 fr.
    2329 Nu. — 800 fr.
    2330 Paysage de Provence. — 800 fr.

HUET DE FROBERVILLE (Henri), né à Paris. — 246, boulevard
Raspail, 14°.

    2331 Crépuscule d'automne. — 500 fr.
    2332 Nature morte aux pommes. — 500 fr.

HUGUET (Numa), né à Nogent-en-Bassigny (Haute-Marne). — 8,
rue de La Vacquerie, 11°.

    2333 Pêcheurs à Quiberon. — 1.200 fr.
    2334 Quiberon. — 1.200 fr.
    2335 Rochers à Belle-Ile-en-Mer. — 900 fr.

HURARD (Joseph), né à Avignon. — 24, rue Trois-Colombes, à
Avignon (Vaucluse).

    2336 Amandiers en fleurs (Provence). — 600 fr.
    2337 Paysage provençal. — 600 fr.
    2338 Paysage provençal. — 600 fr.
    2339 Venise. — 600 fr.

HUTIN (Henri), né à Paris. — 13, rue Ordener, 18°.

    2340 Fleurs. — Appartient à M. Moureau.
    2341 Paysage (l'étang de Sillé-le-Guillaume). — Appar-
         tient à M. Michels.
    2342 Paysage de l'Orne. — Appartient à M. Brochart.
    2343 Paysage de l'Orne. — Appartient à M. Brochart.

HUYOT (Albert-Etienne-Marie), né à Paris. — 31, rue Jeanne, 15°.

    2344 Nature morte. — 500 fr.
    2345 Paysage. — 500 fr.
    2346 Etude. — 500 fr.

HYDE (Lucy E.), né à Milton (Angleterre). — Anglais. — 9, rue
Campagne-Première, 14°.

    2347 La vallée (Ecos, Eure). — 750 fr.
    3348 Summer Days. — 500 fr.
    2349 Roses. — 100 fr.

IACOVLEFF (Alexandre), né à Pétrograd. — Russe. — 10, rue Say, 9ᵉ.

2350 Portrait du peintre Grigorieff. — 4.000 fr.
2351 Portrait de Mᵐᵉ Efrénoff. — 3.000 fr.
2352 Portrait de Mᵐᵉ Orloff (dessin).

ICHANSON (Mˡˡᵉ Marie-Anne), née à Albi (Tarn). — 32, rue Schlumberger, à Colmar (Haut-Rhin).

2353 Nature morte. — 800 fr.
2354 Etude de fleurs. — 400 fr.
2355 Cinéraires. — 300 fr.

ICHÉ (René), né à Sallèles-d'Aude. — 36, avenue Bosquet, 7ᵉ.

2356 Portrait de Mˡˡᵉ M. D... (terre cuite). — 3.000 fr.
2357 Portrait de Mˡˡᵉ J. A... (plâtre). — 3.000 fr.
2358 Inquiétude (buste plâtre). — 1.500 fr.
2359 Forfaiture (statuette plâtre). — Exécution en marbre, 20.000 fr.

IGOUNET DE VILLERS (Charles-André), né à Paris. — 77, rue Dareau, 14ᵉ.

2360 Le quai des Grands-Augustins et le Pont Neuf. — 2.000 fr.
2361 Les rochers de Goulphar (Belle Ile). — 1.500 fr.
2362 Belle Ile : Le vallon de Donnant et la mer. — 900 fr.
2363 Belle Ile : Le vallon de Vazen et la mer. — 900 fr.

IMBERT (L.-J.-Adrien), né à Cette (Hérault). — 23, rue de Cléry, 2ᵉ.

2364 Chippawa (sculpture). — 200 fr.
2365 La femme au châle (sculpture).
2366 Danseuse.
2367 Etude.

ISAAC (Laure), née à Paris. — 29, avenue du Petit-Chambord, à Bourg-la-Reine.

2368 Etude pour un portrait. — Appartient à Mᵐᵉ B...
2369 Portrait. — Appartient à Mᵐᵉ R...
2370 Monétier de Briançon. — 350 fr.
2371 Intérieur. — 350 fr.

ISCENT (Ludovic D'), né à Paris. — 77, boul. Berthier, 17°.

2372 L'embarcadère (vue du Léman). — Appartient à M. L. M..

2373 La tonnelle, vue du Léman. — 500 fr.

2374 La dent d'Oche. — 800 fr.

JACQUEMOT (Charles), né à Tours. — 16, rue Seveste, 18°.

2375 Paysage. — 1.000 fr.

2376 Nature morte. — 800 fr.

JACQUET (Eugène), né à Chimay. — 1, aven. de la République, 11°.

2377 Les méconnus. — 3.500 fr.

JAGOU (Jules), né à Brest (Finistère). — 43, rue Vital, 16°.

2378 Rochers de Batz. — 400 fr.

2379 Nu. — 300 fr.

2380 Reine-marguerites. — 250 fr.

JANDRON (Françoise-Louise), née à Lyon. — 35, rue de Lorraine, à Saint-Germain-en-Laye.

2381 Etude. — 200 fr.

2382 Etude. — 200 fr.

2383 Etude. — 200 fr.

2384 Etude. — 200 fr.

JANE-ROSOY (Mme Charlotte), née à Nancy. — 4, rue Belloni, 15°.

2385 Le passeur. — Pour le prix s'adresser au bureau.

2386 Peinture. — Pour le prix s'adresser au bureau.

JANIN (Jean-François), né à Genève (Suisse). — Français. — 102, avenue Victor-Hugo, 16°.

2387 Pierrot. — 900 fr.

2388 Projet pour tapisserie. — 400 fr.

2389 Projet pour tapisserie. — 400 fr.

JANSSAUD (Mathurin), né à Manosque (Basses-Alpes). — 15, imp. du Mont-Tonnerre 15°.

2390 Rayons du soir, Concarneau (pastel). — 1.500 fr.

2391 Lueurs du couchant, Rosporden (pastel). — 600 fr.

2392 Retour de pêche, Concarneau (pastel). — 600 fr.

JANUSZEWSKI (Jean), né à Kolbuszowa (Pologne). Polonais. — 86, boulevard des Batignolles, 17e.

2394 Femme nue. — 2.500 fr.
2395 Portrait de M. J... — 4.000 fr.
2396 Jeune femme aux violettes. — 4.000 fr.

JAROSZ (Romain), né en Pologne. — Polonais. — 7, rue Corneille, 6e.

2397 Nature morte. — 600 fr.
2398 Nature morte. — 400 fr.
2399 Paysage. — 500 fr.
2400 Portrait. — Appartient à l'auteur.

JASSUNINSKY (Nadine), née à Moscou. — Russe. — 43, rue de Seine, 6e.

2401 Etude de femme.
2402 Nature morte.
2403 Nature morte.

JAUDIN (Henri-Laurent), membre fondateur, né à Paris. — 35, rue des Arts, à Levallois-Perret (Seine).

2404 Environs de Moûtiers (Savoie). — 1.000 fr.
2405 Voreppe, près Grenoble. — 500 fr.
2406 Barques de pêche (Concarneau). — 500 fr.

JEANDENANS (Georges), né à Besamoz (Doubs). — 128, faubourg Saint-Martin.

2407 La mare au vieux saule. — 800 fr.
2408 Le soir au pont du Bruet. — 500 fr.
2409 L'abreuvoir. — 300 fr.
2410 Bords de la Loire à Quingey. — 500 fr.

JEANDON (Edouard-Julien), né à Paris. — 5, rue d'Amboise, 2e.

2411 Bords de la Seine à la Frette. — 1.200 fr.
2412 Saint-Cucufa, entrée du bois. — 1.000 fr.
2413 L'écluse de la Monnaie. — 850 fr.
2414 En vue d'Herblay. — 950 fr.

JEANNEAU (Fernand-Léon), né à Châtellerault. — 10, rue Paul-Bert, à Lorient.

2415 Le pont fleuri à Quimperlé. — Appartient à M. Gallo.
2416 Moulin de Pen-al-len en Fouesnant (Finistère). — 400 fr.
2417 Chapelle Saint-Avit à Quimperlé. — 400 fr.
2418 Nature morte. — Appartient à M. Noël Le Dantec.

JEANNERET (Charles-Edouard), né à La Chaux-de-Fonds. — Suisse. — 20, rue Jacob, 6e.

2419 Nature morte. — Appartient à M. L. R.

JELINKOVA (Bozena), né à Sitamysl. — Tchécoslovaque. — 12, rue Le Verrier, 6e.

2420 Viaduc. — 1.200 fr.
2421 Foire. — 1.200 fr.
2422 Crèche. — 600 fr.

JELLETT (Mlle Mainie), née à Dublin. — Irlandaise. — 12, rue Keppler, 16e.

2423 Peinture. — 500 fr.
2424 Peinture. — 300 fr.
2425 Peinture. — 800 fr.
2426 Peinture. — 300 fr.

JELSTRUP (Mme Emilie), née à Copenhague. — Danoise. — 32, rue de la République, à Meudon (Seine-et-Oise).

2427 Portrait de Mlle M. J... — Appartient à M. Y. Davidsen.
2428 La cabane de Maurin des Maures. — 300 fr.

JENKINS (Stuart), né à Baltimore (Etats-Unis). — Américain. — 82, rue Vaneau, 7e.

2429 Nature morte. — 1.200 fr.
2430 Nature morte. — 800 fr.
2431 Portrait. — 1.000 fr.

JERMON (Maurice de), né à Paris. — 49, rue de Douai, 9e.

2432 Tête de femme (marbre). — 2.000 fr.
2433 Statuette (pierre rose). — 1.000 fr.
2434 Vitrine contenant trois petites sculptures marbre. — 300 fr., 200 fr. et 150 fr.

JOBBÉ-DUVAL (Mme Andrée-Marie), née à Paris. — 43, avenue de La Bourdonnais, 7e.

2435 Femme aux rideaux violets. — Vendu.
2436 Filles de la terre. — 400 fr.

JOHNSON (Robert-Ward), né aux Etats-Unis (Amérique). — Américain. — 194, avenue Michel-Bizot, 12e.

2437 Portrait. — Appartient à Mme T...
2438 Nu.
2439 Peinture.

JOLIVET (Lucien-Pierre), né à St-Martin-de-la-Mer (Côte-d'Or). — 132, rue Réaumur, 2e.

2440 Le val des Aignelots (Haute-Saône). — 500 fr.
2441 Soleil couchant, Normandie. — 500 fr.
2442 Soleil couchant en Franche-Comté. — Appartient à M. Thuillier.
2443 Anémones. — 500 fr.

JOLLY (André), né à Charleville (Ardennes). — Port-Manech, par Névez (Finistère), et 7, rue Dutot, 14e.

2444 Peinture. — 2.400 fr.
2445 Peinture. — 1.000 fr.
2446 Peinture. — 1.200 fr.

JONCHÉRY (Charles-Emile), né à Paris. — 3, Villa Brune, 14e.

2447 Projet d'une statue de la Victoire à ériger au carrefour des Etats-Unis. — 3.000 fr.
2448 Etreinte (groupe pierre taille directe). — 2.500 fr.
2449 Nymphe et satyre (groupe). — Edité par l'auteur. En céramique : 250 fr. ; en bronze : 900 fr. ; en marbre : 500 fr.

JONES (Ernest-Yarrow), né à Liverpool. — Gallois. — Black Gable, North Road, Hythe Kent. (Angleterre).

2450 Pays cultivé. — 1.200 fr.
2451 Le vieil olivier. — 1.000 fr.
2452 La lune. — 600 fr.

JONVAL (Fernand), né à Paris. — 12, rue Cortot, 18°.

2453 De ma fenêtre (Montmartre). — 400 fr.
2454 Jardins à Montmartre. — 400 fr.
2455 Rue Saint-Vincent (Montmartre). — 800 fr.
2456 Cimetière du Calvaire (Montmartre). — 800 fr.

JOSEPH (Hope), né à Ajmeer (Indes). — Anglais. — 15, avenue de Contades, à Angers (Maine-et-Loire).

2457 Le garçon au béret. — 750 fr.
2458 La brodeuse. — 750 fr.
2459 Les peupliers. — 750 fr.

JOUBERT (Henri-André), né à Paris. — 2, rue de la Seine, Ile St-Germain, à Issy-les-Moulineaux.

2460 Giroflées. — 1.200 fr.
2461 Les Loges-en-Josas. — 600 fr.
2462 Route forestière, Meudon. — 600 fr.
2463 La vallée de la Bièvre à Buc. — 600 fr.

JOUBERT DE LA MOTTE (Pascal), né à Paris. — 104, boulevard de Clichy, 18°.

2464 Soir. — 700 fr.
2465 Sérénité. — 750 fr.
2466 Pieta (décoration pour l'Eglise de Montcombroux).

JOUBERT-LA LOYE (Henry-Auguste), né à Pointre-à-Pitre (Guadeloupe). — Français. — 97, rue Saint-Dominique, 7°.

2467 Ce qu'a dit M. le curé (Le Sourn, Morbihan). — 600 fr.
2468 Matinée (Garches). — 600 fr.
2469 Après-midi (Garches). — 600 fr.
2470 Tisserand arabe (Tunis). — 375 fr.

JOUBERT VAN DEN BOSSCHE (Mme Andrée), née à Paris. — 17, rue Lauriston, 16°.

2471 Ksarr saharien à Foum-Tatahouine. — Appartient à M. H. V...
2472 Le palais d'Abd-el-Kader à Médéah. — 2.500 fr.

JOUBIN (Georges), né à Digny (Eure-et-Loire). — 22, rue Tourlaque, 18°.

2473 L'heure de la danse. — 5.000 fr.
2474 La route de Paris (Presles, Seine-et-Oise). — 750 fr.
2475 L'étang d'Orsay (Seine-et-Oise). — Appartient à la galerie Eve Adam.
2476 Un coin de Paris. — 8.000 fr.

JOUCLARD (Mlle Adrienne), née à Onville (Meurthe-et-Moselle). — 2, rue Tudore Soulié, à Versailles.

2477 La vallée du Rupt de Mad. — 900 fr.
2478 Onville. — 700 fr.
2479 Onville. — 500 fr.

JOUSSET (Léon), né à Montereau (S.-et-M.). — 29, rue de l'Echiquier, 9°.

2480 Scierie près de Voulx. — 1.000 fr.
2481 Le village (matin). — 500 fr.
2482 L'Orvanne à Voulx. — 500 fr.

JUAN (Maxime), né à Valencia (Espagne). — Espagnol. — 10, rue Saint-Alban, Grand-Montrouge (Seine).

2483 Porte de Sèvres. — 500 fr.
2484 La marchande d'ail. — 800 fr.

JULES (Paul-Pierre), né à Paris. — 4, rue Caroline, 17°.

2485 L'abcès. — 150 fr.
2486 L'espion. — 150 fr.
2487 Le désir. — 100 fr.
2488 Souvenir d'Italie. — 100 fr.

JUILLERAT (Hélène), née à Moutiers. — 72, boulevard de Port-Royal, 5°.

2489 Eveil. — 400 fr.
2490 Portrait. — 300 fr.
2491 Le nuage. — 300 fr.
2492 Céleste. — 250 fr.

JULLIOTT (Mme Made), née à Thomery (S.-et-M.). — 133, rue
Lamarck, 18e.

    2493 Intérieur. — 750 fr.
    2494 Marine. — 750 fr.
    2495 Le rendez-vous des mariniers. — 750 fr.
    2496 Marine (effet de soir). — 750 fr.

JURKIENWICZ (Antoine), né à Kamyk (Pologne). — Polonais. —
59, avenue de Saxe, 7e.

    2497 Portrait de Mme Sokolnicka (buste en plâtre).
    2498 Portrait de Mme J... (statuette en plâtre).
    2499 La beauté.
    2500 Le printemps.

KAKABADZÉ (David), né à Koutaïs (Géorgie). — Géorgien. —
22, rue Delambre, 14e.

    2501 Tableau.
    2502 Tableau.
    2503 Tableau.
    2504 Tableau.
    L'obtention de la troisième dimension par la simple disposition des couleurs.

KALFAYAN (Zaréh-Jean), né à Constantinople. — Arménien. —
4, rue de l'Abbé-de-l'Epée, 5e.

    2505 L'arbre nu. — 500 fr.
    2506 Un coin du Jardin du Luxembourg. — 300 fr.
    2507 Paysage de novembre. — 300 fr.
    2508 Etude. — 100 fr.

KALLSTROM (Arvid), né à Oskarshamn. — Suédois. — 86, rue
N.-D.-des-Champs, 6e.

    2509 Bénédiction. — 8.000 fr.
    2510 Femme. — 6.000 fr.
    2511 Mère et enfant. — 3.000 fr.

KAMIYAMA (Jiro), né à Tokio. — Japonais. — 29, rue Boulard, 14e.

    2512 Nature morte. — 2.500 fr.
    2513 Nature morte. — 1.500 fr.

KAMMERER (Robert), né à Mulhouse (Haut-Rhin). — Moltau, par Wesserling (Haut-Rhin).

2514 Lac dans les hautes Vosges. — 1.800 fr.
2515 Le massif de la Jungfrau (Alpes bernoises). — 2.500 fr.
2516 Séracs de glacier (massif du Mont-Blanc). — 1.800 fr.

KARPELÈS (Mlle Andrée), née à Paris. — 27, rue du Docteur-Blanche, 16e.

2517 Nu. — 2.000 fr.
2518 Portrait. — 1.500 fr.
2519 Nature morte. — 1.000 fr.

MANÉ-KATZ, né à Krementchoug. — Russe. — 37, boulevard du Montparnasse, 15e.

2520 Portrait de Béloussoff. — 2.500 fr.
2521 Portrait de Ilia Ehrenbourg. — 1.000 fr.
2522 Portrait. — 800 fr.
2523 Composition. — 1.000 fr.

KERLING (Mme Anna-Elisabeth), née à La Haye (Pays-Bas). — Hollandaise. — Van Hogendorptraat, 8.

2524 Affourager les oiseaux de basse-cour. — 2.500 fr.
2525 Des enfants de Volendam jouant avec une poupée (aquarelle). — 1.000 fr.
2526 Des enfants de Volendam cueillant des fleurs (aquarelle). — 1.000 fr.

KERNEUR (Henri), né à Angers (Maine-et-Loire). — 3, boulevard Richard-Lenoir, 11e.

2527 Cimetière morvandiau. — 600 fr.
2528 Les Alpes vues de Dijon (4 heures du matin en mai. — 200 fr.
2529 Bateau de pêche. — 200 fr.
2530 Quai à Paris. — 200 fr.

KETTY-C. — Française. — 9, rue Félix-Ziem, 18e.

2531 Paysage exotique. — 1.200 fr.
2532 La vasque. — 3.000 fr.
2533 La toilette. — 2.000 fr.

KEYSER (Ragnhild), née à Christiania. — Norvégienne. —
39, rue Delambre, 14e.

2534 Composition.
2535 Paysage.
2536 Un tableau.
2537 Composition.

KINOUCHI (Yoshi), né à Tokio (Japon). — Japonais. — 110, boul.
Arago.

2538 Ma famille (relief). — 6.500 fr.
2539 Un portrait.
2540 Un singe. — 3.000 fr.

KIRPITCHNIKOFF (Mme Catherine), née à Moscou. — Russe. —
142, rue du Faubourg-Saint-Denis, 10e.

2541 Accord (bas-relief, bois). — 3.000 fr.
2542 De l'au-delà (buste, bois). — 2.000 fr.

KISTER (Robert), né à Paris. — 42, avenue Junot, 18e.

2543 Intérieur. — 1.200 fr.
2544 Intérieur. — 700 fr.
2545 Profil. — 400 fr.

KLEIN (Betténa), né à Niederroedern (Bas-Rhin). — Française. —
142, boulevard du Montparnasse, 15e.

2546 Dans son cabinet de lecture (portrait). — 5.000 fr.
2547 Belladonne (portrait). — 2.500 fr.
2548 Peinture. — 2.500 fr.

KLEIN (Frédérick), né à Bandœng (Java). — Hollandais. — 5, rue
Barrault, 13e.

2549 Peinture. — 900 fr.
2550 Peinture. — 900 fr.
2551 Peinture. — 800 fr.

KLEIN (Or), né à Paris. — 6, rue Cernuschi, 17e.

2552 Maternité. — 900 fr.
2553 Nature morte (pommes). — 400 fr.
2554 Etude. — 500 fr.

KLEINMANN (Mme Alice-Adèle), née à Paris. — 57, rue Caulaincourt, 18e.

2555 Peinture. — 900 fr.
2556 Peinture. — 600 fr.
2557 Peinture. — 600 fr.

KOHN (Georges), né à Paris. — 69, boulevard Voltaire, 11e.

2558 Scène juive : le Séder. — Appartient à l'auteur.
2559 Scène juive : les kneplich. — Appartient à l'auteur.
2560 Scène juive : la tarte aux pommes. — Appartient à l'auteur.
2561 Annecy, les vieilles prisons. — Appartient à l'auteur.

KOK (Gabrielle), née à Bruxelles. — Belge. — 22, r. Desnouettes, 15e.

2562 Le bal. — 200 fr.
2563 Nu. — 500 fr.
2564 Etude. — 150 fr.
2565 Etude. — 150 fr.

KOYAMA (Keizow), né à Tokio. — Japonais. — 8, avenue du Bas-Meudon, à Issy-les-Moulineaux (Seine).

2566 Etude. — 3.000 fr.
2567 Etude. — 3.000 fr.
2568 Etude. — 2.000 fr.

KOYANAGUI (Séi), né à Sapporo. — Japonais. — 35, r. Boulard, 15e.

2569 Fiancés. — 1.000 fr.
2570 Nu. — 2.000 fr.

KOZIELBRODZKY (Jacques), né à Ilow (Pologne). — Polonais. — 2, passage de Dantzig, 15e.

2571 L'Argentin (sculpture). — 1.000 fr.
2572 Etude de femme (peinture). — 500 fr.
2573 Nature morte. — 1.000 fr.

KREUGER (Sven), né à Kalmar (Suède). — Suédois. — Kalmar (Suède).

2574 Nu.
2575 Nature morte.
2576 Portrait.

KROHG (Per), né à Christiania. — Norvégien. — 3, rue Joseph-Bara, 6e.

2577 Peinture.
2578 Peinture.

KUPKA (François), né à Opocno (Bohème). — Tchèque. — 7, rue Lemaitre, à Puteaux (Seine).

2579 Traits, plans, profondeur. — 7.000 fr.
2580 Dégradés. — 2.500 fr.

KVAPIL (Charles). — 233, rue d'Alésia, 14e.

2581 La femme aux fruits. — 2.000 fr.
2582 Dans l'île. — 6.000 fr.

KWIATKOWSKA (Hélène), née à Varsovie. — Polonaise. — 27, rue Délambre, 14e.

2583 Portrait de Mlle J... — Appartient à Mme J...

LABAT (Fernand), né à Beautiran. — 6, rue Asseline, 14e.

2584 Le pêcheur. — 1.200 fr.
2585 La femme aux épaulettes. — 1.000 fr.
2586 Le faucheur. — 400 fr.

LABBE (Fernand). — 29, rue Benard, 14e.

2587 Ruisseau en fleurs (Auvergne) (panneau décoratif). — 1.200 fr.
2588 Vieux chemin au Plessis-Piquet (Seine). — 200 fr.
2589 Les plateaux de Villard (Puy-de-Dôme). — 350 fr.
2590 Champignons (sous-bois). — 150 fr.

LABOUREUR (J.-E.), né à Nantes. — 24, rue Denfert-Rochereau.

2591 Peinture.
2592 Peinture.
2593 Un cadre de gravures au burin.

LACHÈVRE (Mlle Alice-Mary), née à Ford (Angleterre). — Française. — 29, rue Malar, 7e.

2594 Poulinières et poulains à l'ombre. — 5.500 fr.
2595 Cheval de trait anglais. — 1.250 fr.
2596 Chevaux de trait aux bords de la Seine. — 2.500 fr.

LACOURT (Gaston de), né à Paris. — 130 *ter*, boul. de Clichy, 18e.

2597 Étang de Saint-Cucufa. — 500 fr.
2598 Normandie (la nuit). 500 fr.

LACOUX (Henri), né à Orléans (Loiret). — 33, rue des Saules, 18e.

2599 Le clocher de St-Firmin à Beaugency. — 400 fr.
2600 Montmartre. — 400 fr.
2600 *bis* Nature morte (eau-forte). — 120 fr.
2600 *ter* Nature morte (eau-forte). — 120 fr.

LACROIX (Pauline), née à Suresnes (Seine). — 8, rue Raffet, 16e.

2601 Forêt de Fontainebleau, La Gorge-aux-Loups, en hiver. — 1.100 fr.
2602 Forêt de Fontainebleau, un soir, au Long-Rocher. — 1.100 fr.
2603 Poissons japonais. — 800 fr.
2604 L'auteur et son chat favori (appartient à Mme L.).

LACROIX (Pierre-Gabriel-Bravard), né à Doyet (Allier). — 73, rue Nollet, 17e.

2605 Un coq (aquarelle). — 200 fr.
2606 Mésanges à longue queue, sujet décoratif (aquarelle). — 250 fr.
2607 Chat (étude). — 200 fr.

LACLAU (Armando), né à Toulouse. — 20, rue du Peyrou, à Toulouse.

2608 Vieille femme de Toulouse. — 800 fr.
2609 Paysage. — 800 fr.

LADUREAU (Pierre), né à Dunkerque. — 12, rue de l'Armorique, 15e.

2610 La femme au chien. — 2.500 fr.
2611 Paysage. — 1.000 fr.
2612 Paysage. — 1.200 fr.

LAFOND (Claude-René), né à Pontarlier. — 47, rue de Turenne, 3e.

2613 Ile de Corfou, église Sainte-Barbare. — 900 fr.
2614 Corfou, route de l'Achilléion. — 800 fr.

LAFONT (Roger-Ambroise), né à Paris. — 26, rue Poissonnière, 2°.

2615 Portrait de Mlle S. R. (appartient à l'auteur).
2616 Sur la terrasse au crépuscule. — 1.500 fr.
2617 Etude de femme. — 500 fr.
2618 Sur les côtes bretonnes (marine). — 500 fr.

LAFOURCADE (Charles-Léon-Barthélemy), né à Biaudos. — 78, rue Lafayettte, 9°.

2619 Portrait de M. R. G... (appartient à M. X.).
2620 La neige. — 4.000 fr.
2621 Paysage. — 4.000 fr.

LAFUGIE (Mlle Léa), née à Paris. — 17, rue de St-Sénoch, 17°.

2622 Harmonie en gris. — 1.000 fr.
2623 L'éventail bleu. — 800 fr.
2624 La robe orange. — 800 fr.
2625 Méditation. — 1.000 fr.

LAGLENNE (Jean-Francis), né à Paris. — 134, avenue de Villiers, 17°. Téléph. : Wagram-19-35.

2626 Figures romantiques. — 960 fr.
2627 Figure aux treillages. — 700 fr.
2628 Peinture. — 500 fr.

LAGUERRE (Bazile), né à Foix. — 11, rue des Entrepreneurs, à Saint-Ouen (Seine).

2629 Assassinat de Jean Jaurès par les Villain (pastel) (appartient à l'auteur).
2630 Hommage à Raymond Lefebvre, Vergeat et Lepetit (pastel) (appartient à l'auteur).

LAGUT (Mme Irène), née à Paris. — 12, rue Choron, 9°.

2631 Portrait.
2632 Danseuses.
2633 Sports d'hiver.

LA HIRE (Marie de), né à Rouillé (Vienne). — 15, rue Hégésippe-Moreau, 18°.

2634 La Méditerranée. — 3.000 fr.
2635 L'Espagnole à la mantille. — 3.000 fr.
2636 L'Espagnole à l'éventail. — 3.000 fr.

LAIGNEAU (Henry), né à Rambouillet (Seine-et-Oise). — 43, rue de la Garenne, à Rambouillet.

2637 Les amateurs d'estampes. — 2.800 fr.
2638 Le liseur. — 2.800 fr.
2639 La couture en plein air. — 2.800 fr.

LALOUE (Robert-Louis), né à Paris. — 7, square Alboni.

2640 Paysage en Hongrie. — 1.500 fr.
2641 Bretagne. — 1.500 fr.
2642 Bretagne. — 1.500 fr.

LAMBERT (Célestin), né à Ségonzac (Charente). — 47, rue Mazarine, 6e.

2643 Tunnel-canal destiné à déverser le trop plein des eaux de la Seine. Egout collecteur, ligne de transport et houille blanche.

LAMOUR (Charles). — 10, place Dancourt, 18e.

2644 Entrée du port de La Rochelle, départ des bateaux pour la pêche. — 2.000 fr.
2645 La Rochelle, un coin du port. — 1.500 fr.
2646 Le pont Saint-Georges à Périgueux. — 1.200 fr.

LANDAIS (Pierre), né à Saint-Suliac (Ille-et-Vilaine). — 51, avenue du Maine, 14e.

2647 Le printemps (appartient à Mme Poussin).
2648 Notre-Dame de Paris. — 400 fr.
2649 En Bretagne. — 400 fr.
2650 Le Pont-Neuf. — 500 fr.

LANDRE (Mlle Louise-Amélie), née à Paris. — 233, faubourg Saint-Honoré, 8e.

2651 Danseuse écrivant. — 500 fr.
2652 Jeune femme fumant. — 500 fr.
2653 Au bord de l'eau. — 400 fr.

LANEYRIE (Gabriel), né à Montluel (Ain). — Théoule. (Alpes-Maritimes).

2654 Dans l'Estérel. — 500 fr.
2655 Dans l'Estérel. — 400 fr.
2656 Dans l'Estérel. — 300 fr.
2657 Dans l'Estérel. — 300 fr.

LANG (Léon-Michel), né Paris. — 40, avenue du Président-Wilson, 16e.

2658 Portrait d'un camarade (appartient à M. P. V.).
2659 Rue à Ciboure (appartient à M. A. L.).
2660 Partie de pelote à Urrugne (appart. à M. A. L.).
2661 Rues à Ciboure (encre de chine). — (a, b, c, d. — b : pas à vendre. — a, c, d : 100 fr. chaque).

LANOA (Marie-Thérèse), née à Champeaux (Seine-et-Marne). — 1, avenue des Peupliers, à Crosne (Seine-et-Oise).

2662 Jeune fille lisant (intérieur). — 1.000 fr.
2663 L'Yerres (paysage). — 1.000 fr.
2664 Jardin à Nice (paysage). — 1.000 fr.

LAPIERRE (Emile), né à Cette. — 31, rue des Fossés, à Compiègne.

2665 Marine. — 300 fr.
2666 Les pins. — 300 fr.

LAPREVOTTE (Paul-Henri). — 2 bis, rue Perrel, 14e.

2667 Paysage. — 450 fr.
2668 Paysage. — 400 fr.
2669 Peinture. — 450 fr.
2670 Peinture. — 450 fr.

LARGEOT (Gabriel-Albert), né à Paris. — 24, rue Montant-au-Palais, à Joigny (Yonne).

2671 Nature morte. — 100 fr.
2672 Nature morte. — 100 fr.

LARIONOW (Michel), né à Moscou. — Russe. — 43, rue de Seine, 6e.

2673 Coiffure.
2674 Rayonisme.
2675 Formes et couleurs.

LASNIER (Edouard), né à Paris. — 158, faubourg Saint-Martin, 10e.

2676 Une mare à Genillé (Indre-et-Loire). — 300 fr.
2677 Village près Genillé (Indre-et-Loire). — 350 fr.
2678 Coin de village, Genillé (Indre-et-Loire). — 250 fr.
2679 En Touraine (décembre). — 175 fr.

LASSENCE (Paul de), né à Bruxelles. — Belge. — 15, rue Hégésippe-Moreau (Villa des Arts), 18e.

2680 Matin à Saint-Cloud. — 2.000 fr.
2681 Après-midi d'été dans un parc. — 2.000 fr.
2682 Tulipes. — 600 fr.

LATAPIE (Louis-Robert-Arthur), né à Toulouse. — 65, boulevard Arago.

2683 Maternité. — 500 fr.
2684 Portrait. — 500 fr.

LAULAN (François), né à La Réunion (Lot-et-Garonne). — 4, rue Henri-Martin, à Agen.

2685 La Garonne à Agen. — 300 fr.
2686 Le château de Beauregard. — 300 fr.
2687 Barrage de la Garonne à Beauregard. — 250 fr.
2688 La Garonne au-dessus du barrage de Beauregard. — 250 fr.

LAURENS (Léon), né à Paris. — 4, impasse Girardon, 18e.

2689 Bas-relief (sculpture).
2690 Chapiteau (sculpture).
2691 Claveau de porte (sculpture).

LAURENS (Marthe), née à Paris. — 4 bis, imp. Girardon, 18e.

2692 Peinture.
2693 Peinture.
2694 Peinture.

LAURANT-EVELYNE (Jeanne), née à Paris. — 25, rue Sarrette, 14e.

2695 Coup de vent dans les verger (store). — 350 fr.
2696 Chrysanthèmes, bouquet. — 250 fr.
2697 Gerbe de lys. — 200 fr.
2698 L'indésirable visite. — 200 fr.

LAURENT (Henry), né à Marseille. — Villa « La Vague », à Sausset-les-Pins (Bouches-du-Rhône).

2699 Marine avec personnages (appartient à l'auteur).
2700 Paysage (appartient à l'auteur).
2701 Nature morte (appartient à l'auteur).

LAURENT (Marcel-Emmanuel-Jules), né à Colombes (Seine). —
23, rue Raspail, à Bois-Colombes (Seine).

2702 La Baigneuse. — 500 fr.
2703 Berger breton. — 600 fr.
2704 Au fil de l'eau. — 600 fr.
2705 Souvenirs. — 700 fr.

LAURENT (Paul-Emile), né à Conflans-sur-Seine (Marne). —
96, avenue de Laon, à Reims (Marne).

2706 La zone rouge (aquarelle). — 400 fr.
2707 Nymphes et satyres (aquarelle). — 500 fr.

LAVAL (Fernand), né à Cognac. — 54, boulevard de Clichy, 18e.

2708 Le lac dans la montagne. — 850 fr.
2709 La campagne, mars 1922. — 450 fr.
2710 Le village, printemps. — 450 fr.
2711 La rue des Saules, Montmartre. — 250 fr.

LAVERGNE (Alfred-Edgard), né à Montron (Dordogne). — Luna-
Park, à Neuilly-sur-Seine.

2712 Les pélerins d'Emmaüs (appartient à l'auteur).
2713 La danse du foulard (appartient à l'auteur).
2714 Arrivée de course à pied (appartient à l'auteur).

LAVIGNAC (Alfred), né à Cahors (Lot). — Rue de la Barre, 36, à
Cahors (Lot).

2715 Printemps, environs de Cahors (paysage). — 400 fr.
2716 Impasse Bessières à Cahors (paysage). — 400 fr.
2717 Rue et clocher de St-Barthélemy à Cahors (paysage). — 400 fr.
2718 Pont Valentré à Cahors (paysage). — 400 fr.

LAVOUÉ-BARRÈRE (Robert), né à Angers. — 104, boulevard de
Clichy, 18e.

2719 La danse de Mor le Paon. — 350 fr.
2720 Mowgli. — 200 fr.

LE BEC (Denyse), née à Valenciennes. — 7, cité Vaneau, 7e.

2721 Etude.
2722 Paysage.

LEBLANC (Roger-Louis-Augustin), né à Bergues (Nord). — 196, rue de Tolbiac, 13ᵉ.

> **2723** Étude. — 150 fr.
> **2724** Étude. — 150 fr.
> **2725** Étude. — 150 fr.
> **2726** Étude. — 100 fr.

LECLERCQ (Augustin), né à Rivière (Pas-de-Calais). — 29, avenue du Maine, 15ᵉ.

> **2727** Paysage, Montfort-Lamaury. — 250 fr.
> **2728** Bords de la Bièvre. — 100 fr.
> **2729** Clair de lune. — 120 fr.

LECLERCQ (Paul-Théodore-Georges), né à Essars (Pas-de-Calais). — 34, rue Thomas-Lemaître, à Nanterre (Seine).

> **2730** Le bassin de l'Ouest à Honfleur. — 1.000 fr.
> **2731** Au large de Port-Vendres. — 500 fr.
> **2732** Environs de Banyuls. — 500 fr.
> **2733** Chalutier, à l'approche d'un grain (appartient à Mᵐᵉ la baronne Léonino de Rothschild).

LECONTE (Mˡˡᵉ Yvonne-Gilberte-Marie-Louise), née à Versailles. — 9, rue Campagne-Première, 14ᵉ.

> **2734** Le bon café au lait. — 1.200 fr.
> **2735** Portrait de jeune fille. — 800 fr.
> **2736** Nature morte. — 600 fr.
> **2737** L'étang de Kichompré, près Gérardmer. — 500 fr.

LE COQ (Arthur-Henri-Leinekugel), né à Cambrai (Nord). — Villa Saint-Luc, à Cambrai (Nord), et 29, boulevard Van-Ireghem, à Ostende (Belgique).

> **2738** Le marché à Nice l'été (aquarelle). — 2.000 fr.
> **2739** La grange-neuve (aquarelle). — 1.500 fr.

LE CORNEC (J.-E.-Marcel), né à Paris. — 39, rue Gabrielle, 18ᵉ.

> **2740** Maternité. — 2.000 fr.
> **2741** Après la mort d'Abel. — 2.000 fr.
> **2742** Christ. — 2.000 fr.
> **2743** Paysage d'âme. — 1.500 fr.

LEEUW (François-Théodore-Gysbert van der), né à Goes (Pays-Bas). — Hollandais. — 26, rue Victor-Hugo, à Argenteuil (Seine-et-Oise).

2744 Portrait de Mme V. d. L. (appart. à Mme V. d. L.).
2745 Contre-jour. — 900 fr.
2746 Anémones. — 1.200 fr.

LEFEBVRE (Maurice-Jean), né à Bruxelles. — Belge. — 26, avenue des Sept-Bonniers, à Uccle-Bruxelles (Belgique).

2747 Le pont des Arts. — 900 fr.
2748 Brouillard ensoleillé. — 900 fr.
2749 Paysage parisien. — 900 fr.
2750 Etude. — 900 fr.

LE FEUVRE (Arsène), né à Sillé-le-Guillaume, (Sarthe). — 117, rue N.-R.-des-Champs, 6°, et 1, rue Jacob, Le Mans (Sarthe).

2751 La danse des Nymphes. — 1.600 fr.
2752 La fontaine d'amour. — 600 fr.
2753 Les Rochers du Paon, île de Bréhat. — 400 fr.

LEFÈVRE (Luce), née à Montreuil-sous-Bois. — Rue Brohan, à Pierrefitte-sur-Seine.

2754 Crépuscule. — 1.200 fr.
2755 Printemps (étude). — 600 fr.
2756 Allée au soleil (étude). — 600 fr.

LEFORT (Jean-Louis), né à Bordeaux. — 21 *bis*, avenue de la Motte-Picquet, 7°.

2757 Strasbourg, le premier 14-Juillet 1919. — 20.000 fr.

LEFORT DES YLOUSES (Robert), né à Neuilly-sur-Seine. — 13, avenue de Madrid, à Neuilly-sur-Seine.

2758 Nu. — 900 fr.
2759 Ad Astra. — 900 fr.
2760 Nu décoratif. — 800 fr.

LE GALLAIS-NICOT (Mme Jeanne-Marie), née à Langueux (Côtes-du-Nord). — 75, rue Croix-Nivert, 15°.

2761 Bateaux fuyant l'orage. — 300 fr.
2762 Bateaux dans la tourmente. — 300 fr.
2763 Les régates. — 700 fr.
2764 Le moulin neuf, bords de la Rance. — 350 fr.

LÉGER (Fernand), né à Argentan (Orne). — 86, rue Notre-Dame-des Champs, 6e.

> **2764** bis Projet d'ensemble pour un hall (peinture). — (Collaboration pour la sculpture : M. Csaky).

LÉGER (Mlle Suzanne), née au Dorat (Haute-Vienne). — Rue Pierre-Merlin, à Bellac (Haute-Vienne).

> **2765** Crozant, l'automne. — 350 fr.
> **2766** Crozant, pont de la Sedelle. — 200 fr.
> **2767** Hortensias. — 600 fr.
> **2768** Paysage limousin. — 200 fr.

LEGRAIN (Pierre), né à Levallois-Perret. — 9, rue du Val-de-Grâce, 5e.

> **2769** Vitrine de reliures.

LEGROS (Pierre), né à Dinan. — 40, boulevard Ornano, 18e.

> **2770** Mon jardin.
> **2771** Grève de Bretagne.
> **2772** Champ fleuri.
> **2773** Le chemin de la Vieille-Carrière.

LEGUILLON (Paul), né à Paris. — 90, boulevard Péreire, 17e.

> **2774** La racosse de chêne. — 500 fr.
> **2775** Les trois pins. — 500 fr.
> **2776** Le chemin de Lopérec. — 850 fr.
> **2777** Village, environs de Douarnenez. — 1.700 fr.

LEJARD (Georges), né à Magny-le-Désert (Orne). — 44, rue de Seine, à Alfortville (Seine).

> **2778** In Paradiso, ascensu cœlestes, incidunt angeli thronum virginis (panneau décoratif, maquette). 2.000 fr.
> **2779** Dessin. — 250 fr.

LEJEUNE (Émile), né à Genève. — Suisse. — 38, rue des Mathurins, 8e.

> **2780** Torse et damier. — 2.000 fr.
> **2781** Portrait (appartient à l'auteur).
> **2782** Figure. — 1.000 fr.
> **2783** Nu. — 1.000 fr

LEJEUNE (Henri-Pierre), né à Saint-Ouen (Seine). — 54 rue Lamartine, 9e.

2784 Rue des Teinturiers, Tunis. — 350 fr.
2785 Rue Sidi-Ben-Arous, Tunis, — 350 fr.
2786 Souk-el-Trouk, Tunis. — 600 fr.
2787 Place Bab-Souika, Tunis. — 600 fr.

LEJEUNE (Marcel), né à Paris. — 16, avenue Rachel, 18e.

2788 Portrait de femme.
2789 Nature morte. — 700 fr.
2790 Portrait d'homme.

LE MAISTRE (Ivanna), né à Pétrograd (Russe). — 41, avenue de Saxe, 7e.

2791 Peinture.
2792 Peinture.
2793 Peinture.

LEMAITRE (André-Hubert), né à Paris. — 41, avenue de Saxe, 7e.

2794 Pour la suite des Humbles serviteurs de Dieu. — 2.000 fr.
2795 Nature morte. — 1.000 fr.
2796 Paysage. — 1.500 fr.

LEMANT (Joseph), né à Bruxelles. — Belge. — 93, rue Souveraine, à Bruxelles (Belgique).

2797 Entrée du presbytère d'Hestrud (Nord). — 400 fr.
2798 Bords de la Thure (Nord). — 450 fr.
2799 Retour de la messe. — 1.200 fr.
2800 Coin d'atelier. — 1.200 fr.

LEMARESQUIER (Jean-François), né à Cette (Hérault). — 8, rue Leneveux, 14e.

2801 Séverac-le-Château, la croix de la mission. — 400 fr.
2802 Mon bébé (appartient à M. Yet).
2803 Nature morte. — 250 fr.
2804 Séverac-le-Château (3 dessins originaux). — 200 fr.

LEMASSON (Lucien), né à Riaillé (Loire-Inférieure). — 3, imp. Milon-de-Martigny, à Laon.

2805 Grains d'automne. — 125 fr.
2806 Remparts St-Just à Laon, la nuit. — 100 fr.
2807 Sous bois, fin d'été. — 75 fr.
2808 Portrait de travailleur.

LEMERCIER (Robert), né à Epernay. — 8, rue Mignet, 16e.

2809 Peinture. — 1.500 fr.
2810 Paysage. — 800 fr.
2811 Paysage. — 800 fr.

LEMMER (Stany), né à Levallois-Perret. — 86, rue Rochechouart, 9e.

2812 Etude.
2813 Portrait de Mlle I. L. (appartient à Mlle I. L.).
2814 Etude.

LEMOIGNE (Mlle Mathilde), née à Paris. — 56, boul. Barbès, 18e.

2815 Panneau décoratif, Bou Saada. — 800 fr.
2816 Fleurs, pivoines. — 500 fr.
2817 Fleurs, roses et capucines. — 500 fr.
2818 Portrait (appartient à M. D. T.).

LEMOINE (André), né à Paris. — 10, rue Caffarelli, 3e.

2819 Les deux amis sphère. — 3.000 fr.
2820 Soir d'automne. — 1.000 fr.

LEMPÉRIÈRE (Emmanuel), né à Saint-Nazaire (Loire-Inférieure). — 9, rue des Rouillis, à Sèvres (Seine-et-Oise).

2821 La rive des fées. — 6.000 fr.
2822 Le clos du mage. — 6.000 fr.
2823 Le bois du sacre. — 6.000 fr.

LEMPITZKY (Tamara de), né à Varsovie. — Polonais. — 1, place Wagram, 17e.

2824 Portrait. — 10.000 fr.
2825 Portrait. — 10.000 fr.
2826 Portrait. — 10.000 fr.

L'ENFANT (Marcel), né à Paris. — 102, avenue du Général-Michel-Bizot, 12ᵉ.

2827 Notre-Dame de Rocamadour, Camaret. — 400 fr.
2828 Un coin du port à Camaret. — 300 fr.
2829 Les Sables-Blancs, Tréboul. — 300 fr.
2830 Grève de l'Armorique, Plestin-les-Grèves. — 300 fr.

LE NOIR (Robert-Maurice-Jean), né à Paris. — 27, avenue Magne, à Villemomble (Seine).

2831 Musette 1723. — 400 fr.
2832 Frottin. — 350 fr.
2833 Panneau contenant 6 bois sur japon. — 25 fr. pièce.

LENOIR (Mᵐᵉ Mathilde), née à Paris. — 12, rue d'Auteuil, 16ᵉ.

2834 Maisons de pêcheurs, Bretagne. — 500 fr.
2835 Notre-Dame de la Joie, Penmarc'h. — 500 fr.
2836 Brûleuses de goëmons, Penmarc'h. — 500 fr.
2837 Coin de parc. — 500 fr.

LENOIR (Mˡˡᵉ Suzanne), née à Paris. — 19, rue de Médicis, 6ᵉ.

2838 Le clocher (paysage). — 200 fr.
2839 Les arbres (paysage). — 150 fr.
2840 Esquisse d'un panneau décoratif (pastel).

LEOBER (Léopold-Louis-Adolphe), né à Paris. — 11, rue de Tourville, à Saint-Germain-en-Laye.

2840 *bis* *a*) Normandie (peinture). — 500 fr.
        b) Hunter (sculpture) (appartient à l'auteur).

LÉON (Édouard-Henri), né à Paris. — 6, rue Vercingétorix, 14ᵉ.

2841 Le Cher à St-Aignan (Loir-et-Cher). — 700 fr.
2842 Nature morte. — 600 fr.
2843 A l'atelier (étude). — 500 fr.

LÉON (Jean), né à Pau. — 12, rue de Bagneux, 5ᵉ.

2844 Femmes nues dans un paysage. — 2.000 fr.
2845 Nu dans l'atelier. — 1.500 fr.
2846 Marie-Rose.

LÉONARD (Maurice), né à Paris. — 10, rue du Jourdain, 20°.

    2847 Paysage en Bourgogne. — 800 fr.
    2848 Objets (nature morte). — 300 fr.
    2849 Objets (nature morte). — 300 fr.

LE PETIT (A.-M.), né à Fallencourt (Seine-Inférieure). — 61, rue d'Amsterdam, et Clos Pezouillette, à La Frette (Seine-et-Oise).

    2850 Baigneuse. — 2.000 fr.
    2851 Peinture. — 3.000 fr.
    2852 Nature morte. — 800 fr.

LE PETIT (Maurice), né à Boulogne-sur-Mer. — 161 *bis*, avenue Édouard-Vaillant, à Boulogne-sur-Seine.

    2853 Paysage (appartient à l'auteur).
    2854 Nature morte (appartient à l'auteur).
    2855 Nature morte (appartient à l'auteur).

LEPREUX (Albert), né à Meaux. — 39, rue Lamarck, 18°.

    2856 Peinture. — 1.000 fr.
    2857 Paysage. — 800 fr.
    2858 Nature morte. — 800 fr.

LEPRIN (Marcel-François), né à Cannes (Alpes-Maritimes). — 10, rue Lamarck, 18°.

    2859 Enterrement à Montmartre. — 1.500 fr.
    2860 Le bougnat. — 600 fr.
    2861 Marchandes de quatre-saisons. — 600 fr.

LEROUILLÉ (Maurice-Ernest), né à Versailles (Seine-et-Oise). — 160, rue Oberkampf, 11°.

    2862 Recherche d'atmosphère sous le vent (art naturien). — 850 fr.
    2863 Recherche d'atmosphère, lever de soleil, hiver (art naturien). — 850 fr.
    2864 Recherche d'impression printanière (art naturien). — 850 fr.
    2865 Recherche d'impression, hiver (art naturien). — 350 fr.

LEROLLE (Paul-Alexis-Victor), né à Paris. — 51, avenue Henri-Martin, 16°.

2866 Jeune quarteronne nue. — 1.000 fr.
2867 Pudeur. — 1.000 fr.
2868 L'attente au confessionnal. — 600 fr.

LE ROUX (Henri), né à Paris. — 49, rue des Prairies, 20°.

2869 Les deux sœurs, groupe pierre (taille directe). — 4.000 fr.
2870 Tête (bronze). — 1.500 fr.
2871 Femme lisant, bas-relief pierre (taille directe). — 1.000 fr.

LETELLIER (Hector), né à Bruxelles. — Belge. — 3, rue Emile-Verhaeren, à Saint-Cloud.

2872 Le marché à Bruxelles. — 2.000 fr.
2873 Ruelle à Bruxelles. — 2.000 fr.
2874 Paysage. — 2.000 fr.
2875 Etude. — 2.000 fr.

LE TENDRE (Auguste-Emile-Marie), né à Guingamp (Côtes-du-Nord. — 32, avenue de la Marne, à Lorient.

2876 Portrait de M. J. (appartient à M. Jeanneau, pharmacien principal de la Marine).
2877 Entrée du port de Palais, Belle-Isle-en-Mer. — 300 fr. (sans le cadre).
2878 Chevet de la cathédrale de Tréguier en 1909. — 400 fr. (sans le cadre).
2879 Temps bouché à Port-Coton, Belle-Isle-en-Mer. — 600 fr. (sans le cadre).

LE SARCLEUR (Pierre), né à Paris. — 2, rue Saint-Lazare, à Colombes (Seine).

2880 Une rue à Salonique (n° 101). — 500 fr.
2881 Une rue à Salonique, ville haute (n° 102). — 500 fr.
2882 Un coin de Pont-Croix (Finistère) (n° 103). — 500 fr.
2883 Bateaux à Douarnenez (Finistère) (n° 104). — 500 fr.

LESBROS (Alfred), né à Avignon. — 52, rue des Fourbisseurs, à Avignon.

2884 Paysage. — 300 fr.
2885 Paysage. — 300 fr.
2886 Fleurs. — 300 fr.
    (Peinture pochée, tirée à 10 exemplaires numérotés.)

LE SCOUEZEC (Maurice), né au Mans. — 35, rue Delambre, 14e.

2887 Etude. — 1.000 fr.
2888 Etude. — 1.000 fr.
2889 Peinture. — 1.500 fr.

LE SON (Marcel), né à Paris. — 2, passage de Dantzig, 15e.

2890 Baigneuses. — 2.000 fr.
2891 Paysage. — 400 fr.
2892 Paysage du Midi. — 600 fr.

LE SOURD (René-Marie-Firmin), né à Vals (Ardèche). — 31 avenue Rapp, 7e.

2893 Maisons rouges, côte normande. — 300 fr.
2894 Matin, forêt de Fontainebleau. — 300 fr.
2895 Panneau décoratif. — 400 fr.
2896 Panneau décoratif. — 400 fr.

LESPAGNOL (Mme Hélène), née Sanlien (Côtes-d'Or). — 33, rue Bayen, 17e.

2897 L'heure du thé (pastel). — 600 fr.
2898 Portrait de Mlle L. (pastel) (appartient à l'auteur).
2899 Danseuse arabe au repos (aquarelle). — 300 fr.
2900 Petite rue St-Louis, Ste-Marie-aux-Mines. — 150 fr.

LESPAGNOL (Mlle Madeleine), née à Paris. — 33, rue Bayen, 17e.

2901 Roses thé. — 200 fr.
2902 Au bord de l'eau (gouache). — 100 fr.
2903 Jardinière bleue fleurie, roses et mimosas. — 275 fr.
2904 Roses et soucis. — 250 fr.

LÉVEILLÉ (André), né à Lille (Nord). — 18, boul. Magenta, 10e.

2905 Peinture.
2906 Peinture.
2907 Peinture.

LÉVÊQUE (Maurice). — 55, rue des Abbesses, 18°.

2908 Montmartre. — 500 fr.
2909 Montmartre, rue Lepic. — 500 fr.
2910 Montmartre. — 500 fr.
2911 Nu. — 500 fr.

LÉVY (Irène), née à Bichwiller. — 14, rue du Château, à Bischwiller (Bas-Rhin).

2912 Nature morte. — 300 fr.
2913 Matinée brumeuse. — 300 fr.
2914 Dans les champs. — 250 fr.
2915 Journée de décembre. — 500 fr.

LÉVY-FRANCKEL (André), né à Paris. — 25, rue Pigalle, 9°.

2916 La Touques à marée basse (étude) (appartient à Mme B.).
2917 Bois Lurette (étude). — 300 fr.
2918 Voiliers par temps calme (étude). — 300 fr.

LÉVY-SAY (Géo), né à Paris. — 24 boulevard Voltaire, 11°.

2919 Marine. — 200 fr.
2920 Paysage. — 200 fr.

LE WINO (Walter), né à Londres. — Anglais. — 50, rue Vercingétorix, 14°.

2921 Intérieur. — 3.000 fr.
2922 Paysage. — 800 fr.

LEYMARIE (Louis-Pierre), né à Bordeaux. — 6, rue des Mignottes, 19°.

2923 Sortie du bain. — 2.000 fr.

LEYRITZ (Léon), né à Paris. — 87, rue Denfert-Rochereau, 14°.

2923 *bis* *a*) Grand deuil. — 1.000 fr.
  b) Carillon. — 1.000 fr.
  c) Passion. — 1.000 fr.

L'HOEST (Eugène), né à Paris. — 27, rue des Dames, 17°.

2924 La Dent du Midi au soleil couchant. — 1.500 fr.
2925 Vue de Seine au soleil couchant. — 1.500 fr.

LHOTE (André), né à Bordeaux. — 38 *bis*, rue Boulard, 14°.

    2926 Sur le pont d'Avignon. — 8.000 fr.
    2927 Étude de nu. — 3.000 fr.
    2928 Port de Stockholm. — 2.000 fr.

LIAUSU (Camille-Paul), né à Biarritz. — 93, rue de Vaugirard, 6°.

    2929 Figures dans un paysage. — 2.000 fr.
    2930 Nu. — 800 fr.

LICINI (Osvaldo), né à Monte-Vidau-Corrado. — Italien. — 28, boulevard Poissonnière, 10°.

    2931 Portrait de femme. — 1.000 fr.
    2932 La cueillette. — 1.000 fr.
    2933 Étude. — 500 fr.

LIEBERT (Charles-Auguste), né à Paris. — 3, avenue Germaine, à Chelles (Seine-et-Marne).

    2934 Jardin anglais, Fontainebleau. — 350 fr.
    2935 La Creuse à Gargilesse. — 200 fr.
    2936 Jardin du Luxembourg, automne. — 100 fr.
    2937 Un coin du Trianon, Versailles. — 100 fr.

LIEDBECK (Pierre), né à Stockoim (Suède). — Suédois. — 205, rue des Pyrénées, 20°.

    2938 Peinture. — 1.000 fr.
    2939 Peinture. — 1.200 fr.
    2940 Peinture. — 2.000 fr.

LIEROW-FRANCILLON (Mme Anny), née à Berne. — Suisse. — 41, boulevard Saint-Jacques, 14°.

    2941 Nature morte. — 1.200 fr.
    2942 Port. — 1.200 fr.
    2943 Paysage. — 1.200 fr.

LINCE (Marcel de), né à Oupeze. — Belge. — 224, rue Saint-Léonard, à Liège (Belgique).

    2944 Marché à Chioggia (Italie). — 3.000 fr.
    2945 Rue à Venise. — 4.000 fr.
    2946 Venise en fête. — 5.000 fr.

LIPCHITZ (Jacques), né à Druskieniki. — Russe. — 54, rue du Montparnasse, 14ᵉ.

2947 Sculpture (plomb). — 1.500 fr.
2948 Sculpture (ciment). — 1.500 fr.
2949 Sculpture (ciment). — 1.500 fr.
2950 Sculpture (ciment). — 2.000 fr.

LOCHAKOW (Ar.), né à Orhei (Bessarabie). — Roumain. — 43, rue Monsieur-le-Prince, 6ᵉ.

2951 De Profundis. — 8.000 fr.
2952 Sur la limite. — 5.000 fr.
2953 Portrait, poète Dovid-Knute et sa femme. — 3.500 fr.

LOISEAU (Paul), né à Paris. — 111, rue Oberkampf, 11ᵉ.

2954 Paysan espagnol. — 800 fr.
2955 Jeune fille (appartient à Mˡˡᵉ R.).
2956 Petite fille. — 65 fr.
2957 Etude d'enfant. — 65 fr.

LORENZI (Alberto-Fabio), né à Florence. — Italien. — 208, boul. Raspail, 14ᵉ.

2958 La plage. — 500 fr.
2959 Nu. — 500 fr.

LOTIRON (Robert), né à Paris. — 2, rue de Constantinople, 8ᵉ.

2960 Intérieur.
2961 Peinture.
2962 Peinture.

LUCAS (Roger), né à Paris. — 41, rue L.-Roland, à Montrouge (Seine).

2963 Charmeuse. — 800 fr.
2964 Baigneuse. — 500 fr.

LUCE (Maximilien), né à Paris. — 102, rue Boileau, 16ᵉ.

2965 Soleil couchant, vallée de Rolleboise. — 3.000 fr.
2966 La Seine à Mericourt. — 1.000 fr.
2967 Le bateau blanc. — 1.000 fr.
2968 Quai de Paris. — 1.000 fr.

LUCNEIL, né à Paris. — 94, rue de la Chapelle, 18e.

2969 La Seine à Croissy. — 300 fr.
2970 Le chemin dans les Roches. — 250 fr.
2971 Brume matinale. — 200 fr.
2972 Paysage, Milly. — 150 fr.

LUDLOW (Mary-Sophia), née à Bristol (Angleterre). — Anglaise. — Monneville (Oise).

2973 Chênes-liège. — 1.000 fr.
2974 Chênes-liège. — 800 fr.
2975 Nature morte. — 800 fr.

LUDOVIC-RODO, né à Paris. — 14, rue Girardon, 18e.

2976 Roses. — 500 fr.
2977 Roses. — 500 fr.
2978 Le toit rouge. — 500 fr.
2979 L'arbre rouge. — 500 fr.

LUGNIER (Jean), né à Paris. — 15, rue Lavieuville, 18e.

2980 Notre-Dame. — 300 fr.
2981 Le Pont-Marie. — 300 fr.
2982 La place du Tertre. — 200 fr.
2983 Pont des Arts. — 250 fr.

LUNDQVIST (John), né à Stockholm (Suède). — Suédois. — 3, villa Brune, 14e.

2984 Le rayon de soleil (bronze). — 8.000 fr.
2985 Tête d'homme (bronze). — 4.000 fr.
2986 Statuette (bois). — 2.500 fr.

LUNDSTROM (Knut), né à Oestersund. — Suédois. — 4, rue Belloni, 15e.

2987 Composition.
2988 Paysage. — 1.500 fr.
2989 Nature morte. — 1.000 fr.

LURÇAT (Jean), né à Paris. — 4, rue du Ruisseau, 18e.

2990 Peinture. — 2.000 fr.
2991 Peinture. — 1.500 fr.
2992 Peinture. — 800 fr.

LUSTREMANT (Mᵐᵉ Marie-Louise), née à Paris. — 8, rue Garancière, 6ᵉ.

2993 Cordes. — 1.000 fr.
2994 Coloquintes au plateau. — 700 fr.
2995 Les coloquintes. — 800 fr.

LYMAN (John), né à Biddeford (E. U. A.). — Canadien. — Villa Blanche, à Cagnes (Alpes-Maritimes).

2996 Portrait de M. F. L. (appartient à M. F. L.).
2997 Jardin dans le Midi. — 800 fr.
2998 Le figuier. — 600 fr.

MAC CORD (Elizabeth-S.), née à New-York. — Américaine. — 17, rue Rousselet, 7ᵉ.

2998 *bis* Vanité. — 1.000 fr.

MAC MULLAN (Mary-Shaw), née à Belfast (Irlande). — Irlandaise. — 25, rue Bréa, 6ᵉ.

2999 Femmes et fruits. — 1.000 fr.
3000 L'enfant et l'oiseau. — 750 fr.
3001 La mare. — 500 fr.
3002 Nature morte. — 350 fr.

MADET-OSWALD (Romulus-Phidias), né à Paris. — 6, rue Asseline, 14ᵉ.

3003 Bretagne. — 1.500 fr.
3004 Le pêcheur de Piriac (esquisse). — 800 fr.
3005 Aube bretonne (appartient à l'auteur).

MADO (Madeleine), née à Paris. — 29, rue de Sèvres, 6ᵉ.

3006 Coussin. — 150 fr.
3007 Coussin. — 150 fr.
3008 Coussin. — 150 fr.
3009 Coussin. — 150 fr.

MADOZA (Mˡˡᵉ Mado-Jacqueline), née à Paris. — 31, boul. Berthier.

3010 On n'entre pas, je suis toute nue (étude). — 300 fr.
3011 Suzy, mon amie (appartient à Mᵐᵉ S. B.).
3012 Angèle, ma bonne (appartient à l'auteur).
3013 Danseuse. — 100 fr.

MAEGLIN (Rodolphe), né à Bâle (Suisse). — Suisse. — 41, rue
Lehot, à Asnières (Seine).

3014 Femme et enfants. — 2.000 fr.
3015 Tête de femme. — 600 fr.
3016 Paysage. — 600 fr.
3017 Scène de cirque.

MAERTENS (Médard), né à Coolseamp. — Belge. — 11, Villa
Saint-Louis, à Fontenay-sous-Bois (Seine).

3018 Peinture. — 3.000 fr.
3019 Peinture. — 2.500 fr.
3020 Peinture. — 2.500 fr.

MAGNE (René-Joseph), né à Paris. — Saint-Prix (S.-et-L.).

3021 Journalier rapportant une bonne paye (Morvan).
    — 4.500 fr.
3022 Barrage de moulin en hiver. — 3.000 fr.
3023 Pêches et raisins. — 2.000 fr.

MAGNIER (Charles-Ernest), né à Paris. — 46, rue du Château-
d'Eau, 10e.

3024 L'étang de Bagatelle. — 800 fr.
3025 Les bords du Lot. — 350 fr.
3036 Paysage d'automne. — 200 fr.
3027 L'entrée des Dardanelles près du fort de Chanak.
    — 200 fr.

MAGUET (Richard), né à Amiens. — 270, rue Saint-Honoré, 1er.

3028 Paysage. — 500 fr.
3029 Paysage. — 400 fr.
3030 Paysage. — 400 fr.

MAKOWSKI (Tadé-Joseph), né en Pologne. — Polonais. — 3, rue
Vercingétorix, 14e, et Galerie Chéron.

3031 Concert villageois. — 2.000 fr.

MAILFAIRE (Charles-Louis), né à Paris. — 6, rue Pruvot, à Vanves (Seine).

3032 Paysage à Fleury (Seine-et-Oise). — 500 fr.
3033 Fleurs et fruits. — 600 fr.
3034 Paysage à Clamart. — 500 fr.

MAILLARD (Louis-Horace-Raymond), né à Bognes (Loiret). — 1, rue d'Orchamps, 18e.

3035 Tentation. — 4.500 fr.
3036 Côtes de Bretagne. — 1.800 fr.

MAILLAUD (Guillaume), né à Mouchet (Indre). — 3, rue de l'Estrapade, 5e.

3037 Vision antique. — 3.500 fr.
3038 L'été. — 1.000 fr.
3039 L'automne. — 1.000 fr.

MAILLIEZ (Georges), né à St-Ouen (Seine). — 65, rue de Clichy, 9e.

3040 Nu (plein air). — 650 fr.
3041 Nu (intérieur). — 250 fr.
3042 Paysage. — 175 fr.
3043 Portrait de M. Paul Bonnefoy (appart. à M. P. B.)

MAILLIEZ (Mme Yvonne), née à Paris. — 65, rue de Clichy, 9e.

3044 Coquelicots. — 200 fr.
3045 La Côte des Basques, Biarritz. — 200 fr.
3046 Portrait de l'auteur (appartient à l'auteur).
3047 Georgette. — 800 fr.

MALBAUT (Ernest-Hector-Raymond), né à Campagne-les-Hesdin. — Campagne-les-Hesdin (Pas-de-Calais).

3048 Un coin de mon village au crépuscule. — 500 fr.
3049 Une ferme en hiver, lever de lune. — 500 fr.
3050 Le chemin montant, automne. — 500 fr.

MALDÈRE (Raoul van), né à Marseille. — 10, rue Rochechouart, 9e.

3051 Environs des Martigues. — 2.500 fr.
3052 Portrait du peintre J. Bergès (appart. à M. B.).
3053 Barque aux Martigues. — 1.500 fr.

MALLEBAY (Emmanuel), né à Alger. — 35, rue Boulard, 14e.

3054 Portrait (appartient à l'auteur).
3055 Portrait (appartient à Mme R.)
3056 Nature morte. — 800 fr.
3057 Fragment décoratif. — 1.000 fr.

MALLET-STEVENS (Robert), né à Paris. — 8, rue Vézelay, 8e.

   3057 *bis*. Maquette d'une villa.

MALLET-STEVENS (Robert), né à Paris. — 8, rue Vézely, 8e.

   3057 *bis*. Maquette d'une villa.

MAMBOUR (Auguste), né à Liège. — Belge. — 56, rue Edouard-Wacken, à Liège (Belgique).

   3058 Sur les genoux. — 2.000 fr.
   3059 Joueurs. — 1.500 fr.

MANALT (Célestin), né à Perpignan. — Ancien Champ-de-Mars, Perpignan.

   3060 Piéta (bronze). — 30.000 fr.; (marbre) : 45.000 fr.
   3061 L'abandonné (bronze). — 15.000 fr.; (marbre) : 25.000 fr.
   3062 L'enfant à la source (bronze). — 15.000 fr.; (marbre). 25.000 fr.
   3063 Le méprisé (bronze). — 16.000 fr.; (marbre) : 25.000 fr.

PAUL-MANCEAU (Dr Georges), né à Loches (I.-et-L.). — 12, rue de Bellechasse, 7e.

   3064 Etude.
   3065 Etude.
   3066 Portrait.

MANDEL (Lydia), née à Orenbourg. — Russe. — 3, rue des Grands-Augustins, 6e.

   3067 Nature morte.
   3068 Autoportrait.
   3069 Tableau.
   3070 Tableau.

MANDRINO-PENAFLORES (Germaine), née à Bordeaux. — Suissesse. — Agordo, province de Belluno (Italie).

   3071 Nature morte. — 250 fr.
   3072 Nature morte. — 350 fr.
   3073 Nature morte. — 450 fr.
   3074 Nature morte. — 400 fr.

MANÈS (Germaine), née à Paris. — 74, bd Beaumarchais, 11ᵉ.

3075 Composition.
3076 Paysage.
3077 Femme au travail.

MARAIS (Edouard-Georges), né à Paris. — Rue de Balzac, à Franconville (Seine-et-Oise).

3078 Portrait de Mᵐᵉ L.
3079 Environs d'Osny (Seine-et-Oise).
3080 Bords de l'Oise.
      (Appartiennent à l'auteur.)

MARCA (René), né à Paris. — 27, boulevard Rochechouart, 9ᵉ.

3081 Roses. — 85 fr.
3082 Paysage. — 130 fr.
3083 Indiscrétion. — 300 fr.
3084 Repos. — 500 fr.

MARCEAU (Etienne), né à Noyen-sur-Seine (Seine-et-Marne). — 3, rue Vercingétorix, 14ᵉ.

3085 Paysage. — 800 fr.
3086 Paysage, bœufs. — 1.500 fr.
3087 Eglise de Moret. — 800 fr.

MARCEL-BÉRONNEAU (Pierre), né à Bordeaux. — 11, impasse Ronsin, 15ᵉ.

3088 Judith.
3089 Peinture.
3090 Peinture.

MARCEL-GAILLARD, né à Abbeville (Somme). — 139, boulevard Saint-Michel, 5ᵉ.

3091 Des toits. — 800 fr.
3092 Jeune fille à la quenouille. — 2.000 fr.
3093 Nu. — 1.000 fr.

MARCEL-LENOIR, né à Montauban. — 115, rue N.-D.-des-Champs, 6ᵉ.

3094 Trois apôtres (fresque). — 5.000 fr.
3095 Tête de femme (fresque). — 8.000 fr.
3096 Le laurier promis. — 8.000 fr.

MARCHAL (Achille-Gaston), né à Saint-Denis (Seine). — Martigny, par Couilly (Seine-et-Marne).

3097 Moulin de Lassault. — 1.200 fr.
3098 Elche (Espagne). — 950 fr.
3099 Elche (Espagne). — 950 fr.
3100 Elche (Espagne). — 950 fr.

MARCHAND (Camille), né à Paris. — 35, square du Champ de Mars, 15e.

3101 Sur la falaise, Veules-les-Roses (aquarelle). — 450 fr.
3102 Porte de ferme (aquarelle). — 450 fr.
3103 La rivière, Veules-les-Roses (aquarelle).— 450 fr.

MARCOLESCO (Georges), né à Bucarest. — Roumain. — 3, rue Mariotte, 17e.

3104 Canard sauvage. — 500 fr.
3105 Enfants à table. — 500 fr.
3106 Fleurs et fruits. — 500 fr.

MARCOUSSIS (Louis), né à Varsovie. — Polonais. — 61, rue Caulaincourt, 18e.

3107 Peinture. — 2.500 fr.
3108 Peinture. — 2.000 fr.
3109 Peinture. — 800 fr.
3110 Peinture. — 800 fr.

MARESCHAL (Yvonne), née à Albertville (Savoie). — 15, avenue Ledru-Rollin, 12e.

3111 Le gaulage des noix (appartient à M. M.).
3112 Etude. — 200 fr.
3113 Le Luxembourg. — 500 fr.

MARESTÉ (J.-Géo), né à Cognac (Charente). — Place de la Corderie.

3114 Le satyre (du poème de Victor Hugo).— 3.000 fr.
3115 Les pêcheurs d'huitres à Marennes. — 1.000 fr.
3116 Les blanchisseuses. — 1.000 fr.
3117 Portrait. — 500 fr.

MARKEY (Marius), né à Dunkerque. — 16, rue du Four-à-Chaux, à Dunkerque.

3118 Chrysanthèmes. — 400 fr.
3119 Chrysanthèmes. — 200 fr.

MARIANI (Pierre), né à Toulouse. — 7, quai Bourbon, 4°.

3120 Portrait de Mlle L. D. — 5.000 fr.

MARIE (Irène-Félicienne), née à Paris. — 50, rue Vercingétorix, 14°.

3121 4 panneaux décoratifs pour une salle de bain :
La mer. — 3.500 fr.

MARINETTE, né à Moscou. — Esthonienne. — Villa Elisabeth, avenue du Prince-de-Galles, à Nice.

3122 Carrosse. — 300 fr.
3123 Automne. — 200 fr.
3124 Icone aux anges. — 200 fr.

MARINI (Jean-Dominique), né à Bastia. — 7, rue Bellони, 15°.

3125 Paysage. — 1.200 fr.
3126 Place de Rivoli (aquarelle). — 300 fr.
3127 L'Institut (aquarelle). — 500 fr.

MARQUETTE (Marie-Rose), née à Bordeaux. — 79, rue de Dunkerque, 9°.

3128 Marguerites blanches et marguerites jaunes. — 400 fr.
3129 Chrysanthèmes blancs. — 350 fr.
3130 Roses. — 300 fr.
3131 Soucis. — 300 fr.

MARQUEZ (Vyka), née à Paris. — 87, bd Haussmann, 8°.

3132 Jeune fille blonde. — 300 fr.
3133 Bouddha (nature morte). — 300 fr.
3134 Paysage. — 200 fr.

MARRE (Hélène), née à Paris. — 71, boulevard Berthier, 17°.

3135 Portrait de Mme R. (appartient à Mme R.).
3136 Portrait de Mme A. (appartient à Mme A.).

MARROT (Henry), né à la Souterraine (Creuse). — 60, r. Monge, 5°.

3137 Le jardin. — 750 fr.
3138 Le pont des Arts et l'Institut (aquarelle).— 300 fr.
3139 La cascade. — 500 fr.

MARSEILLE (Pierre), né à Marseille. — 85, r. de Rome, Marseille.

3140 Vue de Nyons. — 1.000 fr.
3141 Marine. — 500 fr.
3142 Paysage (Provence). — 500 fr.
3143 Paysage (Provence). — 500 fr.

MARTEL (Jan), né au Mollin (Vendée). — 6, rue Huyghens, 14°.

3144 Le Familistère (marbre), bas-relief du monument
aux Morts du Familistère de Guise.
3145 Les boxeurs, bas-relief (plaquette pour challenge).
(En collaboration avec Joël Martel.)

MARTEL (Joël), né au Mollin (Vendée). — 6, rue Huyghens, 14°.

3146 Les fondeurs (marbre), bas-relief du monument
aux Morts du Familistère de Guise (Aisne).
3147 Vue d'ensemble du monument aux Morts du Familistère de Guise (dessin).
3148 Bas-relief (plâtre), fragment du monument aux
Morts de St-Gilles-sur-Vic (Vendée).

MARTENNE (Thérèse de), née à Pontoise (Seine-et-Oise). — 16,
rue de la Procession, 15°.

3149 Nature morte. — 250 fr.
3150 Sur la route de Massignac (Charente). — 200 fr.
3151 Paysage en septembre (Morvan). — 200 fr.

MARTILLY (Edouard), né à Beauvais (Oise). — 26, avenue de
Breteuil, 7°.

3151 bis a) Projet d'affiche. — 300 fr.
b) Projet d'affiche. — 300 fr.
c) Saint-Tropez (aquarelle). — 150 fr.
d) Vieux port, Marseille (aquarelle). — 300 fr

MARTIN (Claude-René), né à Paris. — 12, rue de l'Abbaye, 6°.

3152 Portrait.
3153 Etude figure. — 2.000 fr.
3154 Paysage. — 1.800 fr.

MARTINE (Albert), né à Saint-Germain-en-Laye. — 8 *bis*, rue des Bûcherons, à Saint-Germain-en-Laye (Seine-et-Oise).

3155 Saint-Germain, allée François-Ier. — 1.000 fr.
3156 Étude. — 800 fr.
3157 Le bassin, décoration (appartient à l'auteur).

MARTINET (Henry), sculpteur, né à Bercenay (Aube). — 7 et 9, rue Alain-Chartier, 15e.

3158 Porteuse d'eau.
3159 Porteuse de lait.
3160 L'aveugle.

MARTINIE (Berthe), née à Nérac (Lot-et-Garonne). — 14, rue François-Guibert, 15e.

3160 *bis* *a*) Nu couché. — 500 fr.
         b) Léda (dessin). — 150 fr.

MARY-GEORGE (Mary), née à Durban. — 45, rue Édouard-Nortier, à Neuilly-sur-Seine.

3161 Jeux d'enfants. — 300 fr.
3162 Jeux d'enfants. — 300 fr.
3163 Jeux d'enfants. — 500 fr.

MARZOCCHI de BELLUCCI (Numa), né à Paris. — 1, avenue de Bellevue, au Chesnay-Versailles (Seine-et-Oise).

3164 Le rêve du berger (fresque rentoilée). — 3.500 fr.
3165 Danseuse grecque (fresque rentoilée). — 2.000 fr.
3166 Danseuse (fresque rentoilée). — 2.500 fr.

MASOUNETTE (Jean-Auguste), né à Saintes (Charente-Inférieure). 16, rue Perceval, 14e.

3167 Jeannette. — 1.000 fr.
3168 Mlle D. — 1.000 fr.

MASSIN (Louis-Eugène-Pierre), né à Paris. — 95, rue de Vaugirard, 6e.

3169 Le port du Pouliguen. — 900 fr.
3170 Vieille porte à Chartres. — 160 fr.
3171 Le vieux château. — 160 fr.
3172 Le guet. — 2.000 fr.

MASSON (Edmée), née à Carouge-Genève. — Suissesse. — Porquerolles (Var).

3173 Les agaves. — 1.000 fr.
3174 Porquerolles, lever de soleil. — 750 fr.
3175 Ostaon de Diou. — 700 fr.
3176 Laveuses à Cully. — 600 fr.

MASSON (Elia), née à Carouge-Genève. — Suissesse. — 23, place du Marché, Carouge-Genève.

3177 Porquerolles (appartient à Mme V.)
3178 Le Brégançonnet. — 250 fr.
3179 Le Cormoran. — 200 fr.
3180 Le port. — 200 fr.

MASSON (Roger-Joseph), né à Doulaincourt (Haute-Marne). — Doulaincourt (H.-M.).

3181 Soleil couchant. — 500 fr.
3182 Un coin du Rognon, en juin. — 500 fr.
3183 Portrait. — 250 fr.
3184 Quelques masures (paysage). — 150 fr.

MATHELIN (Lucien), né à Binche (Belgique). — Français. — 9, rue Falguière, 15e.

3185 Peinture. — 2.000 fr.
3186 Peinture. — 800 fr.

MATHEY (Juliette-Marie), née à Paris. — 40, rue Denfert-Rochereau, 5e.

3187 Nature morte. — 800 fr.
3188 Nature morte. — 500 fr.
3189 Nature morte. — 500 fr.
3190 Nature morte. — 400 fr.

MATHIEU-GOUTS (Henriette), née à Paris. — 27, rue de Liège, 8e.

3191 Coussin, cuir repoussé, pour chaise salle à manger. — 200 fr.
3192 Coussin, cuir repoussé, pour salon ou chambre. — 200 fr.

MATTSON (Joël), né à Yonköping. — Suédois. — 52, avenue du Maine, 14°.

3193 Composition I. — 1.000 fr.
3194 Composition II. — 1.000 fr.

MATULKA (J.), né à Vlach Brezi. — Tchèque. — 50, rue Vercingétorix, 14°.

3195 Peinture. — 2.500 fr.
3196 Peinture. — 2.500 fr.
3197 Peinture. — 3.000 fr.
3198 Peinture. — 3.000 fr.

MAURICE (Roland), né à Saint-Amand (Cher). — 44, rue Polonceau, 18°.

3199 Nu. — 5.000 fr.
3200 Paysage, l'Arnon à Laumoy. — 500 fr.
3201 Paysage, l'Arnon à Laumoy. — 300 fr.
3202 Paysage. — 300 fr.

MAUZ (Kurt), né à Zurich. — Suisse. — 5, rue Barrault, 13°.

3203 Peinture. — 600 fr.
3204 Peinture. — 400 fr.
3205 Peinture. — 500 fr.

MAVRO (Mania), née à Odessa. — Française. — 36 *bis*, rue de la Tour-d'Auvergne.

3206 Nu. — 5.000 fr.
3207 Paysage. — 2.000 fr.
3208 Paysage décoratif. — 1.500 fr.

MAYEN (Juliette), née à Paris. — 8, rue Cernuschi, 17°.

3209 Maison de pêcheur. — 300 fr.
3210 Chemin à la mer. — 300 fr.
3211 Danseuse aux cymbales (sculpture). — 300 fr. (édition réservée).
3212 Liseuse (sculpture). — 200 fr. (édition réservée).

MAYNADIÉ (Charles-Emmanuel), né à Paris. — 207, rue de Tolbiac, 13°.

3213 Chardons, fleurs. — 500 fr.
3214 Barques à marée basse. — 150 fr.
3215 Bords de la Lingue (Yonne). — 200 fr.

MAZARD (Alphonse-Henri), né à Paris. — 20, rue Berthe, 18ᵉ.

3216 Hameau des Murs (Seine-et-Oise). — 1.000 fr.
3217 Etang à la Ferté-Alais (Seine-et-Oise). — 1.000 fr.
3218 Le moulin du Gué, à la Ferté-Alais (Seine-et-Oise). — 800 fr.

MEDGYES (Ladislas), né à Budapest. — Tchécoslovaque. — 26, rue du Faubourg-Saint-Jacques, 14ᵉ.

3219 Nature morte. — 1.200 fr.
3220 Paysage. — 3.500 fr.

MEEUS (Robert), né à Anderlecht. — Français. — 8, rue Frédéric-Magisson, 15ᵉ.

3221 La Seine à Bennecourt. — 600 fr.
3222 Bords de Seine. — 375 fr.
3223 Le tournant de la route. — 200 fr.
3224 Portrait de Mᵐᵉ L. P. (appartient à Mᵐᵉ L. P.).

MEINSEL (Alexandre), né à Aigy (Loiret). — 42, rue Saint-Vincent, 18ᵉ.

3225 Pont de Saint-Ouen. — 400 fr.
3226 Bougival. — 300 fr.
3227 Vieux Saint-Ouen, vue sur Argenteuil. — 300 fr.
3228 Vieux Saint-Ouen, la Seine. — 300 fr.

MEISSONNIER (Louis-Claude-Joseph), né à Marseille. — 4, square du Croisic, 15ᵉ.

3229 Etude. — 5.000 fr.
3230 Toute sa vie. — 12.000 fr.
3231 Sur un film. — 25.000 fr.

MÉLAN (Andrée), née à Paris. — 69, boulevard de Clichy, 9ᵉ.

3232 Etude de géraniums. — 200 fr.
3233 Roses. — 150 fr.
3234 Les soucis. — 200 fr.

MELENDEZ (Jehanne), née à Boulogne-sur-Mer. — 42, rue de Maistre, 18ᵉ.

3235 La danseuse Djemil Anik. — 600 fr.
3236 Tonton Thomas (tête de caractère). — 600 fr.
3237 Mon portrait. — 1.000 fr.

MELEY (Yvonne), née à Paris. — 2, rue Barye, 17e.

3238 Boisson d'été. — 900 fr.
3239 Coin d'atelier. — 950 fr.
3240 Enfant de pêcheur. — 600 fr.

MENDÈS-FRANCE (René), né à Paris. — 58 *bis*, rue Ramey, 18e.

3241 Les filles du Cardinal. — 700 fr.

MENNERET (Charles), né à Paris. — 17, avenue Trudaine, 9e.

3242 Paysage. — 2.400 fr.
3243 Paysage. — 2.400 fr.
3244 Paysage. — 5.000 fr.

MÉNO (Germaine), née à Paris. — 20, rue Cambon, 1er.

3245 Une vitrine contenant :
    1. Chapeau paille verte, dessous crêpe de chine or avec décoration. — 700 fr.
    2. Chapeau peau blanche décorée. — 500 fr.
    3. Chapeau crêpe rouille brodé. — 600 fr.
    4. Sac brodé. — 300 fr.
    5. Paire de gants. — 150 fr.

MENON (Pierre-Louis), né à Grenoble (Isère). — 15, rue du Cherche-Midi, 6e.

3246 Gravures sur bois extraites de « Musiciens contemporains ».
3247 Les deux oiseaux. — 1.500 fr.
3248 L'arbre en fleurs. — 1.500 fr.
3249 Repos. — 2.000 fr.

MERCIER (Mary-Adolphe), né à Paris. — 11 *bis*, rue Poussin, 16e.

3250 La chapelle de Saint-Cénery (Sarthe). — 500 fr.
3251 Coin de la Sarthe à Saint-Cénery. — 500 fr.
3252 La Sarthe à Saint-Léonard. — 500 fr.
3253 La Roche Bécu (Sarthe). — 500 fr.

MERCIER (Paul), né à Philippeville (Algérie). — Français. — 6, rue du Parc-Saint-Mandé (Seine).

3254 Le peupliers (Bois de Vincennes). — 650 fr.
3255 La Riviera. — 400 fr.

MERCKEL (Émile-Eugène), né à Paris. — 3, boulevard de Belleville, 11°.

3256 A la grille du parc. — 200 fr.

MERGIER-DIBRE (Myriam), née à Saint-Servan (Ille-et-Vilaine). — 12, avenue du Maine, 14°.

3257 Baigneuses. — 800 fr.
3258 Etude. — 600 fr.
3259 Etude. — 600 fr.

MÉRIOT (Jules-Louis), né à Paris. — 140, boulevard Magenta, 10°.

3260 Coucher de soleil. — 100 fr.
3261 Le Louvre des Tuileries (crayons couleur). — 100 fr.
3262 Belleville (coin des rues Fessart et Pradier). — Appartient à l'auteur.
3263 La clairière (Bois de Vincennes). — Appartient à l'auteur.

MESLAY (Charles-Pierre-Joseph), né à St-Brieuc (Côtes-du-Nord). — 14, rue des Moines, 17°.

3264 Château de Saint-Malo. — 350 fr.
3265 Château de Coasterès (Ploumanach). — 350 fr.
3266 Le fort Lalate (Côtes-du-Nord). — 350 fr.
3267 Une bigoudenne. — 400 fr.

MESTRALLET (Paul-Louis), né à Paris. — 52, rue Lhomond, 5°.

3268 Paysage. — 1.000 fr.
3269 Paysage. — 1.000 fr.
3270 Fleurs. — 1.000 fr.

METZINGER (Jean), né à Nantes. — 121, av. Félix-Faure, 15°.

3271 L'embarquement d'Arlequin. — Appartient à M. Léonce Rosemberg.
3272 Bal travesti. — Appartient à M. Léonce Rosemberg.

MEURIS (Emmanuel), né à Liège. — Belge. — 44, rue Charles-Morren, à Liège (Belgique).

3273 Petit pont sur le canal. — 2.500 fr.
3274 Le soir. — 2.600 fr.
3275 Le château sur la colline. — 2.500 fr.
3276 Hauteur en Ardennes. — 2.000 fr.

MÉZERETTE (Louis-Edmond-Jean), né à Saint-Pierre-le-Moûtier.
— 5, rue Alphonse-Daudet, 14e.

3277 Eté. — 600 fr.
3278 Portrait de Mlle Jamet. — Appartient à Mme Jamet.
3279 La petite fille en gris. — 1.000 fr.
3280 Le joueur de cartes. — 350 fr.

MIAULET (William), né à Nîmes (Gard). — 10, rue de Buci, 6e.

3281 Fleurs de printemps. — 300 fr.
3282 Glaïeuls. — 200 fr.
3283 La forge au village. — 250 fr.
3284 Vieux puits à Villeneuve-les-Avignon. — 250 fr.

MIAULT (Henry), né au Breuil-sur-Argentan (Deux-Sèvres). — 48,
boulevard Malesherbes, 8e.

3285 Une vitrine de bijoux et objets d'art en métaux
divers.

MICHAUT (Germaine), née à Paris. — 11, rue du Perche, 3e.

3286 Une vitrine contenant :
1. San-sou-si, coussin brodé. — 850 fr.
2. Kouen-lun, abat-jour avec sa lampe. — 1.250 fr.
— L'abat-jour seul, 500 fr.
3. Le « Limasson », lanterne parchemin. — 250 fr.
4. Tout petit abat-jour. — 125 fr.
5. Porte-cartes « Suzalette ». — 225 fr.

MIGNOT (Marcel-Georges), né à Buxeuil (Aube). — 235, rue
d'Alésia, 14e.

3287 Le vallon. — 500 fr.
3288 Paysage. — 400 fr.
3289 Automne. — 400 fr.

MIGOT (Georges), né à Paris. — 6, rue Sedaine, 11e.

3290 Maisons à Fontaines. — 1.200 fr.
3291 Hiver à Villemeux (Eure-et-Loir). — 1.200 fr.

MILICH (Adolphe), né à Tyszowce. — Polonais. — 18, boulevard
Edgar-Quinet, 14e.

3292 Paysage. — 4.000 fr.
3293 Paysage. — 2.500 fr.
3291 Hiver à Villeneuve (Eure-et-Loir). — 1.200 fr.

MILLARD (Ernest-Jean-Marie), né à Paris. — 7, bd Arago, 13°.

3295 Nature morte. — 300 fr.
3296 Espagnole. — 500 fr.

MILLE (Voir QUENTIN-MILLE).

MILLET (Jean-Etienne), né à Sèvres. — 92, rue Saint-Martin, 4°.

3297 Heure dorée (Vieux Paris) (pastel). — 300 fr.
3298 Brume et neige (Vieux Paris) (pastel). — 250 fr.
3299 Rue de la Parcheminerie (pastel). — 250 fr.
3300 Sur la Seine (temps brumeux). — 280 fr.

MILLIARY (Paul), né à Paris. — 21, rue de Harlay (Compiègne)

3301 Le modèle. — 1.100 fr.
3302 L'amour au clair de lune. — 1.100 fr.
3303 Un coin de village du Berry. — 1.300 fr.
3304 Paysage champêtre. — 1.200 fr.

MILLORD (Antoine), né à Maisons-Laffitte. — rue du Mesnil, à Maisons-Laffitte (Seine-et-Oise).

3305 Village de Mesnil-le-Roy.
3306 Une vieille rue de Maisons-Laffitte.
3307 Le « Paris » en mer (marine).
3308 Boules de neige et lilas.

MILLOT (Eugène-Charles), né à Paris. — 6, rue de Fécamp, 12°.

3309 Portrait au soleil.
3310 Chapelle Sainte-Anne à Saint-Tropez. — 250 fr.
3311 Chapelle Sainte-Anne à Saint-Tropez. — 250 fr.

MITARACHIS (Jean), né à Chio (Grèce). — Hellène. — 103, rue de Vaugirard, 6°.

3312 Femme à la tasse. — 1.200 fr.
3313 Dos. — 1.200 fr.

MOHRIEN (Achille), né à Paris. — 1 bis, rue Saint-Gilles, 3°.

3314 Fleurs (nature morte). — 600 fr.
3315 L'Oise à Valmondois (Oise). — 400 fr.
3316 Vieille paysanne au soleil. — 400 fr.
3317 La Frette, temps orageux. — 400 fr.

MOMBRUN (Lucien), né à Madrid. — Français. — 60, boulevard de Clichy, 18°.

3318 Portrait de M° Romanet du Caillaud. — Appartient à M° Romanet du Caillaud.
3319 En revenant de l'Ile Heureuse. — 2.000 fr.
3320 Juanita. — Appartient à M. R. M...
3321 L'été — Appartient à l'auteur.

MONDAIN (Jean), né à la Chapelle-Rousselin (Maine-et-Loire). — 55, quai des Grands-Augustins, 6°.

3322 Bébé au bain. — Appartient à l'auteur.
3323 Intérieur d'église. — 200 fr.
3324 La Vanne. — 150 fr.
3325 Matinale. — 175 fr.

MONDAIN (Yvonne), née à Condom (Gers). — 40, rue Denfert-Rochereau, 5°.

3326 Peinture. — 200 fr.
3327 Peinture. — 500 fr.
3328 Peinture. — 200 fr.
3329 Peinture. — 100 fr.

MONDZAIN (Simon). — 5, rue Campagne-Première, 14°.

3330 Paysage. — 2.000 fr.
3331 Portrait de M°°° S... — Appartient à M. S...
3332 Paysage. — Appartient à M. Z...

MONIER (Maggy), né à Paris. — 14, passage Victor-Marchand, 13°.

3333 Sylvie (portrait). — 1.000 fr.
3334 Les Pins (Saint-Maxime-sur-Mer). — 700 fr.
3335 Coin du port de Saint-Tropez. — 500 fr.
3336 Paysage du Midi. — 500 fr.

MONMÉLIEN (Edouard), né à Paris. — 66, Grande-Rue, à Flers-de-l'Orne.

3336 *bis* a) Mont Saint-Michel, entrée du Montet (corps de garde des bourgeois).
  b) La tour Gabriel.
  c) Une échauguette.
  d) Rue des Prêtres, à Carentan (Manche).

MONNOT (Maurice-Louis), né à Paris. — 12, avenue Eugène-Carrière, à Gournay-sur-Marne (Seine-et-Oise).

3337 Le cellier. — 900 fr.
3338 Cuivre et navets. — 800 fr.
3339 Le marmiton. — 700 fr.

MONTAL (Louis-Alexandre), né à Cahors. — 128 *ter*, boulevard de Clichy, 18e.

3340 Les régates. — 1.200 fr.
3341 Cahors. — 400 fr.
3342 En Provence. — 1.000 fr.
3343 La danse du faune. — 1.500 fr.

MONTERET (Pierre-Georges), né à Roanne. — 43, rue de Babylone, 7e.

3344 Pieta. — Vendu.
3345 Etude. — 300 fr.
3346 Etude. — 300 fr.

MONTEUX (Mlle Michèle), né à Vaucresson (Seine-et-Oise). — 10, boulevard de Versailles, à Saint-Cloud (Seine-et-Oise).

3347 Saint-Cloud. — 500 fr.
3348 Saint-Cloud. — 500 fr.
3349 Pont sur l'Isère. — 500 fr.
3350 Ma vieille bonne. — 1.000 fr.

MONTMEROT (Albert-Marien-Lazare), né à Autun. — 1, rue des Cités, à Autun (Saône-et-Loire).

3351 Paysage d'été à Gueuhand. — 500 fr.
3352 L'hiver au village de Couhard. — 500 fr.
3353 Hameau en Morvan (hiver). — 500 fr.

MORCHAIN (Paul), né à Rochefort-sur-Mer. — 4, rue du Texel, 14e.

3354 Peinture. — 1.500 fr.
3355 Peinture. 1.500 fr.
3356 Peinture. — 1.500 fr.

MOREAU (Gaston-Auguste), né à Paris. — 15 *bis*, rue de Châtillon, à Clamart (Seine).

3357 Gros temps à Saint-Pierre-Quiberon. — 600 fr.
3358 Effet du matin à Bas-Meudon. — 400 fr.
3359 Souvenirs (nature morte). — 400 fr.
3360 Effet du matin, étang des Ecrevisses, à Chaville. — 400 fr.

MOREAU (Louis), né à Châteauroux (Indre). — 16, rue de Paris, à Charenton (Seine).

3361 Quai des Carrières, à Charenton. — 600 fr.
3362 La Creuse à Cuzion. — 600 fr.
3363 La vieille fileuse (dessin aquarellé). — 200 fr.
3364 Vignettes démocratiques (gravure sur bois). — 150 fr.

MOREAU (Luc-Albert), né à Paris. — 15, rue du Cherche-Midi, 6e.

3365 Soldats dans la tranchée n° 5.
      (Galerie Marseille, 16, rue de Seine.)

MOREAU (Marguerite-Louise), née à Paris. — 15 bis, rue de Châtillon, à Clamart (Seine).

3366 Fleurs. — 800 fr.
3367 Fleurs. — 800 fr.
3368 Fleurs (panneau décoratif). — 400 fr.
3369 Fleurs (panneau décoratif). — 400 fr.

MOREAU (Serge-Henri), né à Saint-Mihiel (Meuse). — 45, boulevard Lefebvre, 15e.

3370 Jeunesse. — 1.000 fr.
3371 Une rue à Gouaix (Seine-et-Marne). — 500 fr.
3372 Le repos dominical. — Appartient à M. N...

MORER (Denis-Simon-Joseph), né à Bouleternère (Pyrénées-Orientales. — 7, rue Montbrun, 14e.

3373 La rue Dauphine (effet de pluie). — 350 fr.
3374 Les bords de la Tet. — 450 fr.
3375 Les télégraphistes. — 250 fr.
3376 La route d'Amélie-les-Bains à Bouleternère (P. O.). — 150 fr.

MORETTI (Luigi), né à Venise. — Italien. — 83, rue de la Tombe-Issoire, 14e.

3377 Venise. — 500 fr.
3378 Nature morte. — 500 fr.
3379 La fête à Vaugirard. — 400 fr.

MORETTI (Vera), née à Nogent-sur-Marne. — 83, rue de la Tombe-Issoire, 14°.

3380 Pastel. — 250 fr.
3381 Pastel. — 250 fr.
3382 Pastel. — 250 fr.
3383 Pastel. — 250 fr.

MORGAN-RUSSELL, né à New-York (Etats-Unis). — Américain. — Aigremont, par Poilly (Yonne).

3384 Portrait de la famille Sol. — 700 fr.
3385 Le jugement de Pâris. — Appartient à M. Alexandre Robinson.
3386 Les génies joyeux. — 2.000 fr.
3387 Nature morte. — 250 fr.

MORIDE (Mlle Jeanne), née à Paris. — 11 *bis*, rue de la Planche, 7°.

3388 La corbeille de citrons. — 800 fr.
3389 Pommes et dalhias. — 600 fr.
3390 Intérieur. — 400 fr.

MORIN (Fernand), né à Saint-Aubin-de-Baubigné (Deux-Sèvres). — 25, rue Turgot, 9°.

3391 Nu. — 800 fr.
3392 Portrait de Mlle X...
3393 Nu. — 1.200 fr.
3394 Paysage. — 400 fr.

MORIS (Félix), né à Putte-lez-Malines (Belgique). — Belge. — 207, Faubourg-Saint-Martin, 10°.

3395 Au port d'Anvers, un bassin. — 2.000 fr.
3396 Le canal de l'Ourcq (Paris). — 500 fr.
3397 Au port. — 500 fr.
3398 Sur le canal. — 750 fr.

MORLIER (Pierre), né à Châteauroux (Indre). — 4, place du Louvre, mairie du 1er.

3399 Portrait du père de l'artiste. — Appartient à M. Morlier.
3400 Portrait de M. le greffier M... — Appartient à M. M...
3401 Portrait de Me D... — Appartient à Me D...

MORSE-RUMMEL, (Frank), né à Berlin. — Anglais. — 6, rue Nicolo, 16e.

3402 Monaco. — 800 fr.
3403 Eglise (la Turbie).
3404 Eze (Alpes-Maritimes). — 400 fr.

MORTIER (Robert-Henry), né à Nice. — 55, rue de Lille, 7e.

3405 Bouquet. — 1.500 fr.
3406 Paysage. — 1.500 fr.
3407 Paysage. — 1.500 fr.

MORTIMER-GRONOW (Alexis-Tudor), né à Paris. — 39, rue Washington, 8e.

3408 Chapelle des Pénitents, Beaulieu-sur-Dordogne (Corrèze). — 300 fr.
3409 Beaulieu-sur-Dordogne. — 300 fr.
3410 Fruits et coloquintes (nature morte). — 250 fr.
3411 Fruits (nature morte). — 250 fr.

MORVAN (Georges-Frédéric), né à la Rochelle. — 31, rue Raspail, à Vanves (Seine).

3412 Nature morte. — 1.300 fr.
3413 Paysage (Auvergne). — 1.300 fr.
3414 Paysage (Auvergne). — 1.500 fr.

MOUAT (Dagoussia), née à Tiflis (Caucase). — Anglaise. — 55, rue du Montparnasse, 14e.

3415 Nu. — 900 fr.
3416 Paysage. — 600 fr.

MOUCHOT (Georges-Léon-Philippe), né à Paris. — 50, rue Saint-Didier, 16e.

3417 Pivoines. — 400 fr.
3418 Narcisses. — 200 fr.
3419 Port-Marly (bord de Seine). — 400 fr.
3420 En rade de Morlaix. — 300 fr.

MOUILLOT (Marcel), né à Paris. — Route de la Belle-Isnarde, à Saint-Tropez (Var).

3421 Paysage, Provence (hiver). — 1.000 fr.
3422 Paysage, Provence (hiver). — 600 fr.
3423 Paysage, Provence (hiver). — 600 fr.

MOY (Maurice), né à Rennes (Ille-et-Vilaine). — 2 bis, avenue de Sceaux, à Versailles.

3424 Marine (détrempe). — 300 fr.
3425 Marine (détrempe). — 200 fr.
3426 Automne à Rambouillet (aquarelle). — 200 fr.
3427 Vieilles maisons (aquarelle). — 200 fr.

MOYSE (Elsa-Marie), née à Paris. — 14, rue Oudinot, 7e.

3428 Départ de barques. — 800 fr.

MOYSEN (Marguerite), née à Paris. — 1, rue du Cloître, à Mantes (Seine-et-Oise).

3429 Le pichet. — 200 fr.
3430 Les piments. — 100 fr.
3431 Un coin de Mantes. — 150 fr.
3432 Nature morte. — 200 fr.

MULINEN (Eléonore de), née à Berne (Suisse). — Suissesse. — 8, rue Monsieur-le-Prince, 6e.

3433 Buste de jeune homme. — Modèle en plâtre : 3.000 fr.; en bronze : 5.000 fr.
3434 Buste de Mme M... M.

MURÉDIA (André-Félicien), né à Marseille. — 4, rue Haute-Rotonde, à Marseille (Bouches-du-Rhône).

3435 Sur la rivière. — 1.200 fr.
3436 Nu. — 1.000 fr.
3437 Au bord de la mer. — 1.000 fr.
3438 Le Rhône. — 800 fr.

MURPHY (Gérald), né à Boston, Massachusetts (Etats-Unis). — Américain. — 23, quai des Grands-Augustins, 6e

3439 Turbines.
3440 Pression.
3441 Taxi (aquarelle).
3442 Crystaux (crayon).

MUSSON (Suzanne, née à Paris. — 51, rue de la Pompe, 16e.

3443 Tentation. — 200 fr.
3444 Pierrot malade. — 300 fr.
3445 Etude d'intérieur. — 150 fr.

NAB (Jacqueline-Marie-Georgette), née à Dinan (Côtes-du-Nord). — 2, rue Eugène-Flachat, à Saint-Germain-en-Laye.

3446 Nature morte. — 350 fr.
3447 Etude. — 200 fr.

NAGORSKI (André), né à Vaucresson (Seine-et-Oise). — 9, rue Montcalm, 18e.

3448 Autun, vu de la cathédrale. — 800 fr.
3449 Autun, la tannerie. — 400 fr.
3450 Autun, l'Arroux par temps sombre. — 600 fr.
3451 Intérieur. — 600 fr.

NAILLOD (Charles), né à Paris. — 56, rue de Douai, 9e.

3452 Namouna. — 2.000 fr.
3453 L'esclave punie. — 800 fr.
3454 Yasmina au bain. — 800 fr.

NAMUR (Paul-Franz), né à Valenciennes. — 68, rue Spontini, 16e.

3455 Saint-Sébastien. — 3.000 fr.
3456 Le satyre vert. — 2.500 fr.
3457 La vierge au singe. — 1.500 fr.
3458 L'aguicheuse. — 800 fr.

NAPOLÉON (Charles), né à Baismont (Somme). — 34, rue de l'Abbé-Groult, 15e.

3459 Clair de lune près de Lippa. — 200 fr.

NARDUS-BOURGEOIS (Anne-Alida-Léa), née à Arnouville-les-Gonesse. — 8, rue Bellanger, à Neuilly-sur-Seine.

3460 Leïlah (pastel). — 300 fr.
3461 Salomé (pastel). — 800 fr.
3462 Maud. — 200 fr.
3463 Chirine. — 350 fr.

NARDUS-BOURGEOIS (Margot-Flory), née à Suresnes (Seine). — 8, rue Bellanger, à Neuilly-sur-Seine.

3464 Femme (pastel). — 300 fr.
3465 Espagnole (pastel). — 800 fr.
3466 Femme (pastel). — 300 fr.
3467 Femme (pastel). — 300 fr.

NEILLOT (Louis), né à Vichy (Allier). — 10, rue de l'Église à Asnières (Seine).

3468 Nature morte. — 700 fr.
3469 La vieille route de Cusset. — 800 fr.
3470 Paysage bourbonnais. — 750 fr.

NELSON (M.), né à New-York. — Américain. — 16, rue de la Grande-Chaumière, chez M. Castelucho.

3471 Paysage. — 500 fr.
3472 Paysage. — 500 fr.
3473 Têtes de femmes (monotype). — 500 fr.
3474 Tête de femme (monotype). — 300 fr.

NÉRÉE-GAUTIER (Jane), née à Bordeaux. — 12, r. Louis-David, 16e.

3475 Fleurs. — 1.000 fr.
3476 Verreries. — 800 fr.

NEUMAN (Carl-Bernhard), né à Gökborg (Suède). — Suédois. — 57, boulevard Victor, 15e.

3477 Paysage des Alpes-Maritimes. — 5.000 fr.

NEVEU (Mlle Marcelle-Sophie), née à Saint-Maximin (Var). — Villa Mimosas, à Cagnes (Alpes-Maritimes).

3478 Jardin. — 600 fr.
3479 Vendanges. — 400 fr.
3480 Nature morte. — 300 fr.

NICOT, né à Paris. — 30, rue Beaurepaire, 10e.

3481 Bord de rivière. — 200 fr.
3482 Nuit d'été. — 150 fr.
3483 Route. — 150 fr.
3484 Sous-bois. — 150 fr.

NIER (Alphonse-Jules-Henri-Gustave), né à Thiers (Puy-de-Dôme). — 2, rue Kléber, à Saint-Leu (Seine-et-Oise).

3485 Notre-Dame. — 800 fr.
3486 Nature morte au potiron. — 600 fr.
3487 Sous le pont Louis-Philippe. — 350 fr.

NIGAUD (Paul-Louis), né à Digoin (Saône-et-Loire). — Voutenay-sur-Cure (Yonne), et 9, rue Campagne-Première, 14e.

3488 Gilda (nu). — 1.200 fr.
3489 Nu au canapé. — 1.000 fr.
3490 Paysage de Voutenay. — 600 fr.

NIQUET (Marcel-Charles), né à Poses (Eure). — Poses, par Léry (Eure).

3491 Paysage. — 900 fr.
3492 Nature morte. — 800 fr.

NIVOULIES (Marie), née à Toulon. — 119, bd Saint-Michel, 5e.

3493 Jeune femme en jaune. — 1.200 fr.
3494 Voiles au sec. — 1.200 fr.
3495 Marine. — 1.000 fr.

NORDAU (Maxa), née à Paris. — 14, rue Henner, 9e.

3496 Madeleine. — 3.000 fr.
3497 Portrait de Mme G... — Appartient à Mme A B...
3498 Jesusa. — 450 fr.

NORMANDIN (Yvonne), née à Paris. — 24, rue de Bondy, 10e.

3499 Cendrillon retour du jardin. — 500 fr.
3500 Suzanne attendant les vieillards (scène biblique dans le goût persan). — 500 fr.

NOURRIGAT (Emile-Eugène), né à Maraussan (Hérault). — 18, rue Friant, 14e.

3501 Suzanne. — 1.200 fr.
3502 Renaud et Armide. — 650 fr.
3503 Nymphe. — 500 fr.
3504 Hommage à Pan. — 350 fr.

NOURRY (Pierre-Camille-Roger), né à Besançon (Doubs). — 16, boulevard Saint-Germain, 5e.

3505 Le Jardin des Supplices. — Appartient à Mme Mir--beau.
3506 Négresse dans la forêt. — 800 fr.

NOVEL (Louis-Ernest-Claudius), né à Angoulême (Charente). —
20, cité Trévise, 9°.

3507 L'anse du Suler (Loctudy). — 500 fr.
3508 Le moulin du Suler. — 500 fr.
3509 Matin au Styvel (Camaret). — 400 fr.

NOYER (A.-Wilfrid), né à Evreux (Eure). — 138, rue Legendre, 17°.

3510 Carrefour du Calvaire, la Saussaye (Eure). —
1.000 fr.
3511 Bailly, près Gaillon (Eure). — 600 fr.
3512 Maison normande.

NUTTING (Elena), née à California. — Américaine (E.-U.). —
9, rue Falguière, 15°.

3513 Morlaix. — 50 fr.
3514 Saint-Nicolas (Paris). — 50 fr.
3515 Composition. — 50 fr.

NUTTING (Myron-C.). — Né aux Etats-Unis. — Américain. —
9, rue Falguière, 15°.

3516 Dans la forêt. — 4.000 fr.

OBERKAMPF (Roger-Louis), né à Lyon. — 27, rue Franklin, 16°.

3517 Etude pour un portrait. — Appartient à M. O...
3518 La falaise (Normandie). — 400 fr.
3519 Tulipes et delft. — 400 fr.
3520 Vieilles maisons sur la Saône. — 200 fr.

OBLET (Félix), né à Bagneux (Seine). — 27, rue Olivier-de-
Serres, 15°.

3521 Cascade du Gorgonet (Isère). — 500 fr.
3522 Village de Rovon (Isère). — 400 fr.
3523 Coucher de soleil à Saint-Gervais (Isère). — 600 fr.

O' CALLAHAN (Clinton), né à Hartford (Etats-Unis). — Américain. — 4, rue Joseph-Bara, 6°.

3524 Retour du bain. — 8.000 fr.
3525 Vue de Pont-Aven. — 5.000 fr.

OLANESCO (Jean), né à Paris. — 19, rue d'Alésia, 14ᵉ.

3526 Roses. — Appartient à l'auteur.
3527 Bouquet des champs. — Appartient à l'auteur.
3528 Pensées. — Appartient à l'auteur.
3529 Roses. — Appartient à l'auteur.

OLDFIED (Otis), né à Sacramento (California). — Américain. — 70, rue Rochechouart, 9ᵉ.

3530 Portrait, la Péruvienne. — 1.200 fr.
3531 Nature morte (pot de grès). — 300 fr.

OLIVE (Henri), né à Tamaris (Var). — 77, r. Denfert-Rochereau, 14ᵉ.

3532 Mon portrait.

OLIVIER (Ferdinand-Adolphe), né à Martigues (Bouches-du-Rhône). — 6, square Delambre, 14ᵉ.

3533 L'étang de Caronte (Martigues). — 2.300 fr.
3534 L'étang de Berre (Martigues). — 2.300 fr.
3535 Le canal du Roi (Martigues). — 1.300 fr.

OLIVIER (René), né à Elbeuf. — 8, rue Garancière, 6ᵉ.

3536 Albi. — 1.200 fr.
3537 Bal de nuit, quartier Saint-Séverin. — 1.500 fr.

OLOFSSON (Georg), né à Motala. — Américain. — 5, rue du Marché, à Champigny (Seine).

3538 Paysage. — 500 fr.
3539 Paysage. — 500 fr.
3540 Paysage. — 500 fr.

ORGAZ (Pascal), né à Bayonne (Basses-Pyrénées). — 123, boulevard Ney, 18ᵉ.

3541 La bonne aventure (Manoir de Gabrielle d'Estrées, Gué-du-Loir, Loir-et-Cher). — 500 fr.
3542 Le clos Bossier, à Massangé (Loir-et-Cher). — 500 fr.
3543 Vieux presbytère à Fortan (Loir-et-Cher). — 500 fr.
3544 Ferme au Breil (Sarthe). — 800 fr.

ORLOFF (Chana). — Russe. — 68, rue d'Assas, 5e.

3545 Une Ève (ciment). — 10.000 fr.
3546 Dr Kouinjy (bronze). — Appartient à M. Kouinjy.
3547 Cheriane (plâtre). — 1.000 fr.

OSTERLIND (Anders), né à Lépaud. — Suédois. — 49, avenue de Saint-Cloud, à Versailles (Seine-et-Oise).

3548 Rivière. — 4.800 fr.
3549 Paysage. — 1.200 fr.

OTERO (Carlos), né à Caracas. — Vénézuélien. — 68, rue de Gergovie, 14e.

3550 Paysage (Maiquetia, Vénézuéla). — 600 fr.
3551 Paysage (Maiquetia, Vénézuéla). — 350 fr.
3552 Carmen Flores, chanteuse espagnole.
3553 Printemps à Fiesole (carton). — 500 fr.

OTT (Lucien), né à Paris. — 23, rue de Crosnes, à Villeneuve-Saint-Georges (Seine-et-Oise).

3554 Dans le port (Bretagne). — 750 fr.
3555 Bateau abandonné (Bretagne). — 700 fr.
3556 Départ de bateaux (Bretagne). — 700 fr.

OUDOT (Roland), né à Paris. — 4, rue Louis-Thuillier, 5e.

3557 Nature morte. — 600 fr.
3558 Le village. — 600 fr.
3559 L'entrée du village. — 800 fr.

OUILLON-CARRÈRE (Fernand), né à Paris. — 11, rue des Sablons, 16e.

3560 Mlle Simonne L... (portrait) (crayon rehaussé). — 500 fr.
3561 Mlle Ninon K... (portrait) (crayon rehaussé). — 1.000 fr.
3562 Jeune fille nue (crayon rehaussé). — 1.000 fr.

OURY (Jules-Vincent), né à Paris. — 27, rue Linois, 15e.

3563 La Seine à Issy-les-Moulineaux. — 500 fr.
3564 Environs de Paris (Meudon). — 400 fr.
3565 Le pont Mirabeau (Paris). — 250 fr.

OURY (Louis), né à Montauban. — 216, boulevard Raspail, 14ᵉ.

3566 Portrait.
3567 Etude. — 400 fr.
3568 Etude. — 400 fr.
3569 Projet de monument aux morts (plâtre) pour une ville de 100.000 âmes.

OYRÉ (Marie-Julienne d'), née à Châtellerault. — 48, boulevard des Batignolles, 17ᵉ.

3570 Portrait. — Appartient à Mᵐᵉ Del. M...
3571 Marguerites et dahlias.
3572 Portrait de M. J... — Appartient à l'auteur.

OZENFANT (Amédée), né à Saint-Quentin. — 35, rue Godot-de-Mauroy, 9ᵉ.

3573 Tableau. — 2.000 fr.
3574 Tableau. — Appartient à M. Betilliez.

PAERELS (Will), né à Delft. — Belge. — 929, chaussée d'Alsemberg, à Bruxelles; 98, rue Lamarck, 18ᵉ.

3575 Portrait. — Appartient à l'Etat belge.
3576 Neige. — 2.000 fr.
3577 Fleurs. — 1.500 fr.

PAJAK (V.), né à Radom. — Polonais. — 41, rue de Seine, 6ᵉ.

3577 bis a) Le nu. — 1.100 fr.
  b) Margot. — 200 fr.
  c) Portrait de Harys Engel (appart. à M. X.).

PAJOT (René), né à Paris. — 3, rue Vercingétorix, 14ᵉ.

3578 Tête (sculpture, marbre).
3579 La Pierre (esquisse, plâtre).
3580 Sculpture.
3581 Sculpture.

PALLIER (Raymond), né à Dieppe (Seine-Inférieure). — 21, rue Dautencourt, 17ᵉ.

3581 bis a) Portrait de Geneviève Félix dans la Dame de Montsoreau.
  b) Portrait de Suzanne Bianchetti dans l'affaire du Courrier de Lyon.
  c) Changement de costume. — 2.000 fr.

PANARDIE (Pierre), né à Paris. — 13, rue Bonaparte, 6e.

3582 Saint-Malo. — 400 fr.
3583 Nature morte. — 500 fr.
3584 Peinture. — 800 fr.

PAPAIX (André), né à Castres (Tarn). — 93, bd. Saint-Germain, 6e.

3585 Orage en mer. — 1.500 fr.
3586 Navire par grosse mer. — 500 fr.
3587 Fête japonaise. — 500 fr.

PARAYRE (Henry), né à Toulouse. — 14, rue Vélane, à Toulouse.

3587 *bis* *a*) Femme surprise (bronze).
          b) Torse de jeune fille (bronze).
          c) Tête de vierge (pierre).

PARENT (Léon), né à Armentières (Nord). — 9, r. des Apennins, 17e.

3588 Etude de jardin. — 2.000 fr.
3589 Bras de Seine (Freneuse). — 3.000 fr.
3590 La vieille porte. — 1.600 fr.

PARENT (Roger), né à Paris. — 54, rue de l'Aqueduc, à Bruxelles (Belgique).

3591 Portrait. — Appartient à Mlle P...
3592 Nature morte. — 2.500 fr.
3593 Nature morte. — 1.800 fr.

PARESCE (René), né à Carouge. — Italien. — Chez M. Fischer, 17, avenue du Docteur-Durand, à Arcueil (Seine).

3594 Nature morte (fenêtre). — 600 fr.
3595 Nature morte au panier. — 600 fr.
3596 Paysage (Londres). — 400 fr.

PARVILLER (Maurice-Ulysse-Eugène), né à Roye (Somme). — 10, rue du Champ-de-Mars, 7e.

3597 Pont sur l'Yerre. — 350 fr.
3598 Eau et châtaigniers. — 300 fr.
3599 L'allée (Roseraie Croux et fils). — 350 fr.
3600 Vieille ferme du Val d'Aulnay. — 250 fr.
          (Prix sans cadre)

PASCIN, né à Viddin. — Américain. — 36, boulevard de Clichy.

3601 L'enfant prodigue. — 12.000 fr.

PASTRÉ (Gaston), né à Paris. — 9, rue Férou, 6ᵉ.

3602 Sub Urbe (aquarelle). — Appartient à M. Vincent Muselli.
3603 Usines. 350 fr.
3604 Canal. — 350 fr.

PATELLIÈRE (Amédée de la), né à Vallet. — 11, rue de Visconti, 6ᵉ.

3605 Le repos. — 3.000 fr.
3606 La ferme. — 1.000 fr.

PAUL (Eugène-Léon), né à Branssat (Allier). — 49, r. Gabrielle, 18ᵉ.

3607 Nu à la chaise. — 1.500 fr.

PAUL (J.-Marcel). — Français. — 18, rue Gabrielle, 18ᵉ.

3608 L'homme à la rose. — 600 fr.
3609 Farniente. — 800 fr.
3610 Exilé. — Appartient à M. de W...

PAULÉMILE-PISSARRO, né à Éragny-Bazincourt (Oise). — 14, rue Damrémont, 18ᵉ.

3611 Déjeuner sur l'herbe. — 1.500 fr.
3612 Sous les arbres à Vézillon. — 600 fr.
3613 Vézillon (soleil après-midi). — 600 fr.
3614 Vue du Grand Andely. — 1.500 fr.

PAULTRE (Georges), né à Châteaudun. — 68, rue Lhomond, 5ᵉ.

3615 Projet de tapisserie. — Appartient à M. C...
3616 Etude. — Appartient à M. C...

PAUTOT (Camille), né à Paris. — 15, rue Faraday, 17ᵉ.

3617 Baigneuse. — 1.800 fr.
3618 Vitrine (sculpture : masques décoratifs). — 300 fr. chaque masque.

PAUTOT (Emilie), née à Paris. — 8, villa Boissière, 16e.

3619 Portrait de Mlle R. Bernstein. — Appartient à Mme Bernstein.

PAVIE (Jean), né à Mamers (Sarthe). — 68, boulevard Edgar-Quinet, 14e, et 28, rue d'Auriol, à Toulouse.

3620 Chasse orientale (bas-relief acajou). — 1.200 fr.
3621 Chevreuil (bronze, épreuve unique). — 1.200 fr.

PAVIL (Lina), née à Odessa. — Française. — 22, rue de la Tour-d'Auvergne, 9e.

3622 Intérieur. — 800 fr.
3623 Un coin de grenier (aquarelle). — 600 fr.
3624 Sur la cheminée. — 800 fr.

PAZ (Alice), née à Paris. — 25, avenue Wagram, 17e.

3625 Portrait de Mme de M... — Appartient à l'auteur.

PÉAN (René-Louis), né à Paris. — 80, rue Taitbout, 9e.

3626 Etude (pastel). — 1.200 fr.
3627 Le parfum (pastel). — 800 fr.
3628 Danseuse (pastel). — 700 fr.
3629 Frimousse (pastel). — 900 fr.

PÉCHAUBÈS (Eugène-Jean), né à Pantin (Seine). — 15, rue Solférino, à Aubervilliers (Seine).

3630 Chevaux à l'entraînement. — 1.000 fr.
3631 Le charretier. — 500 fr.
3632 Attelage dans un sous-bois. — 500 fr.

PEDRO, né à Toulouse. — 8 *bis*, rue Hoche, à Châtillon-sous-Bagneux.

3633 Pont Crouzet. — 600 fr.
3634 Bigote. — 800 fr.
3635 Bêtes à Bon Dieu. — 500 fr.
3636 La guêpe morte. — 500 fr.

PÉGURIER (Auguste), né à Saint-Tropez. — 14, rue Alsace-Lorraine, à Nice.

3637 Soleil couchant (golfe de Saint-Tropez). — 2.500 fr.
3638 Barques au repos (Saint-Tropez). — 1.500 fr.

PÉLISSIÉ (Henri-Pierre-Lucien), né à Paris. — 108, avenue d'Orléans, 14ᵉ.

3639 Espalion le soir (aquarelle). — 275 fr.
3640 Le pont d'Espalion (aquarelle). — 275 fr.
3641 Le calvaire de Séverac-le-Château (aquarelle). — 275 fr.
3642 Saint-Flour vu du calvaire (aquarelle). — 275 fr.

PELLETIER (Pierre-Sébastien-Joseph), né à Montsauche (Nièvre). — 18, boulevard Saint-Michel, 6ᵉ.

3643 Six croquis crayon. — 300 fr.
3644 A l'atelier (3 croquis). — Appartient à l'auteur.
3645 Un croquis crayon. — Appartient à l'auteur.
3646 Un croquis crayon. — Appartient à l'auteur.

PELOSI (Pascal), né à Paris. — 14, bd. Edgar-Quinet, 14ᵉ.

3646 *bis* *a)* Les grands hommes de la République.
    b) L'avenir de la République.
    c) Albert-le-Sublime.
    d) Écueil. — 500 fr.

PELTIER (Henry), né à Vesoul. — 104, boulevard Montparnasse, 14ᵉ.

3647 Orphée. — 2.000 fr.
3648 Les pins. — 1.200 fr.
3649 Oliviers à Antibes. — 600 fr.
3650 Le Trocadéro. — 200 fr.

PENNROZE (Loïs), né à Paris. — Français. — 8, rue de Courcelles, 8ᵉ.

3651 Aira. — 650 fr.
3652 Citha. — 650 fr.
3653 Meules sur la falaise. — 800 fr.
3654 Souvenir d'Alger. — 500 fr.

PENOT (Eugène-Edouard), né à Pithiviers (Loiret). — 223, rue de l'Université, 7ᵉ.

3655 Le chemin de Baule. — 2.500 fr.
3656 Le village de Baulette. — 2.500 fr.
3657 L'église de Mung-sur-Loire. — 2.500 fr.
3658 La route de Villacante. — 2.500 fr.

PENZYNA (Gustave), né à Sandomir. — Pologne. — 16, rue du Saint-Gothard, 14e.

3659 Psyché en hêtre sculpté et ciré. — 3.000 fr.
3660 Table à thé sculptée et patinée, avec abat-jour. — 600 fr.

PÉRAIRE (Maurice), né à Aix-en-Provence. — 197, boulevard Saint-Germain, 7e.

3661 Fleurs (étude).
3662 Sous-bois.
3663 A Montmorency.
3664 Primevères.

PERCEVAULT (Louis), né à Paris. — 12, avenue de Châtillon, 14e.

3665 Vieux moulin. — 250 fr.
3666 Chaumière à Givouard. — 250 fr.
3667 Chemin-creux (Igny). — 200 fr.
3668 Etude. — 200 fr.

PERDRIAT (Hélène), née à la Rochelle (Charente-Inférieure). — 8, impasse Ronsin, 15e.

3669 Mes amies. — 3.000 fr.
3670 La biche au bois. — 2.500 fr.
3671 Jeune fille. — 1.500 fr.

PÉRILLARD (Jules-Louis), né à Lausanne. — Suisse. — 7, rue de Lancry, 10e.

3672 Entrée de la maison rouge. — 450 fr.
3673 Village d'Egly. — 450 fr.
3674 Peinture. — 550 fr.

PERINCIOLI (Etienne), né à Doccio. — Suisse. — 5, Jennerweg, à Berne.

3675 Singe philosophe (marbre). — 800 fr.
3676 L'Italienne (marbre). — 700 fr.
3677 Recueillement (onyx). — 600 fr.

PÉRINET (Louis), né à Poissy (S.-et-O.). — 33, rue des Ecoles, à Villeneuve-Saint-Georges (S.-et-O.).

3677 bis a) Chapelle sur la côte bretonne. — 600 fr.
b) L'étang, clair de lune. — 500 fr.
c) Dessin. — 200 fr.

PÉRONNE (Henri-Louis), né à Paris. — 53, rue Hoche, à Pantin (Seine).

3678 La cigarette. — 1.500 fr.
3679 Les maçons. — 2.000 fr.
3680 Portrait. — 500 fr.

PERRET (Jean), né à Lyon. — 235, Faubourg-Saint-Honoré, 8e.

3681 Nu. — 3.000 fr.
3682 Portrait.
3683 Portrait.

PERRETTE (Paul-Emile), né à Clamecy (Nièvre). — 35, rue de Liège, 8e.

3684 Rue du Pavé-Saint-Lazare (Semur). — 600 fr.
3685 Paysage d'hiver. — 300 fr.
3686 Paysage d'hiver. — 300 fr.
3687 Reine-marguerite (fleurs). — 400 fr.

PERRIN-MAXENCE (Henri), né à Saint-Etienne (Loire). — 3, rue Boissonade, 14e.

3688 Paysage de la Creuse. — 1.500 fr.
3689 Fleurs. — 800 fr.
3690 Ruine de Crozant. — 2.000 fr.

PERROT (Charles-Joseph-Victor), né à Moreuil (Somme). — 13, rue de la Roquette, 11e.

3691 Faneuse picarde. — 300 fr.
3692 Coin d'étang à Blangy (Somme). — 200 fr.
3693 Dieppe, un coin du port. — 200 fr.
3694 Oranges de Nice. — 200 fr.

PERROTET (Louis-Joseph), né à Beaune (Côte-d'Or. — 10, rue Merlin, 11e.

3695 Portrait d'octogénaire.
3696 Nature morte (pommes et oranges). — 500 fr.
3697 Paysage (colonie franco-américaine de Beaubourg). — 650 fr.
3698 Paysage (angle d'un parc à Malnoue), 550 fr.

PERS (Gunnar), né à Kila. — Suédois. — 4, rue Belloni, 15e.

3699 Paysage.
3700 Paysage.

PERSON (Ch.-Henri), né à Amiens. — 48, bd des Batignolles, 17e.

3701 Marine.
3702 Paysage. — 2.110 fr.

PESKÉ (Jean). — Français. — 39, boulevard Saint-Jacques, 14e.

3703 Paysage.
3704 Fruits.

PÉTERELLE (Adolphe), né à Genève. — Français. — 11, cité Falguière, 15e.

3705 Frise « Danse ». — 2.500 fr.
3706 Baignade. — 1.500 fr.
3707 Campagne. — 1.000 fr.
3708 Ronde. — 1.200 fr.

PETIT (Paul), né à Dammarie-sur-Saulx (Meuse). — Hôtel de l'Europe, 74, avenue de Strasbourg, à Dammarie-sur-Saulx.

3709 Eglise de Dizy, près Epernay. — 350 fr.
3710 Canal de Cumières, près Epernay. — 350 fr.
3711 Allée d'arbres. — 350 fr.
3712 Portrait de femme. — Appartient à l'auteur.

PETITJEAN (Hippolyte), né à Mâcon. — 5, villa du Parc-Montsouris, 26, rue Nansouty, 14e.

3713 Baigneuse surprise. — 1.200 fr.
3714 Baigneuses. — 1.200 fr.
3715 Consolatrice. — 1.500 fr.

PETITJEAN (Marcelle), née à Paris. — 5, villa du Parc-Montsouris; 26, rue Nansouty, 14e.

3716 Femmes au bord de la mer. — 800 fr.
3717 Baigneuses. — 800 fr.

PETITJEAN-FURET (Armand), né à Paris. — 26, rue Lécluze, 17e.

Trois maquettes pour les frises fantasmagoriques.
3718 Lueurs crépusculaires (cire détrempée). — Appartient à l'auteur.
3719 Lueurs crépusculaires (cire détrempée). — 500 fr.
3720 Lueurs crépusculaires (cire détrempée). — 300 fr.

PETRILLY (Henri), né à Florence. — Italien. — 41, avenue de Paris, à Vincennes.

3721 Le Blasphème (buste plâtre). — Exécution bronze, 1.000 fr.
3722 La sorcière (buste plâtre patiné). — Exécution bronze, 1.200 fr.
3723 Chiens de berger (encadrement de 8 médaillons bronze). — 850 fr.

PHILASTRE (Noémi), née à Saïgon. — Française. — 20, rue Visconti, 6e.

3724 Nature morte. — 600 fr.

PHILLIPS (Bertha), née à New-York (U. S. A.). — Américaine. — 14, rue Visconti, 6e.

3725 Un jardin. — 400 fr.
3726 Batons Jacobs. — 250 fr.
3727 Murols. — 250 fr.

PHOCAS (Suzanne), née à Lille. — 14, rue du Regard, 6e.

3728 Peinture. — 1.800 fr.
3729 Nature morte. — 900 fr.

PIA (René), né à Margny-les-Compiègne (Oise). — 66, rue Thomas, à Marseille.

3730 Cassis n° 1. — 500 fr.
3731 Cassis n° 2. — 500 fr.
3732 Dessin. — 200 fr.

PICABIA (Francis), né à Paris. — « La maison rose », au Tremblay-sur-Mauldre (Seine-et-Oise).

3733 Optophone. — 5.000 fr.
3734 Volucelle. — 5.000 fr.
3735 Volumètre. — 5.000 fr.

PICARD (Mme Gabrielle), née à Mouriès. — 10, r. Rochechouart, 9e.

3736 Paysage. — 300 fr.
3737 Nature morte (aquarelle). — 150 fr.
3738 Fleurs (aquarelle). — 150 fr.

PICARD (Olivier-David), né à Bruxelles. — Belge. — 242, boulevard Raspail, 14e.

3739 Danseuses.

PICARD (Roger-Marie), né à Déols (Indre). — 50, rue Vavin, 6e.

3740 Fillette (paysage). — 400 fr.
3741 Maisons dans l'eau (paysage). — 400 fr.
3742 Au jardin (paysage). — 400 fr.

PICARD DU CHAMBON (René), né à Pierrefitte-sur-Loire (Allier). — 5, rue de l'Odéon, 6e.

3743 L'anneau (composition idéaliste). — 1.000 fr.
3744 Etoiles (mode primitif, ordre décoratif). — 1.000 fr.

PICART LE DOUX, né à Paris. — 13, rue Paul-Féval, 18e.

3745 La lutteuse. — 3.500 fr.
3746 Paysage. — 700 fr.
3747 Paysage. — 700 fr.

PICHON (Suzanne), née à Nancy. — La Valerette, Leysin (Suisse).

3748 Montagnes après le coucher du soleil. — 600 fr.
3749 Montagnes à l'approche du crépuscule. — 600 fr.
3750 Lac de montagnes. — 600 fr.

PICHOT (Ramon), né à Barcelone. — Espagnol. — 5, rue des Saules, 18e.

3751 Marché, Marseille. — 1.500 fr.
3752 Poissonnerie, Marseille. — 1.500 fr.
3753 Vieux port. — 1.500 fr.

PIERRET (Auguste-Pierre), né à Paris. — 42, bd. St-Germain, 5e.

3753 *bis* a) Menton, cap Martin. — 1.000 fr.
    b) Menton, cap Martin. — 600 fr.
    c) Menton, vieille rue. — 600 fr.

PIET (Fernand), né à Paris. — 35, rue Lamarck, 18e.

3754 Canal Saint-Martin, temps gris. — 500 fr.
3755 Sur la Seine à Saint-Ouen. — 700 fr.
3756 La Seine à Ivry. — 500 fr.

PILATRIE (Victor-Louis), né à la Ferté-Macé (Orne). — 11, impasse Ronsin, 15°.

3757 Figure nue. — 1.000 fr.
3758 Arums et iris (nature morte). — 500 fr.
3759 Boules de neige (nature morte). — 500 fr.
3760 Paysage maritime. — 800 fr.

PILLON (Josey), né à Cardiff (Angleterre). — Français. — 120 bis, avenue Mozart, 16°.

3760 bis a) Une barque (pastel). — 650 fr.
         b) Marine (pastel). — 500 fr.
         c) Lord Ashbourne (pastel), costume irlandais
           (appartient à l'auteur).

PINAL (Fernand), né à Bruyères-et-Montbérault (Aisne). — 3, villa Brune, 14°.

3761 Meaux, au printemps. — 1.000 fr.
3762 Les moulins de Meaux en 1919. — 1.000 fr.
3763 L'été.

PISAREVSKA-KARMI (Ida), née à Vitebsk (Russie). — Russe. — 96, avenue des Ternes, 17°.

3764 Ukrainienne. — 2.500 fr.
3765 Vieux Hollandais. — 1.000 fr.
3766 Portrait. — 1.500 fr.
3767 Tête. — 1.700 fr.

PISTCHAL (Julius), né à Odessa. — Américain. — 9, rue Campagne-Première, 14°.

3768 Portrait. — 1.500 fr.
3769 Paysage. — 1.200 fr.
3770 Paysage. — 1.200 fr.
3771 Etude. — 1.500 fr.

PIVAND (Henri-Victor), né à Paris. — Jouy-la-Fontaine, par Maurecourt (Seine-et-Oise).

3772 Nature morte. — 200 fr.
3773 Nature morte. — 200 fr.
3774 Paysage. — 100 fr.
3775 Paysage. — 100 fr.

PLANAS (Pau), né à Barcelone. — Espagnol. — 81, r. Belliard, 18e.

3776 Paysage. — 1.500 fr.

PLANQUETTE (Edmond), né à Lille. — 212 *bis*, bd Péreire, 17e.

3777 Dans le bain (appartient à l'auteur).
3778 Portrait de Mme A. (appartient à l'auteur).
3779 Miss Corliss (Girl) (appartient à l'auteur).
3780 Danseuse sous le projecteur (appartient à l'auteur).

PLANSON (André-Émile), né à la Ferté-sous-Jouarre. — La Ferté-sous-Jouarre.

3781 Quai Saint-Bernard à Paris. — 1.000 fr.
3782 Paysage. — 600 fr.
3783 Rue de village, Ile de France. — 800 fr.
3784 Bords de Marne. — 1.000 fr.

PLAT (Joseph-Eusice), né à Montrésor (Indre-et-Loire). — Saint-Amand-Montrond (Cher) ; chez M. Delorme, 14, rue de Liège, 9e.

3785 L'interdiction de séjour. — 1.000 fr.
3786 La servante japonaise. — 1.000 fr.
3787 Pierrot fait sa cour. — 500 fr.

PLAZA (Mme Marcelle), née à Blida (Algérie). — 14, rue Hégésippe-Moreau, 18e.

3788 Nature morte. — 300 fr.
3789 Nature morte. — 200 fr.
3790 Nature morte. — 300 fr.
3791 Nature morte. — 200 fr.

PLESSIS (Charlotte), née à Paris. — 22, rue de Staël, 15e.

3792 L'herbage. — 600 fr.
3793 Paysage. — 600 fr.
3794 Nature morte. — 600 fr.
3795 Etude. — 500 fr.

POINT (Maurice-Raphaël-Quentin), né à Saint-Quentin. — 90, boulevard Raspail, 6e.

3796 Jeunesse (pastel). — 1.000 fr.
3797 La Corniche, Marseille (pastel). — 500 fr.
3798 Vieux marché à Marseille (pastel). — 500 fr.

POIRIER (Paul), né à Paris. — 26, rue Pigalle, 9e.

3799 La passerelle.
3800 La Sénouire à Paulhaguet.
3801 Le moulin.
3802 La Sénouire.

POITEUX (Marie-Victorin-Augustin), né à Mailly-Raineval (Somme). — 10, rue Eugène-Varlin, 10e.

3803 Etude, Tunisie 1920. — 300 fr.
3804 Etude, Allemagne 1922. — 300 fr.
3805 Humour. — 75 fr.
3806 Humour. — 75 fr.

POLAKIEWICZ (Brouislawa), né à Dublany (Pologne). — Polonais. — Lipowa 13, à Grudziadz (Pologne).

3807 Sujets d'art décoratif.

POLAKIEWICZ (Isabelle), née à Dublany (Pologne). — Polonaise. — 144 *bis*, boulevard du Montparnasse, 14e.

3808 Portrait de Mme G. V. L.
3809 Portrait de l'artiste.
3810 Etude.

POMMIES (Albert-Jacques), né à Bordeaux. — 21, rue d'Arcole, 6e.

3811 Fleurs. — 350 fr.
3812 Portrait (appartient à l'auteur).
3813 Fleurs. — 250 fr.

PONCELET (Eugène-André), né à Paris. — 40, r. des Apennins, 17e.

3814 Paysage, Moscou. — 500 fr.
3815 Paysage, Strasbourg. — 400 fr.
3816 Paysage, environs d'Argentan. — 400 fr.
3817 Paysage, St-Raphaël. — 300 fr.

PONSART (Mlle Marthe), née à Saint-Denis (Seine). — 20, boulevard Cotte, à Enghien-les-Bains (Seine-et-Oise).

3818 Etude. — 400 fr.
3819 Vieille femme. — 700 fr.
3820 Type espagnol. — 500 fr.

PONTOY (Henry-Jean), né à Reims. — 46, rue La Bruyère, 9°.

3821 Baigneuse. — 550 fr.
3822 Baigneuse. — 550 fr.
3823 Pudeur. — 1.800 fr.

POPINEAU (François-Emile), né à Saint-Amand (Cher). — 52, rue Lhomond, 5°.

3824 Portrait de Mme F. — 6.000 fr.

POPINEAU (Louis-Joseph-Marie), né à Montauban. — 8, rue de la Glacière, 13°.

3825 Les bouleaux sur les rochers. — 600 fr.
3826 Les cygnes. — 1.800 fr.
3827 L'étang. — 1.000 fr.

PORNIN (Louis-Joseph), né à la Ferté-sous-Jouarre (Seine-et-Marne). — 45 *bis*, rue Guersant, 17°.

3828 Vieilles maisons à Yvoire (Haute-Savoie). — 300 fr.
3829 Le lac Léman à Yvoire (Haute-Savoie). — 300 fr.
3830 Paysage aux environs de Genève. — 200 fr.
3831 Paysage à Saint-Cast (Côtes-du-Nord) (aquarelle). — 100 fr.

PORTAL (Emile), né à Marseille. — 103, rue de Ménilmontant, 20°.

3832 Bord de Seine à la Frette. — 1.000 fr.
3833 La neige à Ménilmontant. — 400 fr.
3834 Route d'Argenteuil, la Frette. — 300 fr.
3835 Plâtrière à la Frette. — 300 fr.

PORTAL (Henry), né à Paris. — 24, rue Eugène-Millon, 15°.

3836 Intérieur. — 2.000 fr.

PORTEU (Gontran), né à Rennes (Ille-et-Vilaine). — Ker Madelon, à Marseille-Saint-Julien.

3837 Au jardin public. — 900 fr.
3838 Paysage. — 800 fr.
3839 Paysage. — 800 fr.

POSSELT (Manien)), né à Varsovie. — Anglais. — 4º, rue du Lac, à Bruxelles.

3840 Nature morte. — 300 fr.
3841 Nature morte. — 300 fr.
3842 Nature morte. — 200 fr.
3843 Nature morte. — 200 fr.

POTTIER (René-Eugène), né à Beaugency. — 60, r. de Rennes, 6º.

3844 Notre-Dame de la Mer, projet de vitrail. — 600 fr. (sans le cadre).
3845 L'église de Ploaré (Finistère). — 1.200 fr.
3846 Douarnenez, église Sainte-Hélène. — 700 fr.

POUVILLON (Mlle Andrée), née à Albi (Tarn). — 3, rue Pouvillon, à Montauban.

3846 *bis* *a*) La cheminée blanche. — 250 fr.
b) L'escalier de la Cassignole. — 350 fr.
c) Intérieur. — 250 fr.
d) La Cassignole. — 200 fr.

PRADEAU (Jeanne), née à Lhommaizé (Vienne). — 53, avenue Montaigne, 8º.

3847 Couvre-lit ou grande nappe, Milan, Venise et fils tirés (vitrine). — 18.000 fr.

PRAT (Mme Valentine), née à Bône (Algérie). — 35, r. Rousselet, 7º.

3849 La famille. — 1.000 fr.
3850 Paysage. — 400 fr.

PRÉVAL (André), né à Paris. — 6, rue Aumont-Thiéville, 17º.

3851 Pâturage. — 2.000 fr.
3852 La récolte. — 700 fr.
3853 Vaches. — 600 fr.

PRÉVILLE (Andrée), née à Paris. — 5, rue José-Maria-de-Hérédia, 7º.

3854 Courtisanes noires. — 850 fr.
3855 Fleurs dans un vase Persan. — 350 fr.
3856 Fleurs dans un vase de Chine. — 350 fr.
3857 Mauresques au marabout. — 700 fr.

PRODHON (Émile-Auguste), né à Paris. — 25, rue des Vinaigriers, 10°.

3858 Bords de la Marne à Mary-sur-Marne. — 900 fr.
3859 Le vieux moulin (Yonne). — 400 fr.
3860 Soleil et Dahlias (étude). — 250 fr.
3861 Fillette au lampion. — 250 fr.

PROST (Gaston), né à Paris. — 62, rue de Rennes, 6°.

3862 Le matin à Villeneuve-l'Étang. — 750 fr.
3863 Paysage aux environs de Montpellier. — 300 fr.
3864 Corbeille de raisins. — 300 fr.

PROVENDIER (Renée), née à Brive. — Villa « les Chardons », à Triel-sur-Seine.

3865 Le Gave aux environs d'Orthez.
3866 Dans la vallée d'Oust (Ariège).

PROVOST (Robert), né à Paris. — 7, cité Riverin, 10°.

3867 Banlieue. — 300 fr.
3868 Les villas. — 500 fr.
3869 Banlieue. — 300 fr.
3870 Étude. — 400 fr.

PRUNIER (Marcel), né à Paris. — 75, rue Jules-Lecesne, au Havre (Seine-Inférieure).

3871 Dieppe, la plage. — 500 fr.
3872 Paris, la Seine et le Pont-Neuf. — 500 fr.
3873 Paris, le Pont-Neuf. — 500 fr.

PUGET (Louis du), né à Cracovie (Pologne). — Polonais. — 7, rue de Bagneux, 6°.

3874 Fillette. — 800 fr.
3875 Portrait.
3876 Paysanneries polonaises (stucolithe polichromée, édition limitée, 36 ex.). — 150 fr. la statuette.

PUY (Jean), né à Roanne. — 128 *bis*, boulevard de Clichy.

3877 Portrait (appartient à M. Vollard).
3878 Paysage (appartient à M. Vollard).
3879 Étude (appartient à M. Vollard).

PY (Yves-Bertrand), né à Belfort. — 3 bis, rue des Beaux-Arts, 6°.

3880 Vue de Bretagne.
3881 Portrait.
3882 Etude.

QUELVÉE (François-Albert), né à Evreux. — 9, rue Falguière, 15°.

3883 Peinture. — 1.200 fr.
3884 Peinture. — 2.600 fr.

QUENNEVILLE (Chantal), née à Criquebeuf-sur-Seine (Eure). — Park-House Maitland Park R. D. London N. W. 3.

3885 Portrait du musicien F. Turner (appartient à M. J. Turner).
3886 Nature morte. — 700 fr.
3887 Paysage. — 500 fr.

QUENTIN MILLE (Marthe), née à Reims (Marne). — 62, boulevard Barbès, 18°.

3888 Joueuse de tennis. — 1.000 fr.
3889 Nu, l'attente. — 800 fr.
3890 Nature morte. — 500 fr.
3891 Nu, femme couchée. — 500 fr.

QUESNEL (Robert-Cam), né à Paris. — 278, bd Raspail, 14°.

3892 Partie de pêche.
3893 Etude.
3894 Etude.

QUEYLAR (Jean de), né à Marseille. — 2, rue César-Franck, à Marseille.

3895 Etang de Caronte (B.-du-R.). — 5.000 fr.
3896 Bois de Cuges (Var). — 6.000 fr.
3897 Château des Baumelles à St-Cyr (Var). — 6.000 fr.
3898 Cottage à la colline Périer, Marseille. — 5.000 fr.

QUILLIEN (Paule), née à Paris. — 20, rue Chauvelot, à Malakoff.

3899 Etude. — 500 fr.
3900 Portrait (appartient à M. B.).
3901 Nature morte. — 500 fr.

QUINTON (Edmond), né à Saint-Maur (Seine). — 5 *bis*, avenue
Charles-Floquet, au Parc Saint-Maur.

    3902 Effet de neige sur la Marne. — 800 fr.
    3903 Compolibat (Aveyron). — 500 fr.
    3904 Voiture de paille. — 1.000 fr.
    3905 La Seine quai de l'Hôtel-de-Ville. — 650 fr.

QUIZET (Léon-Alphonse), né à Paris. — 20, villa Félix-Faure, 19e.

    3906 Paysage de Belleville. — 1.200 fr.
    3907 Paysage de Belleville. — 1.200 fr.

RABOIN (Daniel), né à la Tronche (Isère). — 20, rue du Four, 6e.

    3908 Soleil couchant aux Martigues. — 400 fr.
    3909 Barques sur le lac de Genève. — 400 fr.
    3910 Village de St-Maximin (Isère). — 400 fr.
    3911 Parc de St-Cloud. — 200 fr.

RAGONNEAUX (Frédéric), né à Bordeaux. — 14, cité Falguière, 15e.

    3912 Portrait de Mme B. (appartient à Mme B.).
    3913 Vers le Trocadéro. — 950 fr.
    3914 La Seine à Passy. — 800 fr.

RAINGO-PELOUSE (Germain-Franck), né à Paris. — 22, rue
d'Assas, 6e.

    3915 Paysage. — 500 fr.
    3916 Paysage. — 500 fr.
    3917 Paysage. — 500 fr.
    3918 Paysage. — 500 fr.

RALLI (Alexandre), né à Paris. — 177, bd Malesherbes, 17e.

    3919 Baigneuse. — 2.000 fr.
    3920 Nature morte. — 1.000 fr.
    3921 Paysage. — 600 fr.

RAMEAU (Maurice), né à Paris. — 20, avenue du Bois-de-Boulogne, à Clamart (Seine).

    3922 Objets anciens (nature morte). — 1.000 fr.
    3923 Femme au jardin (nu). — 2.000 fr.
    3924 Paysage de Touraine. — 800 fr.
    3925 Paysage d'Automne à Clamart. — 500 fr.

RAMEY (Henry-Louis-Gaston), né à la Fère (Aisne). — 6, rue Desaix, 15e.

3926 Nue sur la terrasse. — 1.000 fr.
3927 Nature morte. — 1.000 fr.

RAMOND (Paul), né à Toulouse. — 3, place Intérieure-Saint-Michel, à Toulouse.

3928 Paysage d'automne (Pyrénées-Orient.). — 1.000 fr.
3929 Etude du Canigou (Pyrénées-Orient.). — 1.000 fr.
3930 Cerisiers fleuris (Pyrénées-Orientales). — 1.000 fr.
3931 Meules en Lauraguais (Haute-Garonne). — 1.000 fr.

RAPP (Charles), né à Brunoy. — 94, avenue de Neuilly, à Neuilly-sur-Seine.

3931 bis a) Madelon, marchande de coquillages à Marseille. — 1.500 fr.
b) Paysage. — 500 fr.
c) Paysage. — 500 fr.

RASETTI (Alice), née à Paris. — 6, rue Choron, 9e
En vitrine : 4 poupées.

3932 A Belleville. — 20 fr.
3933 Aux Champs-Elysées. — 20 fr.
3934 Avant le ballet. — 20 fr.
3935 La rue. — 20 fr.

RAVACLEY (Marie-Agnus), née à Paris. — 9, rue Pergolèse, 16e.

3936 Marine. — 200 fr.
3937 Serres fleuries. — 200 fr.
3938 Jeune fille charentaise. — 200 fr.

RAYMOND (Charles), né à Paris. — 7, rue du Bouloi, 1er.

3939 Portrait de M. G. R. (appartient à M. G. R.).
3940 Femme au tambourin. — 400 fr.
3941 Sieste. — 300 fr.
3942 Piolenc (Vaucluse), fontaine. — 300 fr.

REBEL (Félix-Gabriel), né à Paris. — 6, rue Aumont-Thiéville, 17e.

3943 La mer au Croisic. — 400 fr.
3944 Maisons à Piriac. — 600 fr.
3945 Le lac de Joux (Suisse). — 400 fr.

REBOUSSIN (Roger-André-Fernand), né à Sargé (Loir-et-Cher). —
9, rue Bochart-de-Saron, 9ᵉ.

3946 Loups en marche.

REGNIAULT (Mᵐᵉ Marguerite-Henri), née à l'Ile-Bouchard (Indre-
et-Loire). — 10, avenue de l'Opéra, 1ᵉʳ.

3947 Canal à Venise (dessin). — 150 fr.
3948 Rue à Villefranche (aquarelle). — 150 fr.
3949 La maison rose, Venise (dessin rehaussé).— 250 fr.

REGO MONTEIRO (Vicente de), né à Recife (Brésil). — Brésilien. — 17, rue Gros, 16ᵉ.

3950 Fin de combat. — 15.000 fr.
3951 Portrait de Mˡˡᵉ L.
3952 Portrait de l'architecte Alberto Calvacanti.
3953 Portraits des sculpteurs Joël et Jan Martel.

REIMANS (Richard), né à Maëstricht (Hollande). — Hollandais.
— 65, boulevard Arago, 13ᵉ.

3954 Le petit berger. — 800 fr.
3955 L'espiègle. — 1.000 fr.
3956 Roses et œillets. — 500 fr.

REMION (Denise), née à Paris. — 1, rue des Saints-Pères, 6ᵉ.

3957 Nature morte. — 400 fr.
3958 Nature morte. — 400 fr.

RÉMY (Alfred-Louis), né à Sèvres (Seine-et-Oise). — 63, Grande-
Rue, à Sèvres (Seine-et-Oise).

3959 Nature morte. — 800 fr.
3960 Nature morte. — 400 fr.
3961 Le printemps à Ville-d'Avray. — 500 fr.
3962 La Couturière. — 500 fr.

RENAUD (Anne-Marie-Madeleine), née à Laon. — 104, rue Denis-
Papin, à Colombes.

3963 Fleurs. — 175 fr.
3964 Fleurs. — 150 fr.
3965 Fleurs. — 150 fr.

RENAUD (Yvon-Jean-Charles-René), né à Argenton-sur-Creuse (Indre). — 6, boulevard du Colombier, à Rennes (Ille-et-Vilaine).

3966 La bolée bretonne (nature morte). — 500 fr.
3967 Nature morte. — 500 fr.
3968 Nature morte. — 500 fr.
3969 Champ de navette en fleurs. — 150 fr.

RENDON (Manuel-Antonio), né à Paris. — Équatorien. — 117, rue Notre-Dame-des-Champs, 6e.

3970 Portrait. — 1.000 fr.
3971 Nature morte. — 800 fr.
3972 Nature morte. — 500 fr.

RENEFER (Raymond), né à Bétheny (Marne). — 38, rue de Moscou, 8e.

3973 Quai Bourbon. — 1.000 fr.
3974 Pont de Grenelle. — 1.000 fr.
3975 Neige, canal Saint-Martin. — 1.000 fr.

RENÉ-JUSTE (J.-C.), né à Paris. — 95, rue de Seine, 6e.

3976 La rue du Prieuré, pluie. — 1.000 fr.
3977 Neige à Saint-Pierre. — 600 fr.
3978 Le vieux château. — 1.000 fr.

RENNESSON (André), né à Sedan (Ardennes). — 16, rue Furtado-Heine, 14e.

3979 Matin à Saint-Marc. — 800 fr.
3980 Soir d'hiver. — 500 fr.
3981 L'étang. — 1.200 fr.

RENOT (Louis-Marcel), né à Paris. — 62, rue de Seine, 6e.

3982 Nus dans un paysage. — 600 fr.
3983 Nature morte. — 600 fr.
3984 Paysage. — 600 fr.
3985 Portrait de M. R. (appartient à l'auteur).

RENOUF (Pierre), né à Englesqueville-la-Percée (Calvados). — 11, rue de Toulouse, à Rambouillet (Seine-et-Oise).

3986 L'antichambre, château de Rambouillet. — 400 fr.
3987 Salle à manger, château de Rambouillet. — 400 fr.
3988 Jeune fille cousant. — 400 fr.

RESPAUD (Baptiste), né au Mas-d'Azil (Ariège) — 31, avenue de la Motte-Picquet, 7°.

3989 Ma chasse, gibier. — 285 fr.
3990 Nature morte, gibier d'eau. — 285 fr.
3991 Double plaisir, spirituel, sensuel. — 375 fr.

RÉTIF (Maurice), né à Sancoins (Cher). — 32, rue de l'Orne, 15°.

3992 Sur la plage. — 3.000 fr.
3993 Portrait de ma mère.
3994 Portrait de jeune femme. — 1.200 fr.

REYMOND (Carlos), né à Paris. — 7, rue Daru, 8°.

3995 Cirque. — 5.000 fr.

REYMOND (Casimir), né à Vaulion. — Suisse. — 14, boulevard Edgar-Quinet, 14°.

3996 Le marché. — 5.000 fr.

REYMOND (Nanette), née à Monaco (Principauté de). — Maison des Étudiantes, 76, rue d'Assas, 6°.

3997 Printemps. — 400 fr.
3998 La mare du café. — 350 fr.
3999 Étude (appartient à l'auteur).
4000 Parc. — 200 fr.

REYMOND-DE-BROUTELLES (Maurice), né à Genève. — Français. — 26, rue Vavin, 6°.

4001 Dans les fleurs. — 300 fr.
4002 Au bord de l'eau. — 400 fr.
4003 Dans l'attente. — 400 fr.
4004 Repos. — 600 fr.

REYNAUD-WAGMEESTER, né à Paris. — 68, rue du Château, à Boulogne-sur-Seine.

4005 Bois Lurette. — 200 fr.
4006 Poursuite. — 60 fr.
4007 Récréation. — 50 fr.
4008 Seulette. — 60 fr.

RIBEAUCOURT (Jules), né à Maubeuge (Nord). — 5, rue Nobel, 18e.

4009 Pont à Semur. — 1.200 fr.
4010 Une rue à Semur. — 1.000 fr.
4011 Quai à Semur. — 1.000 fr.

RICHARD (Jules-Gédéon), né à Paris. — 64, rue Rambuteau, 3e.

4012 Piles d'un vieux pont au confluent de la Gargilesse (Creuse). — 500 fr.
4013 Les ruines de Crozant (Creuse). — 600 fr.
4014 La plaine après la pluie. — 800 fr.
4015 Sainfoin et sauve en fleurs, vallée du Morbras. — 800 fr.

RIEMAECKER (Carl de), né à Schaerbeek-Bruxelles. — Belge. — 12, rue Brancas, à Sèvres (S.-et-O.).

4016 Paysage. — 900 fr.
4017 Intérieur. — 900 fr.
4018 Paysage. — 900 fr.

RIEUF (Elise), née à Massiac (Cantal). — 44, avenue La Bourdonnais, 7e.

4019 Le lac à Evian. — 200 fr.
4020 Le lac à Genève. — 200 fr.
4021 Etude de tête. — 250 fr.

RIJ-ROUSSEAU (Jeanne), née à Condé (Maine-et-Loire). — 86, rue N.-D.-des-Champs, 6e.

4022 Le lecteur. — 600 fr.
4023 Paysage. — 600 fr.
4024 Paysage. — 300 fr.

RIMBERT (René), né à Paris. — 15, rue Pierre-Leroux, 7e.

4025 Nature morte à l'alcarazas. — 1.000 fr.
4026 Petite nature morte. — 500 fr.
4027 Paysage. — 700 fr.

RINGIER (Charles), né à Fribourg. — Suisse. — 11 bis, rue Jules Chaplain, 6e.

4028 Au café. — 300 fr.
4029 Paysage. — 300 fr.
4030 Nu (gravure sur bois). — 40 fr.
4031 Chasse au lièvre, coussin brodé (appart. à l'auteur).

RIOUX (Henri-Ernest), né à Bois-Colombes (Seine). — 32, rue Gabrielle, 18e.

4032 Paysage.

RIVERTZ (Mlle Kristine), née à Christiania. — Norvégienne. — Hôtel Namur, 39, rue Delambre, 14e.

4033 Paysage.
4034 Etude de portrait.
4035 Nature morte.

RIVES (Georges), né à Paris. — 16, rue du Colonel-Gillon, à Montrouge (Seine).

4036 Le père Edouard (appartient à l'auteur).
4037 Village de Lesquivinec. — 250 fr.

RIVIÈRE (Pierre-Rémond), né à Lhoumeau (Charente-Inférieure). — 41, rue Guersant, 17e.

4038 Le goûter (appartient à Mme R.).
4039 Le cimetière. — 600 fr.
4040 Le lever (appartient à l'auteur).

ROBERT (Claude), né à Bruxelles. — Belge. — 62, boulevard de Clichy, 18e.

4041 Convalescence (appartient à l'auteur).
4042 Portrait (appartient à l'auteur).
4043 Toits (appartient à l'auteur).

ROBERT-FÉLIX (Emile), né à Saint-Denis. — 35, rue Tournefort 5e.

4044 Figures. — 500 fr.
4045 Etude. — 500 fr.
4046 Paysage. — 500 fr.

ROBERTY (André), né à Paris. — 59, rue Caulaincourt, 18e.

4047 Marine. — 1.500 fr.
4048 Paysage. — 1.500 fr.
4049 Paysage. — 1.500 fr.

ROBINSON (Alexandre), né aux États-Unis. — Américain. — 235, faubourg Saint-Honoré, 8e.

    4050 Peinture.
    4051 Nature morte.
    4052 Peinture.

ROBLIN (Jules-Marie-Joseph), né à Paris. — 1, rue du Bois-de-Boulogne, à Neuilly-sur-Seine.

    4053 Marché. — 1.250 fr.
    4054 Nature morte. — 750 fr.
    4055 Portrait. — 750 fr.

ROBY (Robert-Henri), né à Nemours (S.-et-M.). — 179, rue Saint-Martin, 3e.

    4056 Le Pont-Neuf. — 300 fr.
    4057 Matinée. — 250 fr.
    4058 Le lac. — 300 fr.
    4059 Villefranche-sur-Mer. — 250 fr.

ROCHAT (Charles), né à Lausanne. — Suisse. — 18, rue de Saint-Simon, 7e.

    4060 Nature morte. — 500 fr.
    4061 Provence. — 450 fr.
    4062 Provence. — 350 fr.
    4063 Provence. — 350 fr.

ROCHE (Juliette), née à Paris. — 15, boulevard Lannes, 16e.

    4064 Portrait.
    4065 Paysage. — 600 fr.
    4066 Paysage. — 600 fr.
    4067 Nature morte. — 600 fr.

ROCHE (Marcel), né à Paris. — 2, rue de Rocroy, 10e.

    4068 Idylle (appartient à M. Jep).
    4069 Nature morte. — 1.200 fr.

ROCKLINE (Véra), née à Moscou. — Russe. — 12, rue de Bucarest, 8e.

    4070 Portrait. — 1.200 fr.
    4071 Etude. — 1.000 fr.
    4072 Nu. — 1.000 fr.

ROIMBIS (Christodoulos), né à Corfou (Grèce). — Hellène. —
77, rue Boileau, 16°.

4073 Paysan. — 900 fr.
4074 Pont-Neuf. — 800 fr.
4075 Fleurs. — 450 fr.

ROLAND-MANUEL (Suzanne), née à Eu (Seine-Inf.). — 42, rue
de Bourgogne, 7°.

4075 *bis* Une vitrine : neuf poupées. — 150 fr. chaque.

ROMAN (Jean), né à Ekaterinoslaf. — Russe. — 229, boulevard
Raspail, 14°.

4076 Lac d'Aiguebelette (Savoie). — 600 fr.
4077 Le Noyau (Savoie). — 600 fr.
4078 Montagne du Fer-à-Cheval (Hte-Savoie). — 600 fr.
4079 Chambon-sur-Lac (Auvergne). — 600 fr.

ROMANET (Ernest), né à Paris. — 10, rue Gonnet, 11°.

4080 Eglise de Brie-Comte-Robert. — 1.200 fr.
4081 Effet de soleil, Chennevières. — 800 fr.
4082 Les dahlias. — 800 fr.

ROMPAPA (Coula), né à Cozani (Grèce). — Hellène. — 117, boul.
du Montparnasse, 6°.

4083 Salomé. — 2.500 fr.
4084 Portrait de Mlle L. (appartient à Mme L.).
4085 Portrait. — 800 fr.

ROOSVAL (Ellen), née à Stockholm. — Suédoise. — Stockolm.

4086 L'égoïsme (bronze).
4087 La Résurrection (bronze).
4088 Christ triomphant du mal (bronze).

ROQUE (Jean), né à Marseille. — 59, avenue de Saxe, 7°.

4089 Nature morte (appartient à M. Jean de Queylar).
4090 Marine (appartient à M. Buldy).
4091 Intérieur. — 2.500 fr.

ROSSI (Joseph), né à Plaisance. — Italien. — Villeparisis (S.-et-M.)

4092 Le labour. — 500 fr.
4093 Dernier rayon. — 1.000 fr.
4094 Peinture. — 500 fr.

ROSTAN (Charles), né à Antibes (Alpes-Maritimes). 61 *bis*, avenue Mozart, 16e.

4095 Paysage, l'écluse. — 500 fr.
4096 Paysage, église Saint-Pierre. — 500 fr.
4097 Figure, Suzanne (appartient à l'auteur).
4098 Vue de la plage à Onival (appartient à l'auteur).

ROTHSCHILD (Mariette), née au Parc-Saint-Maur. — 46, avenue Niel, 17e.

4099 Nature morte. — 450 fr.
4100 Nature morte. — 350 fr.
4101 Bords de la Seine. — 250 fr.
4102 Rue à Montmartre. — 200 fr.

ROUAN (Adolphe), né à Foix (Ariège). — Rue Delcassé, à Foix.

4103 Tours de Foix (appartient à M. Fabègue).

ROUART (Ernest-Henri), né à Paris. — 40, rue de Villejust, 16e.

4104 Bacchante. — 3.000 fr.

ROUBAUD (Noële), née à Marseille. — 43, rue Nollet, 17e.

4105 Cortège. — 1.200 fr.
4106 Etude. — 600 fr.
4107 Etude. — 300 fr.

ROUBEN, né à Koutaïs (Caucase). — Arménien. — 17, rue Malebranche, 5e.

4108 Etude (Bretagne). — 500 fr.
4109 Le lac suisse de Rothéneuf. — 1.500 fr.
4110 Au jardin de Luxembourg. — 600 fr.
4111 Mouvement de voitures (aquarelle gouachée). — 750 fr.

ROUBILLOTTE, né à Paris. — 8, rue André-del-Sarte, 18°.

4112 Sculpture (plâtre), épreuve unique réservée par l'auteur, exécutée en roche dure de Villette. — 2.300 fr.

4113 Sculpture (plâtre), épreuve unique réservée par l'auteur, exécutée en cire perdue. — 3.000 fr.

4114 Sculpture (plâtre), épreuve unique réservée par l'auteur, en roche dure n° 4. — 1.500 fr.

4115 Sculpture (maquette). Apprends et souviens-toi (appartient à l'auteur).

ROUQUAYROL (Georges), né à Villefranche (Rhône). — 36 ter rue de la Tour-d'Auvergne, 9°.

4116 Figure. — 2.400 fr.

4117 Figure. — 1.000 fr.

4118 Figure. — 1.000 fr.

ROUQUET (Auguste-Louis), né à Carcassonne. — 159, rue de Flandre, 19°.

4119 Composition décorative (appartient à l'auteur).

4120 Portrait (appartient à l'auteur).

4121 Paysage. — 300 fr.

4122 Paysage. — 300 fr.

ROURE (Auguste), né à Avignon (Vaucluse). — 3, rue du Petit-Paradis, à Avignon.

4123 Marine en Provence. — 2.000 fr.

4124 Paysage de Provence. — 2.000 fr.

4125 Paysage en Languedoc. — 2.000 fr.

ROUSSEAUX (Mlle Lucienne), née à Paris. — 35, rue du Coteau, à Athis-Mons (S.-et-O.).

4126 Portrait de M. J. P. (appartient à l'auteur).

4127 Danses des Saklakoff. — 700 fr.

4128 Danses des Saklakoff. — 700 fr.

ROUSSELET (Etienne), né à Paris. — 275, Promenade des Anglais, à Nice (Alpes-Maritimes).

4129 Le lierre. — 400 fr.

4130 Nymphe. — 400 fr.

4131 Rêverie de jeune fille. — 400 fr.

4132 Les roches. — 400 fr.

ROUVEAU (Antoinette), née à Paris. — Établissements de Saint-Rémy, par Faverney (Haute-Saône).

4133 Sur la grève. — 650 fr.
4134 Nature morte, pommes. — 450 fr.
4135 Entrée du petit port de Dahouët. — 650 fr.
4136 Nature morte. — 350 fr.

ROUX (Alfred), né à Vichy (Allier). — 14, rue Roovère, à Vichy.

4137 Vallée de la Sioule (appartient à l'auteur).
4138 Matinée de décembre à Beaulieu (A.-M.) (appartient à l'auteur).

ROUX (Auguste), né à Marseille. — 66, rue Lamarck, 18e.

4139 Nature morte. — 3.000 fr.
4140 Ker-le-Bourdiec, Quiberon (appartient à l'auteur).
4141 Port-Haliguen, Quiberon (appartient à l'auteur).
4142 Pointe du Goviro, Quiberon (appart. à l'auteur).

ROUX-CHAMPION (Victor-Joseph), né à Chaumont (Hte-Marne). — 35, rue de Turenne, 3e.

4143 Aquarelle. — 400 fr.
4144 Aquarelle. — 450 fr.
4145 Notre-Dame de Paris (aquarelle). — 300 fr.

RUA (Madeleine), née à Paris. — 47, rue de Rivoli.

4146 Nu. — 700 fr.
4147 Nature morte. — 300 fr.

RUNSER (Alfred), né à Mulhouse. — Gruchet-le-Valane (S.-Inf).

4148 L'homme au chien (appartient à M. L.).
4149 Autoportrait. — 5.000 fr.
4150 Portrait d'un critique (appart. à M. G. Dubosc).

RUYN DE LASCANO TEGUI (Louise), née à Laoh. — 14, rue Boissonade, 14e.

4151 Buste de Mme C.
4152 Buste de M. André Serrabine.
4153 Buste de Mme Gaugooly.

RYSS (Ida), née à Rostoff-sur-Don. — Russe. — 49, rue d'Orsel, 18e.

4154 Portrait de l'artiste (appartient à l'auteur).
4155 Peinture. — 500 fr.
4156 Peinture. — 300 fr.

RZEWUSKA (Hedwige), née à Odessa. — Polonaise. — 20, rue
Chalgrin, 16e.

4157 Etude. — 120 fr.
4158 Fête de vieillard. — 150 fr.
4159 Portrait du comte R. — 150 fr.
4160 Nu. — 200 fr.

SAB (Frédéric), né à Paris. — 19, rue des Batignolles, 17e.

4161 Nature morte. — 800 fr.
4162 Maison en Savoie. — 250 fr.
4163 Jardin au printemps. — 250 fr.

SABAROTS (Paul), né à Bardos (Basses-Pyrénées). — Maison Borde
de Luberiet, à Bardos (Basses-Pyrénées).

4164 Le fumeur d'opium. — 900 fr.
4165 En Sibérie, le carillon l'Angélus. — 700 fr.
4166 La misère et charité à l'humanité souffrante, cœur
de bergère. — 500 fr.

SABBAGH (G.-G.), né à Alexandrie. — Egyptien. — 10, rue Phili-
bert-Delorme, 17e.

4167 La naissance de Vénus.

SABRAN (Jean), né à Paris. — 165, avenue Victor-Hugo, 16e.

4168 Les laveuses. — 2.500 fr.
4169 Le vieux mendiant. — 1.500 fr.
4170 Le gros passeur. — 1.500 fr.
4171 Au cabestan. — 2.500 fr.

SACHAROFF (Mme Olga), née à Tiflis (Caucase). — Russe. —
55, rue du Montparnasse, 14e.

4172 Composition. — 3.000 fr.
4173 Composition. — 2.000 fr.

SAINT-CLAIR (Antoine), né à St-Julien (Hte-Savoie). — 52, boul. Malesherbes, 8°.

4174 L'Oise au pont de Mériel. — 1.200 fr.
4175 Coin de parc à Stors. — 900 fr.
4176 Paysage en Sicile. — 800 fr.

SAINT-CYR (Jeannine de), née à Paris. — 3, rue du Vieux-Colombier, 6°.

4177 Peinture. — 200 fr.
4178 Dessin. — 50 fr.
4179 Dessin. — 50 fr.

SAINT-DELIS (René de), né à St-Omer. — 27, route du Havre, à Etretat (S. Inf.).

4180 Coupe de fruits. — 200 fr.
4181 Coin de jardin. — 350 fr.
4182 Paysage près Etretat. — 300 fr.
4183 Le débarras. — 350 fr.

SAINT-PAUL (Jean), né à Paris. — 24, avenue Trudaine, 9°.

4184 Portrait (appartient à l'auteur).
4185 Sur les boulevards. — 800 fr.
4186 Nature morte. — 400 fr.

SALOMON (Jean-Jacques-Georges), né à Bordeaux. — 9, rue du Val-de-Grâce, 5°.

4187 Portrait de M. J. S. (appartient à M. J. S.).
4188 Portrait d'un violoniste (appartient à l'auteur).
4189 Etude. — 1.000 fr.

SANTAGOSTINI (Maurice), né à Paris. — 2, rue Asseline.

4190 Marine (aquarelle) (appartient à l'auteur).
4191 Paysage (aquarelle) (appartient à l'auteur).
4192 Mont Saint-Michel (aquarelle). — 100 fr.

SARABEN (Julien), né au Havre. — 1, rue de l'Evêché, Soissons.

4193 La cathédrale de Soissons. — 3.500 fr.
4194 Nature morte. — 1.500 fr.
4195 Portrait (appartient à M. R. L.).
4196 La véranda. — 1.500 fr.

SARDIN (Albert-Edmond), né à Arcis-sur-Aube. — 9, rue Falguière, 15°.

4197 Prairie. — 800 fr.
4198 Dans le clos. — 1.000 fr.
4199 La vallée. — 1.000 fr.

SASSY (Stany), né à l'Ile de la Réunion. — Au Pradon. Carqueiranne (Var).

4200 Chrysanthèmes (appartient à M. S.).
4201 Roses (appartient à M. S.).
4202 Printemps dans le Var (appartient à M. S.).

SAURET (Frédéric-Alexandre-Honoré), né à Marseille. — 7, rue Papassandi; à Aix-en-Provence.

4203 Nature morte. — 200 fr.

SAUTIN (René), né à Montfort-sur-Risle. — Les Andelys (Eure).

4204 La Risle maritime. — 800 fr.
4205 La Seine aux Andelys. — 800 fr.
4206 Bord de Seine aux Andelys. — 800 fr.
4207 La Risle à Pont-Audemer. — 650 fr.

SAUVARD (Henri), né à Fontainebleau. — 9, rue de Belleville, 19°.

4208 Dans l'oasis. — 400 fr.
4209 Rue à Constantine. — 100 fr.

SAUVAYRE (Maurice), né à Paris. — Saint-sur-Morin (S.-et-M.).

4210 La cotriade des pêcheurs (Bretagne). — 800 fr.
4211 Village de l'Ile-de-France. — 500 fr.
4212 Un coin du Petit-Morin (Ile-de-France).— 400 fr.
4213 Le barrage d'Archet (Ile-de-France). — 300 fr.

SAVIGNON (Maurice), né à Boufarick (Algérie). — 39, rue de Wattignies, 12°.

4214 Les trois Parques. — 5.000 fr.
4215 Nature morte aux livres. — 1.000 fr.

SAVIN (Maurice), né à Valence (Drôme). — 6, rue Desaix, 15°.

4216 Campagne. — 1.800 fr.
4217 Peinture. — 600 fr.
4218 Peinture. — 600 fr.

SAVREUX (Maurice), né à Lille (Nord). — 82, rue de Brancas, à Sèvres (S.-et-O.).

    4219 Nature morte à la corbeille de fruits et de fleurs. — 3.000 fr.

    4220 Paysage, le pré aux chèvres, à Saint-Cloud (appartient au Dᵣ Bezançon, de Boulogne-sur-Mer).

SCHALLER-MOUILLOT (Charlotte), née à Berne. — Française. — Route de la Belle-Isnarde, à Saint-Tropez (Var).

    4221 Paysage. — 800 fr.

    4222 Paysage. — 800 fr.

    4223 Le rapide. — 500 fr.

SCHERRER (Cécile), née à Clermont-Ferrand (Puy-de-Dôme). — 4, rue Camille-Tahan, 18ᵉ.

    4224 Nu. — 1.800 fr.

    4225 Paysage. — 1.500 fr.

    4226 Tête. — 500 fr.

SCHMITT (Robert), né à Paris. — 168 *bis*, rue de la Roquette, 11ᵉ.

    4227 Bibelots. — 400 fr.

    4228 Un thé. — 400 fr.

SCHNEELI (Gustave), né à Zurich. — Suisse. — Vuippens, canton de Fribourg (Suisse).

    4229 Apollon et Daphné. — 6.000 fr.

    4230 Portrait de Mᵐᵉ H. — 4.000 fr.

    4231 La Résurrection de Lazare. — 6.000 fr.

SCHOEN (Daniel-Albert), né à Mulhouse. — 11, place de Bordeaux, à Strasbourg.

    4232 Le petit déjeuner. — 1.500 fr.

    4233 Parade. — 1.000 fr.

    4234 Le petit garçon en rouge. — 2.000 fr.

SCHOEPF (Louis), né à Grenoble. — 15, boul. des Philosophes, à Genève (Suisse).

    4235 Juin en montagne. — 300 fr.

    4236 En Valais. — 300 fr.

    4237 Bords du Leman. — 300 fr.

    4238 Premier printemps. — 300 fr.

SCHORSTEIN (Lucien de), né à Paris. — Russe. — 19, rue des Saints-Pères, 7°.

4239 Intérieur Louis XIV. — 3.500 fr.
4240 Le Pont-Neuf. — 3.500 fr.
4241 La Concorde en hiver. — 3.500 fr.

SCHREIBER (Georges-Edouard), né à Paris. — 3, r. Jules-César, 12°.

4242 Matinée au bord de l'Orge. — 2.000 fr.
4242 *bis*. Le « Mort-Ru » à Athis-Mons. — 800 fr.

SCHUGT (Raymond), né à Paris. — 13, rue Biscornet, 12°

Vitrine contenant les objets suivants :
4243 Statuette de Lloyd George. — 150 fr.
4244 Groupe (terre cuite sur socle marbre). — 800 fr.
4245 Joueur de tennis. — 100 fr.

SCHURMANN (Max-Raymond), né à Vorosmajor. — Tchéco-Slovaque. — Nitra (Slovaquie).

4246 Portrait de Mlle L.
4247 Portraits de Mlle et M. O.
4248 Portrait de M. V.

SCHWARTZ (Walter), né à Copenhague. — Danois. — Chez M. Lucien Lefebvre-Foinet, 19, rue Vavin, 6°.

4249 Le marché. — 300 fr.

SCHWARZ (Marek), né à Zgierz. — Polonais. — 18, impasse du Maine, 15°.

4250 Opus n° 1.
4251 Opus n° 2.
4252 Opus n° 3.
4253 Opus n° 4.

SEEBERGER (Jules-Jean), né à Vienne (Isère). — 13, rue Pémelon, 10°.

4254 Fille d'Eve. — 800 fr.
4255 Les Nymphéas (diptyque). — 1.000 fr.
4256 Le miroir. — 800 fr.

SEEVAGEN (Lucien), né à Chaumont. — 8, rue de la Grande-
Chaumière, 6°.

4257 La famille du peintre.
4258 Panneau décoratif. — 2.500 fr.
4259 Hortensias. — 1.600 fr.

SEGAIN (Alfred), né à Fribourg-en-Brisgau. — 12, rue du Lu-
nain, 14°.

4260 Modèle se chaussant (figure). — 2.000 fr.
4261 Le vase craquelé (nature morte). — 600 fr.
4262 Les coteaux de Champagne-sur-Oise (paysage).
— 800 fr.
4263 Le jardin du Luxembourg (paysage). — 600 fr.

SEGUIN-BERTAULT (Paul), né à Châteaurenault (Indre-et-Loire).
— 68, rue d'Assas, 6°.

1264 Le vieux moulin. — 1.000 fr.
4265 Petite maison en Touraine. — 1.000 fr.
4266 Danseuses sur le plateau (Opéra). — 3.000 fr.
4267 Le Pont Neuf. — 3.000 fr.

SELINS (Jacques), né à Paris. — 87, boul. Malesherbes, 8°.

4268 Peinture. — 1.500 fr.
4269 Gouache. — 250 fr.
4270 Peinture. — 1.500 fr.
4271 Gouache. — 500 fr.

SELMERSHEIM-DESGRANGE (Jeanne), née à Paris. — 14, rue
de l'Abbaye, 6°.

4272 Bouquet rouge. — 400 fr.
4273 Bouquet marguerites et glaïeuls. — 400 fr.
4274 Congre et homard. — 550 fr.

SÉMÉNOFF (Anna), née à Montreux (Suisse). — Française. —
92, rue de la Pompe, 16°.

4275 Michel Ange (plâtre) d'après le portrait qui est
à Florence. — 1.500 fr.
4276 Tête de femme. — 1.500 fr.
4276 bis Buste de Victor Margueritte. — 1.500 fr. pour
un buste semblable.

SENABRE (Ramon), né à Barcelone. — Espagnol. — 7, rue Belloni, 15e.

    4277 Portrait. — 500 fr.
    4278 Fruits. — 500 fr.

SENCHET (Victor), né à Toulon. — 12, rue de la Mare, 20e.

    4279 Le Mourillon. — 900 fr.
    4280 La fenêtre sur la cour. — 500 fr.
    4281 Paysage en Provence. — 400 fr.
    4282 Baie de Magaud. — 300 fr.

SERLET (Ferdinand), né à Paris. — 14 rue Borromée, 15e.

    4283 Le passage d'une caravane. — 600 fr.
    4284 Femmes au harem. — 300 fr.

SERMAISE-PÉRILLARD (Louise), née à Paris. — 7, rue de Lancry, 10e.

    4285 Nature morte. — 1.500 fr.
    4286 Paysage à Cassis. — 800 fr.
    4287 Peinture. — 500 fr.

SETTA (Georges), né à Paris. — 272, avenue Daumesnil, 12e.

    4288 Jean Jaurès à la tribune (plâtre patiné). — 150 fr.
    4289 Jules Guesde (buste plâtre). — 150 fr.
    4290 Marcel Sembat (buste plâtre). — 150 fr.

SÉVEAU (Georges), né à Poitiers (Vienne). — 91, rue de l'Amiral-
Mouchez, 13e.

    4291 Impression de Paris. — 2.000 fr.
    4292 Impression de Paris. — 2.000 fr.
    4293 Impression de Paris. — 2.000 fr.
        (Chaque peinture : 1.200 fr. ; chaque cadre (bois
          sculpté) : 800 fr.).

SHORE (Miss Bethea-E.), née à Cuttack. — Anglaise. — 38, Harrington-Gardens, à Londres S.-W. 7.

    4294 Venise, le jardin. — 500 fr.
    4295 Venise, le jardin. — 500 fr.
    4296 Venise, le jardin. — 500 fr.

SICARD-CERRINA (Marguerite), née à Lyon. — 61, rue Froidevaux, 14°.

    4297 Au Luxembourg, le matin. — 600 fr.
    4298 Avant le bain. — 500 fr.
    4299 Le bois de pruniers. — 400 fr.

SIGNAC (Paul), né à Paris. — 14, rue La Fontaine, 16°.

    4300 Venise. — 6.000 fr.
    4301 Nice (aquarelle). — 800 fr.
    4302 Port-Louis (aquarelle). — 800 fr.

SIGRIST (Edmond), né à Paris. — 25, rue Dareau, 14°.

    4303 Portrait. — 2.000 fr.
    4304 Peinture. — 3.000 fr.

SILVA BRUHNS (Ivan de), né à Paris. — Brésilien. — 3, avenue
du Château, à Neuilly-sur-Seine.

    4305 Peinture.
    4306 Peinture.

SIMA (Joseph), né à Jaromer. — Tchèque. — 14, rue Séguier, 6°.

    4307 Paysage. — 3.000 fr.
    4308 Portrait. — Appartient à M. I.-D. G...
    4309 Portrait. — Appartient à l'auteur.

SIMON (Jeanne), née à Paris. — 52, rue des Volontaires, 15°.

    4310 Nu. — 1.500 fr.
    4311 Nu. — 350 fr.
    4312 Paysage. — 400 fr.

SIMON (Marie), née à Elbeuf. — Alizay (Eure).

    4313 Paysage. — 800 fr.
    4314 Paysage. — 800 fr.
    4315 Paysage. — 800 fr.
    4316 Paysage. — 800 fr.

SIMONNET (Georges-Gaston), né à Pleurs (Marne). — 172, rue
Cardinet, 17°.

    4317 Rayons du soir (Saintonge). — 600 fr.
    4318 Près du Courant (Saintonge). — 750 fr.
    4319 Bord de ruisseau (Saintonge). — 800 fr.
    4320 Village en Saintonge. — 800 fr.

SIVADE (André), né à Nice. — 93, rue de Maubeuge, 10e.

4321 Matin à Bertaud. — 425 fr.
4322 Saint-Tropez, le clocher. — 425 fr.
4323 Saint-Tropez, cyprès. — 425 fr.
4324 Saint-Tropez, vue. — 650 fr.

SJŒSTEDT (Yvonne), née à Neuilly-sur-Seine. — 159, avenue de Malakoff, 16e.

4325 Portrait de M. Pierre Thirion.
4326 Etude de nu, couché. — 800 fr.

SKIP (D.), né à Paris. — 100, rue de Longchamp, 16e.

4327 Flirt. — 1.500 fr.
4328 La Garçonne. — 1.200 fr.
4329 Rosalinde. — 1.000 fr.

SKRYPITZINE (Oleg), né à Marseille. — 18, imp. du Maine, 15e.

4330 Lower New-York and east river. — 2.500 fr.
4331 Peinture. — 2.500 fr.
4332 Liverpool. — 300 fr.

SMETANA (Léopold), né à Tonnerre (Yonne). — 4, rue Lavoisier, à Sainte-Savine (Aube).

4333 Paysage. — 1.000 fr.
4334 Paysage. — 300 fr.
4335 Fleurs. — 300 fr.
4336 Nature morte. — 300 fr.

SMITH (Francis), né à Lisbonne (Portugal). — Portugais. — 10, rue Bleue, 9e.

4337 Portrait de Mlle W. — Appartient à M. M. N.
4338 La fenêtre ouverte (Lisbonne). — 1.000 fr.

SNOIVA (Nisiov), né à Bordeaux. — 72, boul. Excelmans, 16e.

4339 Vulcain (sculpture aluminium).

SOHEK (Louis), né à Paris. — 14, rue Saint-Lazare, 9e.

4340 Orient. — 2.000 fr.
4341 Dans les rochers. — 2.000 fr.
4342 Florence. — 600 fr.
4343 Italie. — 600 fr.

SOKOLNICKI (Nicolas), né à Kieff (Russie). — Polonais — 59, avenue de Saxe.

> **4344** *Ecce homo* (plâtre) pour l'église de l'Assomption, à Paris.
>
> **4345** Narcisse (projet de fontaine pour le Jardin de Saxe, à Varsovie).
>
> **4346** Portrait de M. S. R... (buste plâtre).

SONNEVILLE (Georges-Préveraud de), né à Nouméa (Nouvelle-Calédonie). — 23, rue du Couvent, à Bordeaux, et 17, avenue de Tourville, 7e.

> **4347** Nature morte. — 550 fr.
>
> **4348** Course de taureaux. — 650 fr.
>
> **4349** Quais de Bordeaux. — 850.
>
> **4350** Portrait.

SOSSON (Henri-Victor-Léopold), né à Paris. — 59, avenue de la Dhuys, à Bagnolet (Seine).

> **4350 bis** *a)* Souillac, les rochers. — 600 fr.
>
> *b)* Notre-Dame de Paris (l'abside). — 800 fr.
>
> *c)* Notre-Dame de Paris, vue de la place Saint-Michel. — 1.500 fr.
>
> *d)* Dans l'attente du maître. — 1.500 fr.

SOULL'ARD (Louis), né à Saint-Lô (Manche). — 16, rue Brave-Rondeau, à La Rochelle.

> **4351** Coup de vent, rade de la Rochelle. — 600 fr.
>
> **4352** Les terrasses de Méricourt, matinée (Seine-et-Oise). — 600 fr.
>
> **4353** La Rille à Pont-Audemer. — 300 fr.

SOUZOUKI (Ruytchi), né à Tokio. — Japonais. — 4, Villa d'Alésia, 14e.

> **4354** La scène du théâtre. — 3.000 fr.

STACH (Bronny), née à Pétrograd. — Polonaise. — 15, rue Jacob.

> **4355** Portrait de Stano Gai. — Appartient à M. S. G.
>
> **4356** Echappés de l'enfer.
>
> **4357** Ronde folle.

STACKPOLE (Ralph), né à Oregon (Etats-Unis). — Américain. — 50, rue Vercingétorix, 14ᵉ.

4358 Deux filles italiennes. — 400 fr.
4359 Giovanna. — 500 fr.
4360 Flora. — 400 fr.

STAHLI (Marcel), né à Paris. — 8, rue Frédérick-Lemaître, 20ᵉ.

4361 Vitrine contenant 6 objets (émaux sur verre).
    1. Vase. — 80 fr.
    2. Vase. — 80 fr.
    3. Petite coupe. — 80 fr.
    4. Petite coupe. — 80 fr.
    5. Coupe. — 100 fr.
    6. Coupe trois pieds. — 100 fr.
4362 Peinture. — 400 fr.
4363 Peinture. — 400 fr.

STAND (Emile), né à Viroflay (S.-et-O.). — 53, route Nationale, à Viroflay (S.-et-O.).

4364 La nature. — 1.500 fr.
4365 Etude d'arbres. — 1.000 fr.
4366 Les Physalis. — 2.000 fr.

STARK (Yvonne), née à Paris. — 76, rue de Richelieu, 2ᵉ.

4367 Coffret bois peint. — 100 fr.
4368 Coupe-papier peint. — 35 fr.
4369 Boite ronde. — 75 fr.
4370 Dessin soierie. — 100 fr.

STECK (Léo), né à Berne. — Suisse. — 54, rue de Seine, 6ᵉ.

4371 Les vierges folles. — 9.000 fr.
4372 S. Christophe. — 1.500 fr.

STEINHAUER (Emile), né à Athènes. — Grec. — 24, rue Steffen, à Asnières (Seine).

4373 Brouillard sur la Seine. — 1.000 fr.
4374 Paysage. — 500 fr.
4375 Quelques pommes. — Appartient à Mᵐᵉ Zecchini.

STEINMETZ (Philippe-Jacques), né à Bischwiller. — 14, rue Rampont, à Bischwiller (Bas-Rhin).

4376 Dans les champs. — 3.000 fr.
4377 Journée pluvieuse. — 2.000 fr.
4378 Journée de décembre. — 3.000 fr.
4379 Nature morte. — 2.000 fr.

STENBERG (Edvard), né à Grimsby (Angleterre). — Suédois. — 25, rue d'Ulm, 5°.

4380 Madonna (tenture peinte, art décoratif à chevalet). — 10.000 fr.
4381 L'Espagne (tenture peinte, art décoratif à chevalet).

STEPHENSON (Mary-E.), née en Angleterre. — Anglaise. — 226, boulevard Raspail, 14°.

4382 Portrait.
4383 Le Port.
4384 Nature morte.

STERN (Alice), née à Paris. — 14, rue de la Cure, 16°.

4385 Panneau décoratif. — 400 fr.
4386 Panneau décoratif. — 400 fr.
4387 Panneau décoratif. — 400 fr.

STILLER (Vic), né à Mandalay (Indes Anglaises). — Anglais. — 78, rue Lafayette, 9°.

4388 Au coin du feu. — 1.650 fr.
4389 L'Adriatique. — 800 fr.
4390 Via Santa Lucia (Napoli). — 500 fr.
4391 Après-midi dans un parc. — 800 fr.

STINCHFIELD (Estelle), née à Brownville (Colo.). — Américaine. — Foyer International des Etudiantes, 93, boul. St-Michel, 6°.

4392 Study.
4393 Study.

STIVAL (Alphonse-Jean), né à Paris. — 16-*bis*, boul. St-Jacques, 14°.

4394 Les ruines de Grimaud. — 1.500 fr.
4395 Dans les pins. — 1.500 fr.

STIYOVITCH (Risto), né à Podgoritza. — Serbe. — 11, cité Falguière, 15°.

    4396 Jeunesse (bois des Iles). — 3.000 fr.
    4397 Métropolite Kornetchanike (tête plâtre).
    4398 Tête d'expression (bois des Iles). — 1.000 fr.

STOPPELAERE (Alexandre-Marie-Jean-Baptiste), né à St-Paul-de-
Fenouillet. — 270, boul. Raspail, 14°.

    4399 Paysage.
    4400 Paysage. — 150 fr.
    4401 Paysage. — 150 fr.

STOYANOVITCH (Sreten), né à Prevedor (Bosnie). — Serbe. —
4, rue de la Grande-Chaumière, 6°.

    4402 Figure.

STROBBE (Georges), né à Marcq-en-Barœul (Nord). — 9, avenue
Moïse, à Ivry-Port.

    4403 Attelage de bœufs. — 800 fr.
    4404 Habitation dans le roc (peinture sur bois). — Ap-
          partient à l'auteur.
    4405 Vase de fleurs. — 80 fr.
    4406 Vase de fleurs. — 80 fr.

STUCKEY (Edith), née à Londres. — Anglaise. — Hôtel Haute-
Loire, 203, boul. Raspail, 14°.

    4407 An impression.
    4408 A scene.
    4409 Stell life.
    4410 Landscape.

SUE (Gabriel), né à Marseille. — Servanches, par Sainte-Aulaye
(Dordogne).

    4411 L'étang. — 1.500 fr.
    4412 Vaches à l'abreuvoir. — 1.200 fr.
    4413 Le taureau. — 900 fr.
    4414 La mare. — 900 fr.

SUIRE (Louis), né à Cognac. — 1, rue des Fonderies, La Rochelle.

    4415 Nature morte (le fauteuil). — 1.200 fr.
    4416 Nature morte (l'éventail). — 700 fr.
    4417 Paysage. — 700 fr.

SUREDA (André), né à Versailles. — 117, rue N.-D.-des-Champs, 6e.

4418 Mauresques au jardin. — 3.800 fr.
4419 Etude.
4420 Etude.

SURVAGE (Léopold), né à Wilmanstrand. — Finlandais. — 20, rue Ernest-Cresson.

4421 Panneau décoratif. — 8.000 fr.
4422 Panneau décoratif. — 10.000 fr.
4423 Paysage. — 5.000 fr.
4424 Nature morte. — 2.000 fr.

SWANZY (Miss Mary), née à Dublin. — Irlandaise. — Saint-Brendans, Codlock Co, Dublin (Irlande), et chez M. Lefebvre-Foinet, 19, rue Vavin, 6e.

4425 Plaine dans la neige. — 4.000 fr.
4426 En hiver. — 3.000 fr.
4427 Le pont. — 3.000 fr.

SYROVY (Josa), né à Prerov-sur-l'Elbe. — Tchéco-Slovaque. — 37, rue Lamarck, 18e.

4428 Portrait de Mme D...
4429 La boxe. — 900 fr.
4430 Place de la Madeleine, sous les giboulées de mars (Paris). — 1.200 fr.
4431 Les femmes de Rhodos. — 2.000 fr.

TABOURET (Eugène), né à Paris. — 33 bis, rue Lamarck, 18e.

4432 Portrait laqué, la guitariste.
4433 Montmartre, place du Tertre.

TANAKA (Yasushi), né à Saïtama (Japon). — Japonais. — 3, Villa Brune, 14e.

4434 Portrait du sculpteur Hernandez. — Appartient à l'auteur.
4435 Nu. — 3.000 fr.
4436 Nature morte. — 2.000 fr.

TANN (Alalou-Tatania), née à Bialostock. — Russe. — 3, rue de la Grande-Chaumière, 6e.

4437 Tête du peintre A. Feder. — 2.000 fr.
4438 Sculpture. — 2.000 fr.

TASSENCOURT (Maurice), né à Amiens. — 9, Villa Brune, 14°.

    4439 Le cheval gris pommelé. — 500 fr.
    4440 Mélodie pastorale. — 400 fr.
    4441 Le feu. — 300 fr.
    4442 L'arbre solitaire. — 100 fr.

TASSENCOURT-EDWARDS (Béatrice), née à Kansas-City (Etats-Unis). — 9, Villa Brune, 14°.

    4443 La bergère. — 500 fr.
    4444 Paysage. — 300 fr.
    4445 Etude. — 150 fr.

TASTEMAIN (P.-Maurice-E.), né à Caen. — 137, rue de Sèvres, 6°.

    4446 Nature morte. — 2.000 fr.
    4447 Lapin de garenne. — 800 fr.
    4448 Peinture. — 800 fr.
    4449 Peinture. — 800 fr.

TASTEMAIN (Yvonne), née à Paris. — 137, rue de Sèvres, 6°.

    4450 Nature morte. — 1.200 fr.
    4451 Nature morte. — 1.000 fr.
    4452 Paysage. — 300 fr.
    4453 Paysage. — 300 fr.

TAVERNIER (Julien-Louis), né à Paris. — 22, f. Bonaparte, 6°.

    4454 Nu. — 950 fr.
    4455 Nu. — 950 fr.
    4456 Nu. — 1.350 fr.

TÉRENCE-MARTIN (Henri), né à Verdun. — 76, rue Claude-Bernard, 5°.

    4457 Femme en blanc. — Appartient à Mme V.
    4458 Pont des Arts. — 400 fr.
    4459 Pont d'Austerlitz. — 300 fr.
    4460 Marine. — 300 fr.

TERTRAIS (Léon-René), né à Angers. — 35, rue Condorcet, à Clamart (Seine).

    4461 La rue de l'Evêché, à Angers (lavis rehaussé). — 250 fr.
    4462 La rue Pinte, à Angers (lavis rehaussé). — 200 fr.
    4463 La rue de la Prison, à Rabat (Maroc) (dessin rehaussé). — 150 fr.

TEXCIER (Jean), né à Rouen. — 4, rue Leneveux, 14e.

4464 Nu. — 700 fr.
4465 Une vue de Douarnenez. — 500 fr.
4466 Paysage. — 500 fr.

THAON D'ARNOLDI (Marie), née à Nice. — 10, rue Vavin, 6e.

4467 Etude de nu. — 2.000 fr.
4468 Etude de nu. — 1.500 fr.
4469 Portrait de la comtesse L. R... — Appartient à l'auteur.

THÉNARD (Georges-Eugène), né à Paris. — 1, rue Jean Marie Jégo, 13e.

4470 Au piano. — 800 fr.
4471 Nu. — 300 fr.
4472 Fleurs — 300 fr.
4473 Paysage. — 300 fr.

THÉVENET (Jacques), né à Montquin (Nièvre) — 4, rue Belloni, 15e.

4474 Portrait. — Appartient à l'artiste.
4475 La petite Léonie. — 900 fr.
4476 Paysage. — 900 fr.

THÉVENET (Pierre), né à Bruges. — Belge. — 12, rue Séguier, 6e.

4477 Les petites grilles. — 2.000 fr.
4478 Après la pluie. — 2.000 fr.
4479 Fleurs. — 1.500 fr.
4480 Rue montante. — 1.200 fr.

THÉVENOT (Adrien-Camille), né à Rougemont-le-Château (Haut-Rhin). — 27, rue des Saints-Pères, 6e.

4481 Portrait de l'auteur. — 6.000 fr.
4482 Portrait de M. de Lagravère (dessin au crayon). — 1.000 fr.
4483 Portrait du docteur Péraire (dessin mine de plomb). — 1.500 fr.
4484 Portrait de Mlle Prévost (dessin mine de plomb) — 1.500 fr.

THIOLLIÈRE (Raymond), né à Roanne. — 20, rue Mazarine, 6°.

4485 Gravure sur bois dans cadre. — 50 fr.
4486 Gravures sur bois dans cadre. — 50 fr. chaque épreuve.
4487 L'atelier du peintre. — 5.000 fr.
4488 Paysage. — 1.000 fr.

THOMAS (Jean-François), né à Guemené-Penfao (Loire-Inférieure). — 28, rue Pigalle, 9°.

4489 Nus. — 2.000 fr.
4490 Nus. — 2.000 fr.
4491 Groupe. — 1.000 fr.

THOMSEN (René-Charles), né à Paris. — 2, passage de Dantzig, 15°.

4492 Femme nue couchée. — 1.800 fr.
4493 Nature morte. — 1.000 fr.
4494 Tête de femme. — 650 fr.

THORNDIKE (Charles), né à Paris. — Américain. — 26, rue Friant, 14°.

4495 Chutes du Niagara (U. S. A.). — 5.000 fr.
4496 Paysage (U. S. A.). — 5.000 fr.
4497 Chutes du Niagara (U. S. A.). — 5.000 fr.

THOUNENS (Alice), née à Versailles. — 82, rue Lauriston, 16°.

4498 Le Rhin à Nierstein. — 400 fr.
4499 Cronberg (Taunus). — 500 fr.
4500 Falkenstein (Taunus). — 250 fr.
4501 Le Rhin à Oppenheim. — 200 fr.

TIRMAN (Jeanne-Henriette), née à Charleville (Ardennes). — 22, rue de l'Yvette, 16°.

4502 Etude.
4503 Etude.
4504 Etude.

TISSEIRE (Lucien-Jean-Jérôme), né à Paris. — 5, rue de Beaune, 8°.

4505 Coin de maisons aux Martigues.
4506 Pont de Tolède.
4507 Vue d'Avila.
4508 Vue d'Avila.

TIZO (Mathilde), née à Saint-Aignan (L.-et-C.). — 7, rue Parmentier, à Neuilly-sur-Seine.

4509 La dame à la rose. — Appartient à M. M. K...
4510 Au jardin. — 500 fr.
4511 Nature morte. — 200 fr.

TOLEDO-PIZA (Dominique), né à Sao-Paulo (Brésil). — Brésilien. — 117, rue N.-D. des Champs, 6°.

4512 Les ramasseurs de pommes. — 2.000 fr.
4513 Soucy. — 1.200 fr.

TOR (Arozarena de), né à Cognac (Charente). — 33, rue Greuze, 16°.

4514 Judith. — 1.000 fr.
4515 Portrait du colonel T.-C. Treadwell. — 500 fr.
4516 Portrait. — 500 fr.
4517 Portrait. — 500 fr.

TOURNIER (Joë), né à Paris. — 30, rue des Boulangers, 5°.

4518 L'hiver sur la Seine. — 4.000 fr
4519 La Seine. — 3.000 fr.
4520 Le navire blessé. — 3.000 fr.

TOZZI (Mario), né à Suna (Lac Majeur). — Italien. — 44, rue de Rennes, 6°.

4521 Nature morte (fleurs). — 900 fr.
4522 Nature morte au pot de lierre. — 1.000 fr.
4523 Nature morte et intérieur. — 1.000 fr.

TRANNOY (Gabriel), né à Arras. — 166, av. Jean-Jaurès, 19°.

4524 Vieux pont à Athis-Mons. — Appartient à M. G.
4525 Nature morte. — 250 fr.
4526 Fleurs. — 250 fr.
4527 Plaine de Pontoise, temps couvert. — 300 fr.

TRASSARD (André), né à Paris. — 54, rue de Paris, à Villeneuve-Saint-Georges (S.-et-O.).

4528 Concarneau, le passage de Lanriec (pastel). — 500 fr.
4529 Concarneau, sur la digue (pastel). — 500 fr.
4530 Concarneau, débarquement du thon (pastel). — 500 fr.
4531 Audierne, la cale de Poulgoazec (pastel). — 500 fr.

TREBILLON (Pierre-Valentin), né à Villequiers (Cher). — rue Monge.

    4532 Le chien Rob. — 200 fr.
    4533 Le ruisseau. — 150 fr.
    4534 Ruines de l'église de Saint-Rémy (Vosges), guerre de 1914. — 175 fr.
    4535 Ferme à la Chapelle-Montlinard (Berry). — 150 fr.

TRESCH (Georges-Albert), né à Delle (territoire de Belfort). — 8, montée de la Boucle, à Lyon.

    4536 Peinture. — Appartient à l'auteur.
    4537 Peinture. — 600 fr.
    4538 Peinture. — 700 fr.
    4539 Peinture. — 500 fr.

TRIBEL (Charles), né à Mulhouse. — 260, route de Versailles, à Boulogne-sur-Seine.

    4540 Église de Careil. — 875 fr.
    4541 La ruine. — 875 fr.
    4542 Vieux moulin (Guérande). — 875 fr.

TRIBOUT (Georges), né à Paris. — 5, rue Émile-Verhaeren, à St-Cloud.

    4543 Portrait de M. D...
    4544 Femme en vert.
    4545 Nu. — 500 fr.
    4546 Femme en noir. — 700 fr.

TRIPLET (Paul), né à Aubervilliers. — 14, rue de Verdun, à Asnières (Seine).

    4547 La Vierge offrant à l'humanité le corps de son fils supplicié. — Destiné à l'église de Verdun.

PROCHAIN-MÉNARD (Maurice-Pierre), né à Eu (Seine-Inférieure). — 15, rue Bernouilli, 8e.

    4549 Paysage, île Bréhat (Bretagne). — 3.500 fr.
    4550 La gare du Lioran, neige (Auvergne). — 1.500 fr.

TROGNON (Maurice), né à Paris. — 15, rue Ramus, 20e.

    4551 Paysage. — 500 fr.
    4552 Nature morte. — 500 fr.
    4553 Étude, les terrassiers. — 400 f.

TROLONG (René-Louis), né à Letteguives (Eure). — 126, rue de Tocqueville, 17e.

4554 Le Pont-Neuf. — 250 fr.
4555 Limeuil (Dordogne), porte du port. — 200 fr.
4556 Limeuil (Dordogne), porte Recluzou. — 200 fr.
4557 Limeuil (Dordogne), Grande-Place. — 200 fr.

TRUC (Alfred), né à Constantine (Algérie). — 201, boulevard Voltaire, 11e.

4558 Sous le masque. — 2.000 fr.
4559 Le chapeau aux escargots. — 500 fr.
4560 La toque de singe. — 500 fr.

TRYDE (Yohan-Frederik), né à Ronne (Danemark). — Danois. — Chez M. Pottema, 14, rue de l'Armorique, 15e.

4561 Vieil homme (Ronne, Danemark). — 600 fr.
4562 Vieille veuve de pêcheur (Kristiansa, Danemark).
— Appartient à Mme K.-M. Tryde.
4563 Jeune pêcheuse (Kristiansa, Danemark). — 1.000 fr.
4564 Femme (Kristiansa, Danemark). — 800 fr.

TULLIA (Tullia), née à Naples (Italie). — Italienne. — Hôtel Monsigny, 3, rue Monsigny, 2e.

4564 *bis* *a)* Fleurs. — 200 fr.
    b) Danseuse. — 300 fr.
    c) Marin. — 250 fr.

TURIN (André), né à Paris. — 12, rue des Pyramides, 1er.

4565 Saint-Tropez. — 3.000 fr.
4566 Saint-Tropez (aquarelle). — 300 fr.
4567 Le Pinet (aquarelle). — 300 fr.
4568 Saint-Tropez. — 1.000 fr.

TUSQUELLAS (Miguel-Léandre), né à Barcelone (Espagne). — Espagnol. — 3 bis, rue de la Mairie, à Chennevières-sur-Marne.

4569 Paysage d'Ormesson. — 1.000 fr.
4570 Lecture. — 1.500 fr.
4571 Nature morte. — 500 fr.

UEHLINGER (Max), né à Zurich. — Suisse. — 97, Grande-Rue, à Bourg-la-Reine (Seine).

    4572 Mon gosse (bronze). — Appartient à Mme U. H.
    4573 Bohémienne (plâtre peint). — 1.000 fr.
    4574 Américaine (pierre, taille directe). — 1.000 fr.
    4575 Portrait de famille (plâtre). — 800 fr.

UNGIDOS (Raoul-François-Eugène), né à Paris. — 8, rue La Boëtie, 8°.

    4576 Châtelguyon, le vieux Calvaire. — 800 fr.
    4577 Châtelguyon, la dîme (vieux château d'Issac-la-Tourette). — 1.200 fr.
    4578 Châtelguyon, la Colombière. — 600 fr.
    4579 La cour de mon bougnat, à Chars (S.-et-O.). — 1.200 fr.

URBAIN (Alexandre), né à Sainte-Marie-aux-Mines. — 21, quai de Bourbon, 4°.

    4580 Une route dans les Maures. — 3.000 fr.
    4581 Une villa dans la région de Saint-Tropez. — 2.500 fr.
    4582 Paysage. — 2.000 fr.

UTRILLO (Maurice-V.), né à Paris. — 12, rue Cortot, 18°.

    4583 Paysage, les moulins de Montmartre.
    4584 Paysage. — 10.000 fr.

UTTER (André), né à Paris. — 12, rue Cortot, 18°.

    4585 Nu.
    4586 Nature morte.

VAILLANT (Eugène-Jean), né à Condé-sur-Sarthe (Orne). — 37, rue de Chaillot, 16°.

    4587 Etude décorative (nus). — 1.800 fr.
    4588 Jeune femme russe. — 1.800 fr.
    4589 Paysage (tilleul en fleurs). — 1.000 fr.
    4590 Paysage, l'abreuvoir. — 2.500 fr.

VALANO (Jules Auguste), né à Schirmeck (Alsace). — boulevard de la République, à Chatou (S.-et-O.).

4591 Ève. — 250 fr.
4592 Allégorie, figures. — 150 fr.
4593 Lac de Saint-Cucufa (paysage). — 150 fr.
4594 Paysage, la Grenouillère. — 200 fr.

VAL... (Mme), née à Saint-Josse. — avenue des Ternes (villa). 17...

4595 Intérieur.
4596 Fleurs et fruits.
4597 Étude.

VALADON (Suzanne), née à Limoges (Haute-Vienne). — rue Cortot, 18...

4598 Composition. — 6.000 fr.
4599 Composition, figures. — 3.000 fr.

VALENSI (Henry), né à Alger. — Rue de Maistre...

4600 (a) Expression des actions sans moteur, le vent dans les arbres. — 3.000 fr.
4601 (b) Expression de la prière dans Sainte-Sophie, la dernière nuit de Ramadan. — 500 fr.
4602 (c) Expression de la forêt et de la cathédrale. — 500 fr.
4603 (d) Expression des Derviches tourneurs. — 500 fr.
     a) La prière.
     b) Le sermon.
     c) La marche.
     d) La danse.

VALLAUD (André Gabriel), né à Paris. — 35, Rue de Chaillot, 16...

4604 Peinture. — 1.000 fr.
4605 Peinture. — 800 fr.
4606 Peinture. — 600 fr.

VALLÉE (Ludovic), né à Paris. — 77, boul. Saint-Marcel, 13...

4607 La promenade. — 1.900 fr.
4608 Nature morte. — 500 fr.
4609 Un coin du Parc Montsouris. — 1.000 fr.

VALMIER (Georges), né à Angoulême. — 38, rue Ramey, 18e.

4610 Nature morte. — 800 fr.
4611 Chevaux dans un paysage (appartient à M. Léonce Rosenberg).
4612 Figure. — 1,000 fr.
4613 Etude. — 800 fr.

VALTAT (Louis), né à Dieppe. — 32, avenue de Wagram, 8e.

4614 Peinture (appartient à l'auteur).
4615 Peinture (appartient à l'auteur).

VAN DER BILT. — (Voir Bilt.)

VAN DER GUCHT. — (Voir Gucht.)

VAN HASSELT. — (Voir Hasselt.)

VAN HOUTEN. — (Voir Houten.)

VAN MALDÈRE. — (Voir Maldère.)

VARENNE (Gaston-Charles-Eugène), né à La Roche-sur-Yon (Vendée). — 3?, rue de Turin, 8e.

4616 Soir sur le Taillefer. — 1,500 fr.
4617 Laffrey. — 1,000 fr.

VARESE (Gabriel), né à Palerme. — Italien. — 12, boul. Edgar-Quinet.

4618 Portrait de l'auteur. — 1,500 fr.
4619 Nu. — 2,000 fr.
4620 Retour à la terre. — 1,000 fr.

VASSEROT (Pierre-François), né à Poissy (S.-et-O.). — ?, rue Boissonade, 14.

4621 Esquisse. — 200 fr.
4622 Ciel gris. — 500 fr.
4623 Les blés. — 1,500 fr.

VASSEUR (Robert-Jules-Joseph), né à Ham. — Muille-Villette, par Ham (Somme).

4624 Nature morte, les potirons. — 200 fr.

VASSILIEFF (Marie), née à Smolensk. — Russe. — 21, avenue du Maine, 15°.

4625 Portrait Blaise Cendrars. — 1.060 fr.
4626 Poupée fantaisie. — 500 fr.
4627 Portrait de M. C. — 600 fr.
4628 Composition. — 600 fr.

VASTICAR (Mme Germaine-Antoinette), née à Valenciennes (Nord). — 17, rue Angélique-Vérien, à Neuilly-sur-Seine.

4629 Femme.
4630 Etude, mer et soleil.
4631 Etude, mer et soleil.
4632 Etude, mer et soleil.

VAUCLEROY (Pierre de), né à Bruxelles. — Belge. — 306, avenue Louise, à Bruxelles.

4633 Baigneuses. — 2.500 fr.
4634 Nu couché. — 2.000 fr.
4635 Vue de Villars. — 1.000 fr.
4636 Usine. — 1.100 fr.

VAURY (Madeleine), née à la Varenne-Saint-Hilaire. — 7, rue Dutot, 15°.

4637 Paysage. — 1.200 fr.
4638 Nature morte. — 600 fr.
4639 Nature morte. — 350 fr.

VEIL (Maurice), né à Paris. — 66, rue de Saintonge, 3°.

4640 Portrait (appartient à l'auteur).
4641 Garrigues à St-Jean-du-Pin. — 600 fr.
4642 St-Jean-du-Pin. — 500 fr.
4643 Paysage alaisien. — 600 fr.

VEILLET (Alfred), né à Ezy (Eure). — Rolleboise, par Bonnières-sur-Seine (Seine-et-Oise).

4644 Rolleboise, les hauteurs. — 1.200 fr.
4645 Méricourt. — 800 fr.
4646 Le pont d'Herville. — 800 fr.
4647 Rolleboise, le petit bras. — 1.200 fr.

VENET (Gabriel), né à Saint-Chamond (Aisne). — 73, boulevard de Clichy, 9
4648 Dans mon atelier. — 800 fr.
4649 Étude. — 400 fr.

VENTRILLON (Gaston), né à Nancy. — 16, rue du Ruisseau, Nancy
4650 Portrait de M. Georges Ventrillon (appartient à M. E. Corbin, Nancy).
4651 Nature morte. — 500 fr.
4652 Paysage Catalan, (appartient à M. Chavallier, Tonnal).
4653 Paysage Catalan (appartient à M. E. Corbin, Nancy)

VERDEGEM (Jozef), né à Gand. — Flamand. — Rue du Coq, à Gand, et villa Saint-Louis, à Fontenay-sous-Bois
4654 Portrait d'homme. — 3.000 fr.
4655 Nature morte. — 3.000 fr.
4656 Nature morte (appartient à M. J. V. G.)
4657 Tête. — 1.000 fr.

VERDIER (Aimé), né à Paris. — 10, place d'Italie, 13
4658 Peinture pour tapisserie (projet)
4659 Peinture pour tapisserie (projet)
4660 Fête foraine. — 600 fr.

VERDILHAN (André), né à Marseille. — Villa Bois-Joli, Verduron-Saint-Antoine, Marseille, et 14, rue des Beaux-Arts, Paris, 6
4661 Les coquillages au Cabanon. — 5.000 fr.
4662 Le pêcheur à La Chourte. — 800 fr.

VERDOU (Georges), né à Cabrerets (Lot). — 5, rue Monge, 5
4663 Derniers rayons dans la cathédrale. — 500 fr.
4664 La Dordogne au Pas-du-Raysse. — 300 fr.
4665 Le vase bleu. — 200 fr.
4666 Fin d'automne (aquarelle). — 100 fr.

VERGER (André), né à Paris. — 45, boul. de Courcelles, 17
4667 Portrait (appartient à M. L. B.)
4668 Fleurs jaunes à la fenêtre. — 1.000 fr.
4669 Fleurs jaunes. — 800 fr.
4670 Tulipes roses. — 800 fr.

VERGER (Marie-Louise-Henriette), née à Neuilly-sur-Seine — 33, rue Royale, à Saint-Cloud (S.-et-O.)

4671 Marché aux fleurs de la Madeleine. — 600 fr.
4672 Pêcheurs bretons. — 850 fr.
4673 Vision d'automne. — 850 fr.
4674 Portrait (fusain et sanguine). — 500 fr.

VERHOEVEN (Jean), né au bord du Gange. — Asiatique. — 13, rue Girardon, 18e.

4675 Le printemps (1912).
4676 Tête.
4677 Paysage.

VIAL (Félix), né à Saint-Étienne. — 126, rue de la Faisanderie, 16e.

4678 Venise. — 900 fr.
4679 Lac de Garde. — 800 fr.

VIBERT (Gaston-Charles), né à Paris. — 28, rue de Sévigné, Sucy-en-Brie (S.-et-O.)

4680 Chez elle. — 1.500 fr.
4681 Eglogue. — 800 fr.
4682 Quiétude. — 1.200 fr.
4683 Dryades. — 800 fr.

VIDOU (Émile), né à Fumel (Lot-et-Garonne). — Rue de Penne, à Villeneuve-sur-Lot.

4684 Bords du Lot. — 200 fr.

VIDOVITCH (Joseph), né à Zara (Dalmatie). — Yougoslave. — Brasserie-Omnia, à Rouen (Seine-Inférieure).

4684bis a) Village en Bosnie (pastel). — 350 fr.
    b) Paysage (pastel). — 250 fr.
    c) Automne à Barentin (pastel). — 250 fr.
    d) Les joueurs (dessin). — 100 fr.

VIEUILLE (Louis-V.-H.-E.), né à Pont-l'Abbé-d'Arnoult (C.-Inf.) — 79, rue des Martyrs, 18e.

4685 Paysage. — 100 fr.
4686 Paysage. — 100 fr.
4687 Paysage. — 500 fr.
4688 Paysage. — 500 fr.

VILETTE (Charles), né à Argenteuil (S.-et-O.). — 86, rue de l'Egalité, à Colombes (Seine).

4689 Pots et fleurs cinéraires. — 500 fr.
4690 Compotier d'oranges. — 400 fr.
4691 Pont d'Argenteuil (appartient à M. X.).
4692 Place Galilée, l'église. — 500 fr.

VILLARD (Antoine), né à Mâcon (S.-et-L.). — 4, sq. Desnouettes, 15°.

4693 Paysage du Mâconnais. — 2.000 fr.
4694 Le jardin. — 2.500 fr.

VILLARD (Robert), né à Paris. — 4, square Desnouettes, 15°.

4695 L'épouvantail. — 2.500 fr.
4696 Nature morte. — 800 fr.

VILLAUME (Charles-Claude), né à Paris. — 27, quai de la Tournelle, 5°.

4697 A la mémoire de Driant. — 800 fr.
4698 Dans les blés. — 150 fr.
4699 Les forges de Vulcain. — 500 fr.
4700 En prière. — 150 fr.

VILLEBŒUF (André), né à Paris. — 24, avenue Kléber, 16°.

4701 Paysage (Berry). — 800 fr.
4702 Paysage (Berry). — 800 fr.
4703 Paysage (Dordogne). — 1.200 fr.

VILLENEUVE (Claire-Louise), née à Paris. — 54, av. de Breteuil, 7°.

4704 La Seine à Saint-Cloud. — 600 fr.
4705 Maisons de Paris. — 800 fr.
4706 Intérieur. — 600 fr.
4707 Fleurs. — 400 fr.

VILLENEUVE-MARTIN (Mme Georgette de), née à Paris. — 54, boul. Mont-Boron, à Nice.

4708 Nature morte.
4709 Fleurs.
4710 Le chapeau vert.

VILLERS (Gaston de), né à Bruxelles. — 81, av. de Malakoff, 16e.

4711 La Seine à Sannois.

VIRENQUE (Emile-François-Alfred), né à Paris. — 61, rue Caulaincourt, 18e.

4712 Fleurs. — 500 fr.
4713 Etude. — 400 fr.
4714 Etude. — 300 fr.

VISCONTE (Henri), né à Bucarest. — Roumain. — 10, rue Troyon.

4715 Mlle G. P. — 3.000 fr.

VOGELWEITH (Adolphe), né à Guebwiller (Alsace). — 11, boul. de Clichy, 9e.

4716 Vue sur Montmartre. — 650 fr.
4717 Les glaïeuls. — 1.000 fr.
4718 Nature morte. — 500 fr.

VOGT (Lucien) né à New-York. — Français. — 117, rue de Vaugirard, 15e.

4719 Bords de l'Ill (Alsace). — 1.200 fr.
4720 Effets de neige (Alsace). — 800 fr.
4721 Tête de femme. — 1.000 fr.

VOGUET (Léon), né à Paris. — 50, rue Saint-Georges, 9e.

4722 Tête de femme. — 1.000 fr.
4723 Nature morte. — 750 fr.
4724 Nu. — 2.000 fr.

VOIZARD (Emile), né à Paris. — 111, rue de France, à Nice.

4725 Le Rhône à Seyssel. — 1.800 fr.
4726 La maison du curé. — 1.000 fr.
4727 Tavaneuse, le soir. — 1.000 fr.
4728 Le mont de Grange. — 1.000 fr.

VRIGNAULT (Madeleine), née à Paris. — 235, faub. St-Honoré, 8e.

4729 Un coin du parc de Saint-Cloud. — 300 fr.
4730 Le champ sur la falaise. — 300 fr.
4731 Effet d'automne, étang de Suresnes (pastel). — 250 fr.

VRIGNAULT (Mlle Marie-Henriette), née à Paris. — 192, boulevard Malesherbes, 17°.

4732 Fleurs d'automne (aquarelle). — 300 fr.
4733 Etude (aquarelle). — 300 fr.
4734 Marguerites (aquarelle). — 300 fr.

VTOROFF (Olga), née à Tomsk. — Russe. — 43, rue de l'Université, 7°.

4735 Motif décoratif pour salle à manger (appartient à l'auteur).
4736 Motif décoratif pour salle à manger (appartient à l'auteur).
4737 Motif décoratif pour salle à manger (appartient à l'auteur).

WAELE (René-Edouard de), né à Gand. — Belge. — 67, rue Caulaincourt, 18°.

4738 Août en Normandie. — 1.000 fr.
4739 Grand Palais, novembre 1918. — 900 fr.
4740 Jardin, Benouville. — 600 fr.
4741 Les falaises, Benouville. — 700 fr.

WAGNER (Henri-Konrad), né à Lieurey (Eure). — 220, avenue du Maine, 14°.

4742 Dessin. — 300 fr.
4743 Dessin. — 300 fr.
4744 Dessin. — 300 fr.
4745 Dessin. — 300 fr.

WAHANIN (Edouard), né à Lille. — 6, rue d'Auteuil, 6°.

4746 Porte Saint-Denis, Paris. — 500 fr.
4747 Porte Saint-Martin, Paris. — 500 fr.
4748 Castelnau-Rivière-Basse (Htes-Pyrénées). — 400 fr.
4749 Castelnau-Rivière-Basse (Htes-Pyrénées). — 600 fr.

WANSART (Eric-Dominique-Adolphe), né à Uccle-Bruxelles. — Belge. — 156, rue des Carmélites, à Uccle-Bruxelles.

4750 La coquette de la plage (toile). — 800 fr.
4751 Blonde au soleil (panneau bois). — 400 fr.
4752 Mme Anita (panneau bois). — 400 fr.
4753 La dame fardée (eau-forte). — 125 fr.

WAUQUIEZ (Marie), née à Tourcoing. — 84, bd. Raspail, 6°.

4753 *bis* *a*) Gracella. — 2.000 fr.
         b) Le moine. — 2.000 fr.
         c) La diseuse de bonne aventure. — 2.000 fr.
         d) La frileuse. — 4.500 fr.

WEGENER (Einar), né au Danemark. — Danois. — 33, rue du Champ-de-Mars, 7°.

4754 Versailles. — 600 fr.
4755 Versailles. — 600 fr.
4756 Capri. — 1.200 fr.

WEGENER (Gerda), née au Danemark. — Danoise. — 33, rue du Champ-de-Mars, 7°.

4757 La dame à l'anémone. — 2.000 fr.
4758 Le dos de Ninon. — 1.500 fr.
4759 Fantaisie. — 2.500 fr.

WEINBAUM (Albert), né à Kamienetz-Podolsk. — Russe. — rue N.-D.-des-Champs, 6°.

4760 Paysage. — 3.000 fr.
4761 Paysage. — 1.500 fr.
4762 Nature morte. — 1.000 fr.
4763 Portrait. — 800 fr.

WEISMANN (Jacques), né à Paris. — 11, boul. Pereire, 17°.

4764 Liseuse au balcon. — 1.000 fr.
4765 La cour du Caron à Semur. — 1.000 fr.
4766 La Sioule à Châteauneuf-les-Bains. — 300 fr.

WEISS (Paul), né à Neudorff-Strasbourg. — 53, rue de la Pomme, à Bischwiller (Bas-Rhin).

4767 En pleurs. — 10.000 fr.
4768 Le matin. — 3.000 fr.
4769 Première neige. — 1.000 fr.

WEISSENBACH (Henri), né à Fribourg (Suisse). — Suisse. — 9, rue d'Odessa, 14°.

4770 Lassitude. — 2.000 fr.
4771 Nu. — 700 fr.
4772 Torse. — 500 fr.
4773 Sérénité. — 800 fr.

WEISZ (Martin), né à Nitra. — Tchéco-Slovaque. — 205, rue Championnet, 18e.

4774 Tenture murale (cuir ciselé) (appartient à l'auteur).
4775 Tenture murale (cuir de Cordoue ciselé) (appartient à l'auteur).
4776 Tête de Christ (cuir ciselé) (appartient à l'auteur).
4777 Panneau décoratif, aigle (appartient à l'auteur).

WELSCH (Paul), né à Strasbourg. — 6, rue du Général-Gouraud, à Strasbourg (Bas-Rhin).

4778 La sieste. — 1.800 fr.
4779 Paysage. — 900 fr.
4780 Paysage. — 1.000 fr.

WIDHOPFF (D.-O.), né à Odessa. — Russe. — 15, rue Hégésippe-Moreau, 18e.

4781 Peinture.
4782 Peinture.
4783 Peinture.

WILLAUME (Georges), né à Paris. — 21, rue de la Villette, 19e.

4784 Rue de Belleville. — 1.000 fr.
4785 Portrait (appartient à l'auteur).
4786 Nature morte. — 800 fr.
4787 Soir. — 500 fr.

WILLIAMS (Ruskin). — Américain. — 51 bis, rue du Moulin-Vert, 14e.

4788 Nu. — 2.000 fr.
4789 Paysage. — 500 fr.
4799 Intérieur. — 200 fr.

WOLF (Jacques), né à Rouen (Seine-Inf.). — 5, rue Rouelle, 15e.

4791 Nu féminin. — 800 fr.
4792 Jeunes filles au jardin (appartient à M. X.).

WULFART (Max), né à Frauenbürg. — Russe. — 235, rue du Faubourg-Saint-Honoré, 8e.

4793 Etude. — 1.500 fr.
4794 Etude. — 1.500 fr.
4795 Portrait.

YSERN Y ALIE (Pierre), né à Barcelone. — Espagnol. — 130 *ter*, boul. de Clichy, 18°.

4796 Mlle Meva dans sa danse Eve. — 12.000 fr.
4797 Troupe de gitanes. — 2.500 fr.
4798 Danse et lumière. — 2.500 fr.

ZADKINE (Ossip), né à Smolensk. — Russe. — 35, rue Rousselet, 7°.

4799 Les buveurs (pierre). — 3.000 fr.
4800 La guitariste (pierre). — 3.000 fr.
4801 Femme (marbre). — 4.000 fr.

ZHINDEN (Frédéric), né à Bâle. Suisse. — 41, rue Lebot, à Asnières (Seine).

4802 Le copain malade. — 1.000 fr.
4803 Portrait de petite Romaine. — 2.000 fr.
4804 Aquarelle, paysage I. — 300 fr.
4805 Aquarelle, paysage II. — 300 fr.

ZIELENIEWSKI (Casimir), né à Tomsk (Sibérie). — Polonais. — 10 *bis*, rue de la Gaîté, 14°.

4806 Composition. — 7.000 fr.
4807 Portrait. — 3.000 fr.
4808 Portrait. — 3000 fr.

ZINET (André), né à Lausanne. — Suisse. — 2, rue Lamarck, 18°.

4809 Peinture.
4810 Peinture.
4811 Peinture.

ZINGG (Jules-Emile), né à Montbéliard. — 3, Villa Brune, 14°.

4812 Le berger. — 6.000 fr.
4813 Moisson. — 5.000 fr.

ZOANTAL-BEAU (Antoinette), née à Paris. — 8, rue Nouvelle, 9°.

4814 Nature morte. — 400 fr.
4815 Serre. — 400 fr.
4816 La Vienne, Eymoutiers. — 400 fr.
4817 Paysage. — 300 fr.

ZOPFF (Mathilde), née à Strasbourg. — 4 *bis*, r. Michel-Chasles, 12ᵉ.

4818 Intérieur d'atelier, Académie de Passy. — 400 fr.
4819 Renoncules. — 300 fr.
4820 Digitales. — 400 fr.

ZULA (Mˡˡᵉ Zuléma), née à Buenos-Ayres. — Argentine. — 19, rue de Seine, 6ᵉ.

4821 Notre-Dame. — 4.000 fr.
4822 Nature morte. — 1.000 fr.
4823 Nature morte. — 600 fr.
4824 Perle. — 400 fr.

TABLE DES MATIÈRES

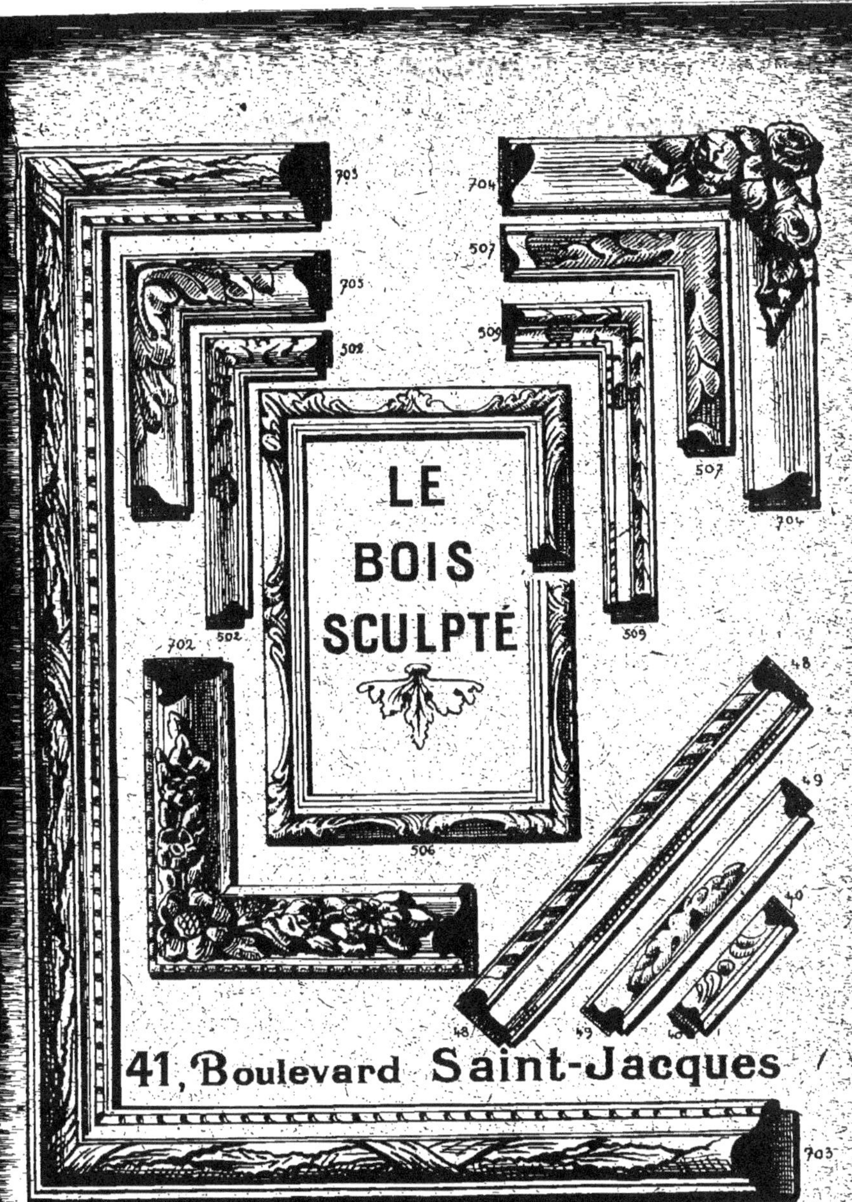

LE
BOIS
SCULPTÉ
41, Boulevard Saint-Jacques
Jacques BORNET
MÉTRO :
St-Jacques et Denfert-Rochereau

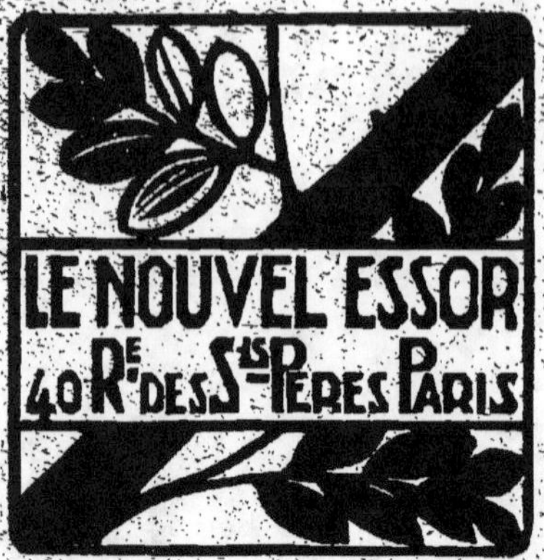

LE NOUVEL ESSOR
40 R͏ᵉ DES S͏ᵗˢ-PÈRES PARIS

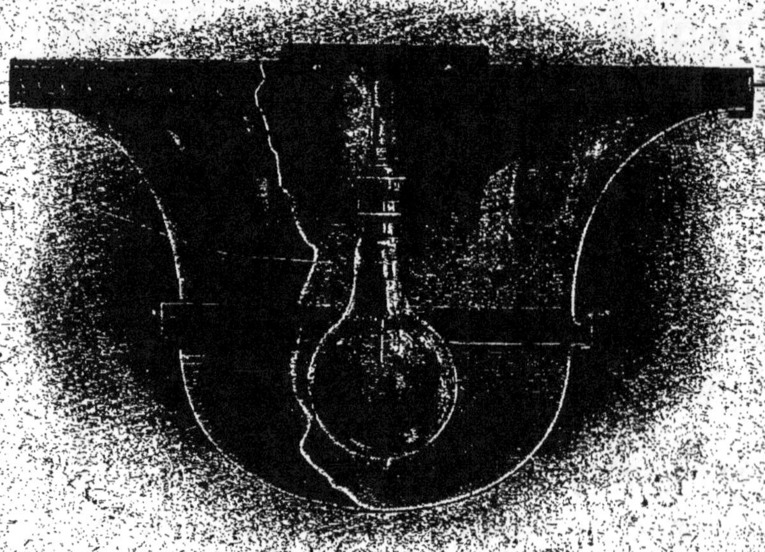

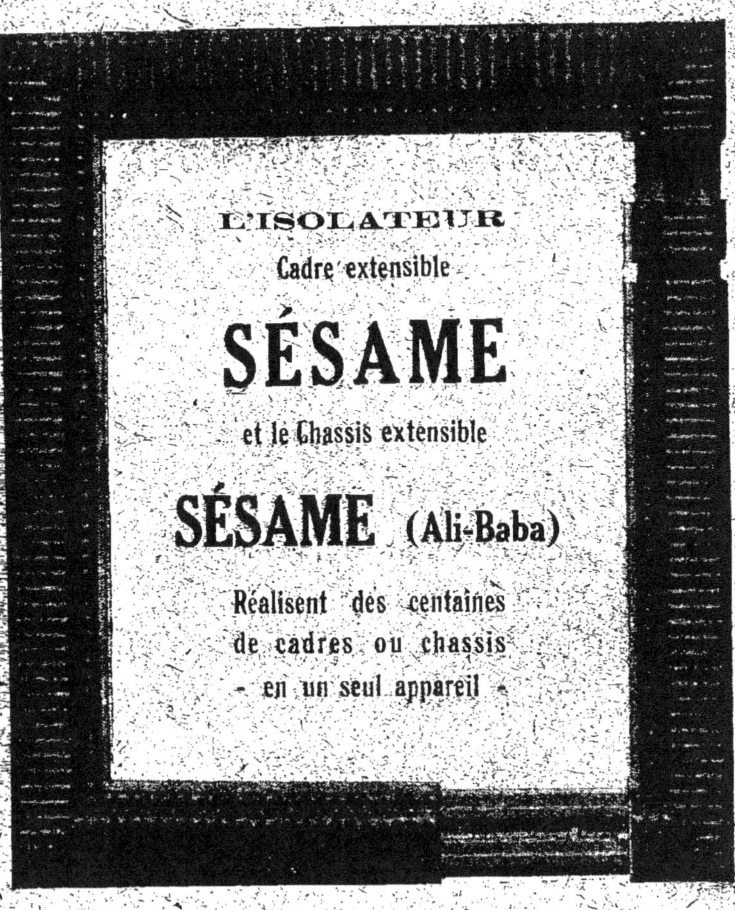
L'ISOLATEUR
Cadre extensible
SÉSAME
et le Chassis extensible
SÉSAME (Ali-Baba)
Réalisent des centaines
de cadres ou chassis
en un seul appareil

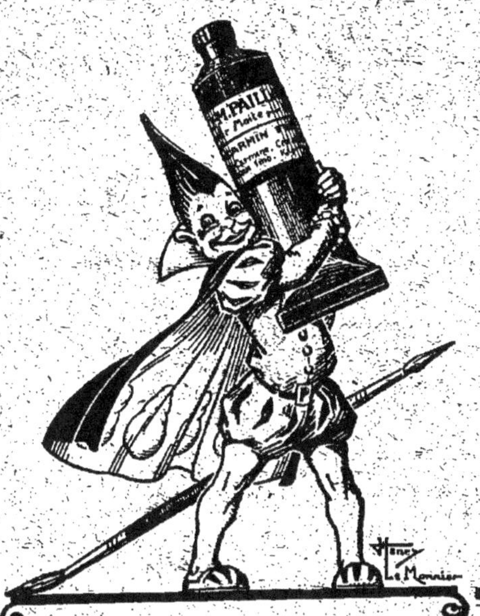
M. PAILL
Morte
CARMIN
Ton.

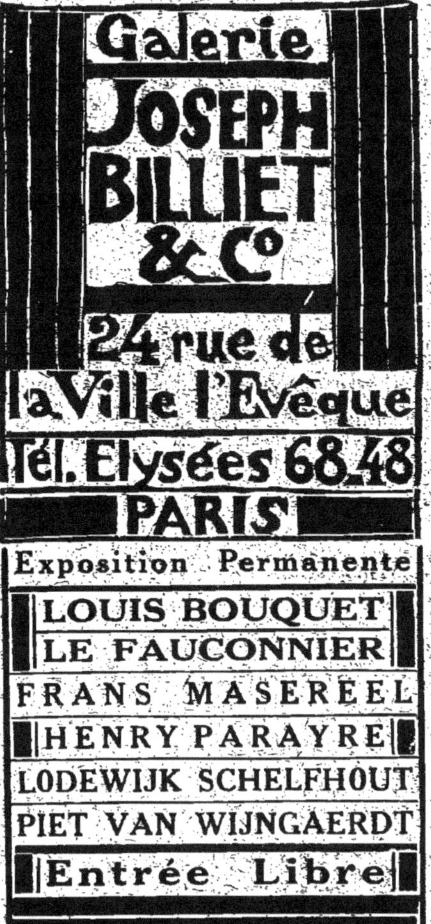

Galerie
JOSEPH
BILLIET
& Co
24 rue de
la Ville l'Evêque
Tél. Elysées 68.48
PARIS
Exposition Permanente
LOUIS BOUQUET
LE FAUCONNIER
FRANS MASEREEL
HENRY PARAYRE
LODEWIJK SCHELFHOUT
PIET VAN WIJNGAERDT
Entrée Libre

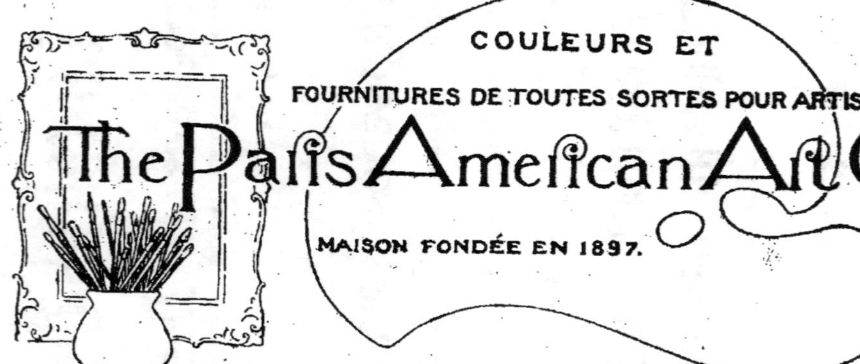

Couleurs de diverses marques, Françaises et Étrangères.
Toiles fabriquées sans colle, ne craignant pas l'humidité.
Cadres en bois sculpté : le plus grand choix, les plus bas prix.
Les célèbres pinceaux "Rubens".